优质的服务是整体的同一水平，必须保证所有客服人员的服务品质。

有一位伟大的推销员曾说过这样的话："要想让客户尽快接受推销，有一个小窍门，那就是在10秒钟内介绍完你自己。也就是说，在推销产品之前，先把你自己推销出去。"

绘本典藏版

你的第一本销售学

NIDE DIYIBEN XIAOSHOUXUE

宿文渊 编著

江西美术出版社
全国百佳出版单位

图书在版编目（C I P）数据

你的第一本销售学 / 宿文渊编著. -- 南昌 : 江西美术出版社, 2017.7（2019.1重印）
ISBN 978-7-5480-5430-6

Ⅰ. ①你… Ⅱ. ①宿… Ⅲ. ①销售学—基本知识 Ⅳ. ①F713.3

中国版本图书馆CIP数据核字(2017)第112573号

你的第一本销售学

宿文渊 编著

出 版：江西美术出版社
社 址：南昌市子安路66号 邮编：330025
电 话：0791-86566329
发 行：010-88893001
印 刷：深圳市彩美印刷有限公司
版 次：2017年10月第1版
印 次：2019年1月第2次印刷
开 本：880mm×1230mm 1/32
印 张：10
ISBN ：978-7-5480-5430-6
定 价：36.00元

前　言

销售是一个充满挑战、充满艰辛更蕴含着极大成功的职业，这是一个不靠任何背景、完全依靠个人智慧与才能公平竞争的职业；这是一个不需要金钱，只需要激情和毅力作资本的行业。正如美国亿万富翁鲍纳所说：“只要你拥有成功推销的能力，那你就有白手起家成为亿万富翁的可能。”每个销售人员都是怀着梦想加入销售大军的行列，希望能创造卓越的销售业绩，来展示自己的才能、体现自己的人生价值，从而获得巨大的财富回报。但现实的情况是，并非每个销售人员都能如愿以偿。同样是销售员，顶尖销售精英与普通销售员之间的收入可以用天壤之别来形容。在同样的市场领域从事同样产品的销售，有的销售员年收入可高达百万甚至千万，而有的销售员却仅能糊口，在濒临失业的危险中苦苦挣扎。究竟是什么原因造成了如此大的差别？难道销售只是少数具有天赋的人才能从事的工作？

调查表明，大部分的销售员并非缺乏天赋，相反，他们具备良好的形象和口才，他们也有着从事销售需要的坚强毅力和精神，但致命的一点是，他们中很少有人深入学习过有关销售的理论，没有掌握一套系统、全面的销售知识与技能，他们仅仅是凭借一己的狭隘经验在市场上摸爬滚打，他们缺少的是强有力的专业指导。作为销售高手，既要让不同层次的客户满意，又要为公司和个人赢得利润，需要有心理学家见微知著的智慧、谈判高手的机智与敏感、经济学家的眼光和见识……因此，销售是一门学问，也是一门艺术。对于大多数销售人员而言，首要任务就是学习成功的销售方法和借鉴国内外成功的销售经验和技巧。只有认真总结、自我修炼、不断实践，迅速提高自身的专业素养，不断适应新形势的需求，才能成为卓越的销售之王。

为了帮助广大销售人员在短时间内快速、系统、全面地掌握最实用的销售知识和技巧，成为销售精英，同时为了给企业销售管理者和培训人员提供一套系统、完整的销售管理和培训手册，我们精心编写了这本《你的第一本销售学》。本书详细阐述了销售人员应具备的基本素质，并根据销售的完整流程，对销售准备、开发客户、拜访客户、有效沟通、优势谈判、促成成交、留住客户、处理投诉等销售环节的关键点做了极为细致的指导，让销售员在掌握基本销售技巧的同时，也能在潜移默化中提升能力。同时本书还介绍了销售精英需要懂得的经济学和心理学知识，为销售人员全面提升和丰富自我提供了宝贵的知识库。

本书是成功销售经验的集大成者。书中既有乔·吉拉德、原一平、乔·坎多尔弗、博恩·崔西等世界一流销售大师成功销售的精彩案例，更有一大批国内外销售精英在处理销售过程中遇到的各种问题的经验教训。在销售中，一个细节处理稍有疏失，就可能让一笔生意功败垂成。要想取得好成绩，销售员必须把工作做到最精、最细、最实、最密！这就要求销售员要广泛地吸收前人的经验教训，为己所用。阅读本书，将让你站在巨人的肩膀上，少走弯路，少犯不必要的错误，迅速提升销售业绩！

本书是各种销售技巧的百宝箱。书中根据销售员在销售过程中的各种情境，有针对性地介绍了各种方法和技巧，内容全面而实用，包括塑造自身形象的技巧、与客户沟通的技巧、展示与介绍产品的技巧、回答客户提出异议的技巧、用产品说服客户的技巧、建议客户购买与促成交易的技巧和售后跟踪服务的技巧等，涵盖销售业务的方方面面，实为最全面的销售实战宝典。成为一名优秀的销售员需要勤奋，更需要科学的方法。对于刚刚踏入销售行业的新销售员来说，最重要的是找对合适的方法来训练自己。本书正是打开销售之门的钥匙，读者可以在本书中找到许多销售问题的解决方法，从而顺利地走上销售之路。

本书是先进销售理论的智慧库。书中总结了当今世界各国最新、最经典的销售理论和案例，介绍了销售精英必须懂得的经济学和心理学知识。学习经济学的知识，会让销售人员从更高的高度看待市场供求关系、深刻了解客户需求、敏锐地洞察市场动态，从而合理制定策略，实现成交。懂得心理学的知识，会让你轻松应对并掌握客户的心理变化，见招拆招，让你进入一个“知己知彼、百战百胜”的销售境界，并改善你的人际关系、提升你的销售业绩，让你快速跻身销售精英阶层。

书中行之有效的方法和技巧能够提高销售业绩，赢得顾客的忠诚，书中包含的丰富实用的内容为销售人员提供了他们所需了解的知识。它不仅适用于初涉销售行业的新手，也适用于长期奋战于销售行业的行家里手。同时，对那些想让自己和团队的业绩再上一个新台阶的销售导师和销售经理而言，本书更是他们最佳的指导手册。

目录
CONTENTS

第一篇　你是最好的销售员

第二篇 销售准备

第三篇 开发客户

第四篇 首次拜访

第五篇 有效沟通

第六篇 优势谈判

第七篇 一切为了成交

第八篇 收尾

第九篇 留住客户

第十篇 巧妙处理投诉

第十一篇　销售精英要懂经济学

第十二篇　销售精英要懂心理学

第一篇

你是最好的销售员

PART 01 从内而外勇敢认同自己的职业

销售让你的人生更加辉煌

要想取得事业的成功离不开推销，要想实现自我价值也离不开推销。推销是我们生存在这个世界上所必须具备的能力。无论是一国总统还是平民百姓，都需要推销。总统的竞选班子，实质上就是一个推销总统的班子。教授需要推销。教授的每一次著书立说，实质上就是一次推销行动，推销自己的思想，传播自己的理念。学生亦需要推销。无论是博士、硕士还是本科生，在进入社会后，你都需把你的才华，把你最美好的一面，展示在招聘者的面前，这就是推销。

无论是生活或是工作的需要，你都要不断地把自己推销给亲友、同事或上司，以博得其好感，争取友谊、合作或升迁。因为你无时无刻不在推销，即使你不是推销人员，但你仍在推销，而且推销将伴随你的一生。

很多人都希望自己有高档住房、名牌汽车，但这都需要钱。怎样才能更快、更多地赚到钱呢？就是干推销。因为干这行不需要你有很高的学历、雄厚的资金、出众的相貌，也不需要你具备扎实的专业知识和专业技能，它只需要你的勤劳和智慧。你只要能把东西卖出去，就能赚钱。据统计，80%以上的富翁都曾做过推销人员。戴尔的成功与他早年的推销经历也是密不可分的。

在学生时代，戴尔为一家报社销售报纸，自己从销售出去的报纸中拿提成。为了能销售出更多的报纸，戴尔搜集了附近社区居民的生日、结婚纪念日等等，并记录下来。每逢这些日子，他便向节日中的人们寄去一份小礼物，这一招大见奇效，他的报纸销售得异常火爆。到了大学，戴尔爱上了电脑，他以一个推销人员的眼光发现了现存的电脑销售体制中的诸多弊端。他瞅准了这个市场空当，做起了电脑销售的生意，成立了一家公司，并将其公司推销给大众，向大家提供他们所需要的机型、配置的电脑。成功后的戴尔曾经这样说道："由于我的推销经历，使我得以发现市场的空隙和顾客的需求，从而找到了一种更好的销售方式——零库存运行模式和为客户量体定做电脑，而这就是戴尔电脑公司成功的基础。"

假如戴尔没有做过推销人员，他就不会了解市场的运作规律，也就难以找到市场的空隙和顾客的需求，从而就找不到一种更好的销售方式。

美国管理大师彼得·杜拉克曾经说过："未来的总经理，有99%将从推销人员中产生。"比尔·盖茨在他的自传中曾经也谈道：他之所以会成功不是因为他很懂电脑，而是他很会销售。他亲自去销售软件，连续销售了6年之久，才开始从事管理工作。李嘉诚推销钟表、铁桶，从中学到了做事业的诀窍；王永庆卖米起家，利用其灵活的经营手段，成就其塑胶王国；蔡万霖与其兄蔡成春从酱油起家到世界十大富商……

在日常生活中，买卖随时随地都在进行。钱从这个人的口袋里流出，流进了那个人的腰包；然后又从那个人的腰包流出，流进了另一个人的口袋。你只要设法让钱流进你的口袋，你就成功了。

买卖的前提条件是，要能找到买你的产品的人，也就是我们常说的客户。

美国巨富亚默尔在17岁那年被淘金热所吸引，投入到了淘金者的行列。山谷里气候干燥，水源奇缺，寻找金矿的人最感到痛苦的就是没有水喝。他们一边寻找金矿，一边骂道："要是有一壶凉水，老子给他一块金币"，"谁要是给我狂饮，老子给他两块金币"。说者无意，听者有心。在一片"渴望"声中，亚默尔退出了淘金的热浪，挑着水桶、提着水壶向那些淘金者卖水。结果，那些口干舌燥的淘金者蜂拥而上，把金币一个个扔到了他的手中。

一个乡下人去上海打工，他以"花盆土"的名义，向不见泥土而又爱花的上海人兜售含有沙子和树叶的泥土，结果赚了大钱；中国最年轻的打工皇帝——年薪300万的华中科技大学中文硕士何华彪推销的是"孙子兵法营销理论"，他是用转让研究成果使用权的方式来进行销售的。

由此可见，在知识经济时代，懂得的知识越多，懂得的知识越有价值，就会赚到更多的钱。难怪比尔·盖茨会成为世界首富。不管到什么时候，也无论你预备将来做什么，推销对每一个人来说都很重要。学习推销，就是学习走向成功的经验；学习推销，就是人生成功的起点。它是人生必修的一门功课，人人都应该学习推销，因为它能使你的人生更加辉煌。

自信开启成功推销之门

乔·吉拉德说："信心是推销人员胜利的法宝。"自信心是推销人员最重要的资产。但是，在推销领域中，推销人员大都缺乏自信，感到害怕。为什么呢？因为他们认为："无论打陌生电话、介绍产品还是成交，都是我在要求对方帮助，请求对方购买我的产品。"

由于人们对推销员的认知度比较低，导致推销员在许多人眼中成为骗子和喋喋不休的纠缠者的代名词，从而对推销产生反感。这不仅给推销员的工作带来很大不利，而且也在潜移默化中让有些推销员自惭形秽，甚至不敢承认自己推销员的身份，让他们工作的开展更加艰难。这种尴尬，即使是伟大的推销员在职业生涯的初期也无法避免。

当今成功学家博恩·崔西也是一名杰出的推销员。有一次，博恩·崔西向一位客户进行推销。当他们交谈时，博恩·崔西仍然能感受到对方那种排斥心理，这个场面让他非常尴尬。“我简直就不知道是该继续谈话还是该马上离开。”博恩回忆当时的情景时说。

后来，一个偶然的机会，博恩·崔西发现了自己挫败感的根源在于不敢承认自己推销员的身份。认识到这个问题后，他下决心改变自己。于是，每天他都满怀信心地去拜访客户，并坦诚地告诉客户自己是一名推销员，是来向他展示他可能需要的商品的。

“在我看来，人们的偏见固然是一大因素，但推销员自身没有朝气、缺乏自信、没有把自身的职业当作事业来经营是这一因素的最大诱因。”博恩·崔西说，“其实，推销是一个很正当的职业，是一种服务性行业，如同医生治好病人的病，律师帮人排解纠纷，而身为推销员的我们，则为世人带来舒适、幸福和适当的服务。只要你不再羞怯，时刻充满自信并尊重你的客户，你就能赢得客户的认同。”

“现在就改变自己的心态吧！大胆承认我们的职业！”博恩·崔西呼吁道，“成功永远追随着充满自信的人。我发现获得成功的最简单的方法，就是公开对人们说：‘我是骄傲的推销员。’”

在推销过程中，难免会遇到像博恩·崔西这样遭人排斥的状况。这时你可以换个角度看问题：“我认为我可以为客户提供有价值的服务，因为我已经做好市场调查。我并不是胡乱找人，对方确实需要我的服务，而且我将竭尽所能地帮助他们。”

“相信自己，你也能成为推销赢家。”这是博恩·崔西的一位朋友告诉他的，博恩·崔西把它抄下来贴在案头，每天出门前都要看一遍。后来，他的愿望实现了。

乔·坎多尔弗说：“在推销过程的每一个环节，自信心都是必要的成分。”

首先，你应对你所推销的产品有自信。

天津顶好油脂有限公司要求推销人员拜访客户时，出门前都要大声朗诵：“我的产品是最好的！最好的！最好的！最好的！最好的！”一次比一次声音大，气势雄伟！随后，带着这种自信走向客户。

其次，推销人员还要对自己充满信心。

推销人员的自信心，就是在推销过程中相信自己一定能够取得成功，如果你没有这份信心，你就不用做推销人员了。只有你树立强烈的自信心，才能最大限度地发挥自己的才能，赢得他们的信任和欣赏，说服他们，最后使他们心甘情愿地掏腰包。

推销是最容易受到客户拒绝的工作，如果你不敢面对它，没有战胜它的自信，那你肯定得不到成绩，你也将永远被你的客户拒绝。面对客户的拒绝，你只有抱着“说不定什么时候，我一定会成功”的坚定自信——即使客户横眉冷对，表示厌烦，也信心不减，坚持不懈地拜访他，肯定会有所收获。

如果你是一个有志于成为杰出推销员的人，不妨也在心中记下一些话，不断激励自己：

——远离恐惧，充满自信、勇气和胆识；

——不要当盲从者，争当领袖，开风气之先；

——避谈虚幻、空想，追求事实和真理；

——打破枯燥与一成不变，自动挑起责任，接受挑战。

热爱你的产品

推销人员要相信并喜爱自己的产品，就应逐步培养对公司产品的兴趣。推销人员不可能一下子对企业的产品感兴趣，因为兴趣不是与生俱来的，是后天培养起来的，作为一种职业要求和实现推销目标的需要，推销人员应当自觉地、有意识地逐步培养自己对本企业产品的兴趣，力求对所推销的产品做到喜爱和相信。

当一个推销员热爱自己的产品，坚信它是世界上质量最好的商品时，这种信念将使他在整个推销过程中充满活力和热情，于是他敢于竭力劝说客户，从而在销售中无往而不利。

乔·吉拉德被人们称为“汽车大王”，一方面是因为他推销的汽车是最多的，另一方面则是因为他对汽车相关知识的详细了解。乔·吉拉德认为，推销员在出门前，应该先充实自己，多阅读资料，并参考相关信息，做一位产品专家，才能赢得顾客的信任。比如你推销的是汽车，你不能只说这个型号的汽车可真是好货；你最好还能在顾客问起时说出这种汽车发动机的优势在哪里、这种汽车的油耗情况和这种汽车的维修、保养费用，以及和同类车相比它的优势是什么，等等。

乔·吉拉德的经验告诉我们：一定要熟知你所推销的产品的相关知识，才能对你自己的销售工作产生热忱。因此，要激发高度的销售热情，你一定要变成自己产品忠实的拥护者。如果你用过产品而感到满意的话，自然会有高度的销售热情。推销人员若本身并不相信自己的产品，只会给人一种隔靴搔痒的感觉，想打动客户的心就很难了。

一位优秀的推销员说：“你爱你产品的程度与你的推销业绩成正比。”只有热爱自己所推销的产品、热爱自己的工作，我们才会成功！相信所有的企业都在寻找能“跟产品谈恋爱的人”。下面故事中的女推销员正是忽视了对产品的“爱”，所以效果大打折扣。

有一位女推销员，她费尽心思，好不容易电话预约到一位对她推销的产品感兴趣的大客户，然而却在与客户面对面交谈时遭遇难堪。

客户说：“我对你们的产品很感兴趣，能详细介绍一下吗？”

“我们的产品是一种高科技产品，非常适合你们这样的生产型企业使用。”女推销员简单地回答，看着客户。

“何以见得？”客户催促她说下去。

“因为我们公司的产品就是专门针对你们这些大型生产企业设计的。”女推销员的话犹如没说。

“我的时间很宝贵的，请你直入主题，告诉我你们产品的详细规格、性能、各种参数、有什么区别于同类产品的优点，好吗？”客户显得很不耐烦。

“这……我……那个……我们这个产品吧……”女推销员变得语无伦次，很明显，她并没有准备好这次面谈，对这个产品也非常生疏。

“对不起，我想你还是把自己的产品了解清楚了再向我推销吧。再见。”客户拂袖而去，一单生意就这样化为泡影。

该推销员没有对产品倾注自己的热情，于是造成不了解产品一问三不知的状况，自然无法在客户心中建立信任。

乔·吉拉德说：“我们推销的产品就像武器，如果武器不好使，还没开始我们就已经输了一部分了。”因此，为了赢得这场“战役”，我们要像对待知心爱人那样了解我们的产品、相信我们的产品、努力提高产品的质量、认真塑造产品的形象，这样，我们的推销之路一定会顺利很多。

作为一个优秀的推销员，一定要爱上自己的产品，这是一种积极的心理倾向和态度倾向，能够激发人的热情，产生积极的行动。这样，你才能充满自信、自豪地向客户介绍产品，而当客户对这些产品提出意见时，你也能找出充分的理由说服顾客，从而打动客户的心。不然，你都不能说服自己接受，又怎能说服别人接受你的产品呢？

PART 02 绽放最美的自己

有一位伟大的推销员曾说过这样的话："要想让客户尽快接受推销，有一个小窍门，那就是在10秒钟内介绍完你自己。也就是说，在推销产品之前，先把你自己推销出去。"

微笑是最美的名片

我国有句俗语，叫"非笑莫开店"，意思是做生意的人要经常面带笑容，这样才会讨人喜欢，招徕顾客。这也如另一句俗话所说："面带三分笑，生意跑不了"。纽约一家大百货商店的人事部主任也曾公开表示，他宁愿雇用一个有着可爱微笑的小学未毕业的女职员，也不愿雇用一位面孔冷漠的哲学博士。

卡耐基鼓励学员花一个星期的时间，训练每时每刻对别人微笑，然后再回到讲习班上来，谈谈所得的结果。情况如何呢？我们来看看威廉·斯坦哈写来的一封信。他是纽约证券股票市场的一员。他的信给我们提供了一个很有代表性的例子。

斯坦哈在信上说：

"我已经结婚18年了，在这段时间里，从早上起床到我上班的时候，我很少对妻子微笑，或对她说上几句话，我是百老汇最闷闷不乐的人。

"既然你要我以微笑取得的经验发表一段谈话，我就决定试一个星期看看。因此，第二天早上梳头的时候，我看着镜中的满面愁容，对自己说：‘今天要把脸上的愁容一扫而光。你要微笑起来，现在就开始微笑。’当我坐下来吃早餐的时候，我用‘早安，亲爱的’跟妻子打招呼，同时对她微笑。

“你曾说她可能大吃一惊。你低估了她的反应。她简直被搞糊涂了，惊诧万分。我对她说，你以后会习惯我这种态度的。现在已经两个月了，这两个月来，我们家得到的幸福比以往任何时候都多。

“现在我去上班的时候，就会对大楼的电梯管理员微笑地说‘早安’；我也微笑着和大楼门口的警卫打招呼；当我跟地铁的出纳小姐换零钱的时候，我微笑着；当我站在交易所时，我会对那些从未见过我微笑的人微笑。

“我很快发现，每一个人也对我报以微笑。我以一种愉悦的态度对待那些满腹牢骚的人。我一面听着他们的牢骚，一面微笑着，于是问题很容易就解决了。我发现微笑给我带来更多的收入，每天都带来更多的钱。”

微笑并不简单，“皱眉需要9块肌肉，而微笑，不仅要用嘴、用眼睛，还要用手臂、用整个身体”。吉拉德这样诠释他富有感染力并为他带来财富的笑容：“微笑可以增加你的魅力值。当你笑时，整个世界都在笑。一脸苦相是没有人愿意理睬你的。”微笑是谁都无法抗拒的魅力，微笑的力量超出你的想象，养成微笑的习惯，一切都会变得简单。

威廉原来是美国家喻户晓的职业棒球明星球员，到了40来岁因体力日衰而被迫退休，而后去应征保险公司推销员。

他自以为凭他的知名度理应被录取，没想到竟被拒绝。人事经理对他说：“保险公司推销员必须有一张迷人的笑脸，但你却没有。”

听了经理的话，威廉并没有气馁，立志苦练笑脸。他每天在家里放声大笑上百次，邻居都以为他因失业而发神经了。为避免误解，他干脆躲在厕所里大笑。

练习了一段时间，他去见经理。可经理还是说不行。

威廉没有泄气，继续苦练。他搜集了许多公众人物迷人的笑脸照片，贴满屋子，以便随时模仿。

他还买了一面与身体同高的大镜子摆在厕所里，只为了每天进去大笑3次。隔了一阵子，他又去见经理，经理冷冷地说：“好一点了，不过还是不够吸引人。”

威廉不认输，回去加紧练习。一天，他散步时碰到社区管理员，很自然地笑了笑，跟管理员打招呼。管理员说：“威廉先生，您看起来跟过去不太一样了。”这话使他信心大增，立刻又跑去见经理，经理对他说：“是有点意思了，不过仍然不是发自内心的笑。”

威廉仍不死心，又回去苦练了一阵，终于悟出“发自内心如婴儿般天真无邪的笑容最迷人”，并且练成了那张价值百万美元的笑脸。

威廉成功的秘诀就在于拥有一张令客户无法抗拒的笑脸。最终他成为美国推销寿险的顶尖高手，年收入高达百万美元。

一套高档、华丽的衣服能引人注意，而一个亲切、温和、洋溢着诚意的微笑，则更容易让人亲近，也更容易受人欢迎。因为微笑是一种宽容、一种接纳，它缩短了彼此的距离，使人与人之间心心相通。喜欢微笑着面对他人的人，往往更容易走入对方的天地。难怪学者们强调：“微笑是成功者的先锋。”

试想，如果你面前有两个同事，一个人满面冰霜、横眉冷对；另一个人面带笑容、温暖如春，你更愿意与哪个交往？当然是后者。微笑，在人与人之间成功搭建了一座沟通的桥梁。如果说行动比语言更具有力量，那么微笑就是无声的行动，是你递给客户最温暖、最具有亲和力的一张名片。

卡耐基说过：“笑是人类的特权。”微笑是人的宝贵财富；微笑是自信的标志，也是礼貌的象征。人们往往依据你的微笑来获取对你的印象，从而决定对你所要办的事的态度。只要人人都露出微笑，人与人之间的沟通将变得十分容易。

法国春天百货商店是世界著名商店之一，它以其尽善尽美的服务闻名于世。走进商店，映入眼帘的皆是琳琅满目的商品，当顾客需要服务时，微笑的小姐总能适时出现。在这里，顾客感受到的是温馨和人间最美好的东西，无论购不购物，都会十分愉快。顾客的一切要求，在这里都会得到店员充满微笑的满意答复。因此，有人说不到“春天”，就感受不到真正的巴黎。

日本推销之神原一平总结他取得成功的秘诀，其中最重要的一项就是善于微笑。他的笑被认为值百万美元。原一平认为，对推销人员而言，“笑”至少有下列10大好处：

（1）笑能消除自卑感。

（2）笑能使你的外表更迷人。

（3）笑能把你的友善与关怀有效地传递给准客户。

（4）你的笑能感染对方，让对方也笑，营造和谐的交谈氛围。

（5）笑能建立准客户对你的信赖感。

（6）笑能拆除你与准客户之间的“篱笆”，敞开双方的心扉。

（7）笑可以消除双方的戒心与不安，从而打破僵局。

（8）笑能去除自己的哀伤，迅速重建自信心。

（9）笑是表达爱意的捷径。

（10）笑会增进活力，有益健康。

真诚是最好的武器

真诚是推销的第一步。因为推销人员与顾客打交道时，他首先是“人”而不是推销人员。推销人员的个人品质，会使顾客产生好恶等不同的心理反应，从而潜在地影响着交易的成败。推销产品，更是在推销你的人品。

向顾客推销你的人品，最主要的是向顾客推销你的诚实。现代推销是说服推销而不是欺骗推销。因此，推销的第一原则就是诚实，即古人推崇的经商之道——“童叟无欺”。诚实是赢得顾客好感的最好方法。

真诚、老实是绝对必要的。千万别说谎，即使只说了一次，也可能使你信誉扫地。正如《伊索寓言》的作者所说："说谎多了，即使你说真话，人们也不会相信。"如果你自始至终保持真诚的话，成交大约是没有问题的。

当然，真诚并不仅仅意味着老实。即使是一个老实人，他也会对虚假的恭维产生反感。

为了你的声誉，千万别因为一次交易的微薄利益而得罪客户，从而使你失去大量潜在的生意。戴尔·卡耐基正是利用真诚为自己赢得了后来取得成功的推销工作。

1908年4月，国际函授学校丹佛分校经销商的办公室里，戴尔·卡耐基正在应征销售员工作。经理约翰·艾兰奇先生看着眼前这位身材瘦弱、脸色苍白的年轻人，忍不住先摇了摇头。从外表看，这个年轻人显示不出特别的销售魅力。他在问了姓名和学历后问道：

"干过推销吗？"

"没有！"戴尔答道。

"那么，现在请回答几个有关销售的问题。"约翰·艾兰奇先生开始提问：

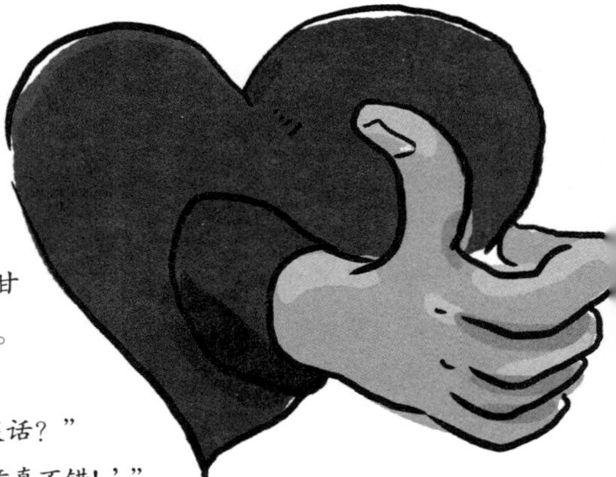

"推销人员的目的是什么？"

"让消费者了解产品，从而心甘情愿地购买。"戴尔不假思索地答道。

艾兰奇先生点点头，接着问：

"你打算对推销对象怎样开始谈话？"

"'今天天气真好'或者'你的生意真不错！'"

艾兰奇先生又点点头。

"你有什么办法把打字机推销给农场主？"

戴尔·卡耐基稍稍思索一番，不紧不慢地回答："抱歉，先生，我没办法把这种产品推销给农场主，因为他们根本就不需要。"

艾兰奇高兴地从椅子上站起来，拍拍戴尔的肩膀，兴奋地说："年轻人，很好，你通过了，我想你会出类拔萃的！"

从戴尔诚实的回答中，艾兰奇心中其实早已认定戴尔将是一个出色的推销人员。正如测试的最后一个问题，没有人会愿意买自己根本不需要的东西。而戴尔就是艾兰奇需要的人才。

推销人员在做推销时，一定要给客户以真诚的印象，只有这样，才能赢得顾客的心，进而向其推销产品。齐藤竹之助认为，即使语言笨拙，只要能与对方坦诚相见，也一定能打动对方的心灵。那么怎么才能使推销人员在与客户初次见面时，就能留下真诚的印象呢？

1.学会用眼神交流

当你和客户说话的时候，你一定要正视对方的眼睛；而当你聆听的时候，你也得看着对方的嘴唇。否则，客户会把你的心不在焉理解为你不诚实、心里有鬼。有许多推销人员，他们因为羞怯而不敢直视客户的眼睛；但是客户们决不会相信一个推销人员会害羞。

2.赞美要适当

赞美别人固然好，但过分赞美只能适得其反。客户本来就对你心存戒心，你若过分赞美他，只会加重他们的疑虑与反感。而你的首要任务是去推销产品。客户的时间是宝贵的，他不会有兴趣听你说那些有预谋的恭维话，因为他与你见面的目的是坐下来谈生意，是看你能够为他提供什么样的服务。

3.遵守诺言

推销人员常常通过向顾客许诺来打消顾客的顾虑。如许诺承担质量风险，保证商品优质，保证赔偿顾客的损失；答应在购买时间、数量、价格、交货期、服务等方面给顾客提供优惠。推销人员在不妨碍推销工作的前提下，不要做过多的承诺，同时要考虑自己的诺言是否符合公司的方针政策，不能开空头支票。推销人员一旦许下诺言，就要不折不扣地实现诺言。为了赢得交易的成功而胡乱许诺，其结果必定是失去客户信赖。

衣饰得体是敲开客户心门的通行证

人们习惯于用眼睛评判一个人的身份、背景，我们没有理由因为穿着的不当而丢失一份可能的订单。

在西方有一句俗语：You are what you wear。（你就是你所穿的！）可见人们对于仪表与穿着的重视。在华尔街还有一条类似的谚语：不要把你的钱交给一个脚穿破皮鞋的人。

曾有位经理说过这样一个小故事：

A公司是国内很有竞争力的公司，他们的产品质量非常不错，进入食品添加剂行业有一年，销售业绩就取得不错的成绩。

有一天，我的秘书电话告诉我A公司的销售人员约见我。我一听是A公司的就很感兴趣，听客户说他们的产品质量不错，我也一直没时间和他们联系。没想到他们主动上门来了，我就告诉秘书让他下午3：00到我的办公室来。

3：10我听见有人敲门，就说请进。门开了，进来一个人，穿一套旧的皱皱巴巴的浅色西装，他走到我的办公桌前说自己是A公司的销售人员。

我继续打量着他：羊毛衫，打一条领带；领带飘在羊毛衫的外面，有些脏，好像有油污；黑色皮鞋，没有擦，看得见灰土。

有好大一会儿，我都在打量他，心里在开小差，脑中一片空白。我听不清他在说什么，只隐约看见他的嘴巴在动，还不停地放些资料在我面前。

他介绍完了，没有再说话，安静了。我一下子回过神来，我马上对他说：把资料放在这里，我看一看，你回去吧！

就这样我把他打发走了。在我思考的那段时间里，我的心里没有接受他，本能地想拒绝他。我当时就想我不能与A公司合作。后来，另外一家公司的销售经理来找我，一看，与先前的那位销售人员简直有天壤之别，精明能干，有礼有节，是干实事的，我们就合作了。

作为一名与客户打交道的销售人员，我们应时刻注意自己的穿着，因为我们的衣着打扮品位不仅代表了自身的品位，同时更代表了公司的形象。

一位迷人的销售小姐想销售一些减免所得税的投资项目。她打扮得非常漂亮——要去参加正式晚宴！但她是去销售项目，不合时宜的打扮带给她的是负面效果。她穿着低开领的衣服，老实说，她半露的胸部肯定会分散顾客的注意力，只是因为她衣着如此不得体，以至于顾客很难集中精力听她说些什么，相反会想入非非。

著名的时装设计大师夏奈尔说过：“一个女人如果打扮不当，你会注意她的衣着；要是她穿得无懈可击，你就会注意这个女人本身。”

从上面两个失败的案例我们可以看出：一身不合时宜的打扮简直就会要了我们的命。一般来说，男销售人员不宜留长发，女销售人员不宜浓妆艳抹、穿着暴露。作为一名销售人员，你应当设法争取更多的顾客，打扮上要做到雅俗共赏，千万不要我行我素。年轻人可能会欣赏自己偶像的打扮，但我们本身如果不是在娱乐圈，最好不要太个性。

除此以外，销售人员不能蓬头垢面，不讲卫生。有些销售人员不刮胡子，不剪指甲，一讲话就露出满口黄牙或被烟熏黑了的牙齿；衣服质量虽好，但不洗不熨，皱皱巴巴，一副邋遢、窝囊的形象。这样顾客就会联想到销售人员所代表的企业，可能也是一副破败衰落的样子，说不定已经快要破产了。

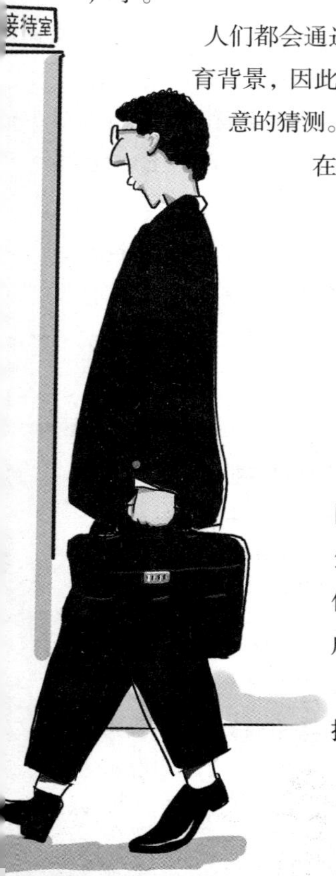

人们都会通过一个人的衣着来揣测对方的地位、家庭修养、所受的教育背景，因此我们应时刻注意自己的衣着品位，免得遭到某种不怀善意的猜测。

在衣着上，一定要注意颜色、式样、配饰的整体搭配，无论男女都不宜有过于花哨的装饰。

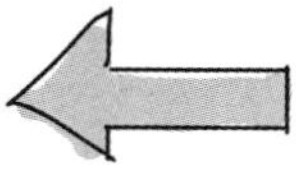

俗话说，“佛要金装，人要衣装”，拿破仑·希尔说过，成功的外表总能吸引人们的注意力，尤其是成功的神情更能吸引人们的“赞许性的注意力”。作为推销员，身边的每一个人都是我们的潜在客户，因此无论在工作还是在私人场合，无论是面对老客户还是陌生人，都要保持清洁、高格调的着装，从视觉上聚焦客户或潜在客户的注意力。反之，糟糕的服饰则不仅会让客户将你拒之门外，也将对你的公司和产品造成不良影响。

日本推销界流行的一句话就是：若要成为第一流的推销人员，就应先从仪表修饰做起，先以整洁得体的衣饰来装扮自己。只要你决定投入推销业，就必须对仪表服饰加以重视，这是绝对重要的。

刚进入推销行业时，法兰克的着装、打扮非常不得体，公司一位最成功的人士对法兰克说："你看你，头发长得不像个推销员，倒像个橄榄球运动员。你应该每周理一次发，这样看上去才有精神。你连领带都不会系，真该找个人好好学学。你的衣服搭配得多好笑，颜色看上去极不协调。不管怎么说吧，你得找个行家好好地教你打扮一番。"

"可你知道我根本打扮不起！"法兰克辩解道。

"你这话是什么意思？"他反问道，"我是在帮你省钱，你不会多花一分钱的。你去找一个专营男装的老板，如果你一个也不认识，干脆找我的朋友斯哥特，就说是我介绍的。见了他，你就明白地告诉他你想穿得体面些却没钱买衣服，如果他愿意帮你，你就把所有的钱都花在他的店里。这样一来，他就会告诉你如何打扮，包你满意。这么做，既省时间又省钱，你干吗不去呢？这样也更容易赢得别人的信任，赚钱也就更容易了。"

他这些话说得头头是道，法兰克可是闻所未闻。

法兰克去一家高级的美发厅，特意理了个生意人的发型，还告诉人家以后每周都来。这样做虽然多花了些钱，但是很值得，因为这种投资马上就赚回来了。

法兰克又去了那位朋友

所说的男装店，请斯哥特先生帮他打扮一下。斯哥特先生认认真真地教法兰克打领带，又帮法兰克挑了西服以及与之相配的衬衫、袜子、领带。他每挑一样，就评论一番，解说为什么挑选这种颜色、式样，还特别送给法兰克一本教人着装打扮的书。不光如此，他还对法兰克讲一年中什么时候买什么衣服，买哪种最划算，这可帮法兰克省了不少钱。法兰克以前老是一套衣服穿得皱巴巴时才知道换，后来注意到还得经常洗熨。斯哥特先生告诉法兰克："没有人会好几天穿一套衣服。即使你只有两套衣服，也得勤洗勤换。衣服一定要常换，脱下来挂好，裤腿拉直。西服送到干洗店前就要经常熨。"

过了不久，法兰克就有足够的钱来买衣服了，他又掌握了斯哥特所讲的省钱的窍门，便有好几套可以轮换着穿了。

还有一位鞋店的朋友告诉法兰克鞋要经常换，这跟穿衣服一样，勤换可以延长鞋子的寿命，还能长久地保持鞋的外形。

不久，法兰克就发现这样做起作用了。光鲜亮丽、整整齐齐的外表能够给客户传递出一种积极的态度，这种积极的态度有助于客户对你产生好感，从而对你的商品产生好感，促成交易。

成功与衣装有很大关系，新时代的成功哲学是：70%的才干加上30%的包装。

推销业，是一个不断与人打交道的行业，衣着就是你的通行证。

推销员与客户见面后，首先映入客户眼帘的是你的穿着打扮，因此，推销人员应重视自己的着装。据调查，推销人员整洁的外表是引起顾客购买欲的先决条件。美国一项调查表明，80%的顾客对推销人员的不良外表持反感态度。

一位女推销人员在美国北部工作，一直都穿着深色套装，提着一个男性化的公文包。后来她调到阳光普照的南加州，她仍然以同样的装束去推销商品，结果成绩不够理想。后来她改穿色彩稍淡的套装，换了一个女性化一点的皮包，使自己有亲切感，着装的这一变化，使她的业绩提高了25%。

"你不可能仅仅因为打对了一条领带而获得订单，但你肯定会因系错领带而失去一份订单。"这句话很朴实，也很经典，提醒人们千万不要忽略了服饰的重要性。整洁而专业的着装不仅是对客户的尊重，还会影响自己的精神状态，一个得体的着装，一套职业的服饰，能让你看起来神清气爽、精神饱满。因此，不妨花一点时间来注重一下自己的着装，这是你对自己应有的、也是绝对值得的投资。

当然，印象的形成不单单只以外表为参照标准，表情、动作、态度等也非常重要，即使你长得不是很漂亮，只要充满自信，态度积极诚恳，同样会感染、感动客户。

日本著名的销售大师原一平先生根据自己50年的推销经验，总结出了“整理服饰的8个要领”和“整理外表的9个原则”。

整理服饰的8个要领：

（1）与你年龄相近的稳健型人物，他们的服装可作为你学习的标准。

（2）你的服装必须与时间、地点等因素符合，自然而大方，还得与你的身材、肤色相搭配。

（3）衣着穿得太年轻的话，容易招致对方的怀疑与轻视。

（4）流行的服装最好不要穿。

（5）如果一定要赶流行，也只能选择较朴实无华的。

（6）要使你的身材与服装的质料、色泽保持均衡状态。

（7）太宽或太紧的服装均不宜，大小应合身。

（8）不要让服装遮掩了你的优秀素养。

整理外表的9个原则：

（1）外表决定了别人对你的第一印象。

（2）外表会显现出你的个性。

（3）整理外表的目的就是让对方看出你是哪一类型的人。

（4）对方常依你的外表决定是否与你交往。

（5）外表就是你的魅力表征。

（6）站姿、走姿、坐姿是否正确，决定你让人看起来顺不顺眼。不论何种姿势，基本要领是脊椎挺直。

（7）走路时，脚尖要伸直，不可往上翘。

（8）小腹往后收，看来有精神。

（9）好好整理你的外表，会使你的优点更突出。

礼节是润滑剂

有些人虽然相貌很漂亮，但一举手投足便显俗气，甚至令人生厌。因此，在交际活动中，要给人留下美好而深刻的印象，外在美固然重要，而高雅的谈吐和举止则更让人喜爱。这就要求我们一举手一投足都要有意识地锻炼自己，养成良好的行为姿态，做到举止端庄、优雅懂礼。

一个人的举止是自身素养在生活和行为方面的反映，是反映现代人涵养的一面镜子。要想成为一名优秀的推销员，我们需注意以下几个基本礼节：

1.提早5分钟到达

时间约定了，就不要迟到，永远做到比客户提前5分钟到达，以建立美好印象，赢得信任。早到5分钟，你可以有所准备，想想与客户怎么说、说什么等，这样也不至于见面时语无伦次。不迟到，这是一个成功的推销人员必备的基础，也是你博得客户好印象的一个关键。

2.握手的礼节

在推销场合，当介绍人把不认识的双方介绍完毕时，若双方均是男子，某一方或双方均坐着，那么就应站起来，趋前握手；若双方是一男一女，则男方一般不应先要求对方握手。握手时，必须正视对方的脸和眼睛，并面带微笑。这里应注意，戴着手套握手是不礼貌的，伸出左手与人握手也不符合礼仪；同时，握手时用力要适度，既不要太轻也不要太重。

3.使用名片的礼节

一般来说，推销人员应先递出名片，最好在向顾客问候或做自我介绍时就把名片递过去。几个人共同访问顾客时，后辈应先递出名片，或先被介绍者先递名片。递名片时，应该用双手拿名片，并面带微笑。接顾客的名片时，也应用双手，接过名片后应认真看一遍，然后放入口袋或公文包里，切不可拿在手中玩。若顾客先递出名片，推销人员应该先表示歉意，收起对方的名片之后再递出自己的名片。

4.吸烟的礼节

在推销过程中，推销人员尽量不要吸烟。面谈中吸烟，容易分散客户的注意力。如果知道客户会吸烟，可以先递上一支烟。如果客户先拿出烟来招待自己，推销人员应赶快取出香烟递给客户说：“先抽我的。”如果来不及递烟，应起身双手接烟，并致谢。不会吸烟的可婉言谢绝。应注意吸烟的烟灰要抖在烟灰缸里，不可乱扔烟头、乱抖烟灰。当正式面谈开始时，应立即灭掉香烟，倾听客户讲话。如果客户不吸烟，推销人员也不要吸烟。

5.喝茶的礼节

喝茶是中国人的传统习惯。如果顾客端出茶来招待，推销人员应该起身双手接过茶杯，并说声“谢谢”。喝茶时不可狂饮，不可出声，不可品评。

6.打电话的礼节

推销人员在拿起电话之前应做好谈话内容的准备。通话内容应力求简短、准确，关键部分要重复。通话过程中，应多用礼貌用语。若所找的客户不在，应请教对方，这位客户何时回来。打完电话，应等对方将电话挂断后，再将电话挂上。

7.聚会礼节

当推销人员参加公司的庆功会等一些活动时，不仅要讲究文明、礼貌、道德、卫生，还要注意衣着整洁，举止端庄，不可大声喧哗。如有舞会，音乐奏起，男女可互相邀请，一般是男伴邀请女伴，女伴尽可能不拒绝别人的邀请。如果女伴邀请男伴，男伴不得谢绝。音乐结束时，男伴把女伴送到她原来的座位上，并向她点头致谢。

总而言之，要想推销成功，就要推销自己。要想推销自己，必须讲究推销礼仪，进行文明推销。

PART 03 销售员要明确的真相

不是你去说服客户，而是让客户自己说服自己

当客户表示“我已经有了……目前还不需要”、“我拿不了主意”、“以后再说吧”，等等，推销员要在交谈中有意识地引导客户发现自己的需求。

［案例一］

销售员：“您好，我是××电器公司业务员杨威，我打电话给您，是觉得您会对我公司最新推出的LED电视机感兴趣，它是今年的最新款式，全新配备了200Hz智能动感技术，色彩更艳丽，清晰度更高，而且是超薄的，还节能省电……”

客户：“哦，我们的电视机凑合着还能用，目前还不需要LED电视。”

销售员：“哦，是这样，请问您喜欢看体育比赛吗，比如说F1赛车？”

客户：“是啊，F1是我最喜欢的体育赛事了。”

销售员：“不知道您有没有注意过，看比赛的时候，画面会有抖动和闪烁的现象，看着不清晰，有时候还有拖尾现象。”

客户：“是啊，是啊。每次都让我非常郁闷，但我一直认为电视机都是这样的。”

销售员：“不是的。其实采用一些智能技术之后，就可以消除这些令您不快的现象。比如说我们的这款电视，就可以通过自动分析相邻两帧的运动

趋势并生成新帧，彻底消除画面的抖动和闪烁现象，画面就像丝绸一样平滑顺畅。要不您改天来亲身感受一下？”

客户：“听起来不错，那我改天去看一下吧。你们最近的地址在哪儿？”

［案例二］

情人节的前几天，一位销售员给客户家里打电话推销化妆品。接电话的是男主人。

销售员：“先生，我是×××化妆品公司的美容顾问罗斯，我们公司的化妆品是公认的好牌子，深受广大爱美女性的喜欢。我想您的夫人可能想买套化妆品。”

客户：“化妆品？我太太没准会喜欢，她一向就爱打扮。但她今天不在家，我没法替她拿主意。”

销售员：“先生，情人节马上就要到了，不知您是否已经给您太太买了礼物？我想，如果您送一套化妆品给您太太，她一定会非常高兴。”

客户：“嗯。”

销售员（抓住时机）：“每位先生都希望自己的太太是最漂亮的，我想您也不例外。”

客户：“你们的化妆品多少钱。”

销售员：“礼物是不计价钱的，要送给心爱的太太，当然挑最好的。”

于是，一套很贵的化妆品就推销出去了。

大多数人都不喜欢被人说服和管理，尤其是被自己不喜欢的人。对于新客户而言，你还不足以让他对你产生信任，这个时候你最好别把自己的意见强加给客户。人们讨厌被销售员说服，但是喜欢主动做出购买决定。销售员的目标就是：让客户认识到自己的需求。

案例一中的销售员就很善于引导客户发现自己的需求。

首先，肯定客户的说法。销售员向客户介绍LED电视机，而客户表示暂时不需要。这时如果继续向客户介绍产品，得到的回答必然是拒绝，销售员很聪明地及时打住了。

然后，话锋一转，问客户是否喜欢看体育比赛。这是很平常的提问，客户

不会产生防范心理。接下来就自然地提到电视机技术，从而激发客户对LED电视机的兴趣，之后的产品介绍就水到渠成了。这个过程是销售员为客户创造需求的过程。

跟案例一类似，案例二中的销售员抓住了情人节这个契机使推销获得成功。

刚开始，销售员反复向男主人介绍化妆品的好处，结果并不理想。这时，销售员灵机一动："如果您送一套化妆品给您太太，她一定会非常高兴。"结果那位男主人果然心动，当他询问价钱时，销售员又机智地说："礼物是不计价钱的。"最后成交了。销售员正是抓住了"情人节"这个契机，成功销售了昂贵的化妆品。

"没有需求"型的客户很多情况下并不是真的没有需求，只是出于本能的防范心理，不愿意被销售员缠住。销售员如果能发挥思维优势，提出让客户感兴趣的事情，他也会愿意和你交流。这时候要及时把握好客户关注的焦点，让自己有机会在和客户沟通的过程中，掌握好客户的真正需求，进而促进成交。

让客户自己说服自己的方法还有：

（1）向客户请教，掌握他的真正需求。

（2）预测客户的未来需求。

（3）通过提问，了解客户需求。

（4）破解客户的深层心思，挖掘客户的真实需求。

成功是一个从量变到质变的漫长过程

坚持就是胜利，所有人都懂得这个道理，但是要真正做到并不容易。始终记着心中的目标，坚持就不再是盲目的举动。

开学第一天，苏格拉底对学生们说："今天咱们只学一件最简单也是最容易的事。每人把胳膊尽量往前甩，然后再尽量往后甩。”说着，苏格拉底示范了一遍。“从今天开始，每天做300下。大家能做到吗？”

学生们都笑了。这么简单的事，有什么做不到的？过了一个月，苏格拉底问学生们：“每天甩手300下，哪些同学在坚持着？”有90%的同学骄傲地举起了手。又过了一个月，苏格拉底又问，这回，坚持下来的学生只剩下八成。

一年过后，苏格拉底再一次问大家：“请告诉我，最简单的甩手运动，还有哪些同学坚持了？”这时，整个教室里，只有一人举起了手。这个学生就是后来古希腊另一位大哲学家柏拉图。

与柏拉图一样能坚持的还有齐藤竹之助。

齐藤竹之助遭拒绝的经历实在是太多了。有一次，靠一个老朋友的介绍，他去拜见另一家公司的总务科长，谈到生命保险问题时，对方说：“在我们公司里有许多人反对加入保险，所以我们决定，无论谁来推销都一律回绝。”

“能否将其中的原因对我讲讲？”

“这倒没关系。”于是，对方就其中原因做了详细说明。

“您说的的确有道理，不过，我想针对这些问题写篇论文，并请您过目。请您给我2周的时间。”

临走时，齐藤竹之助问道：“如果您看了我的文章感到满意的话，能否予以采纳呢？”

“当然，我一定向公司领导建议。”

齐藤竹之助连忙回公司向有经验的老手们请教，接连几天奔波于商工会议所调查部、上野图书馆、日比谷图书馆之间，查阅了过去3年间的《东洋经济新报》、《钻石》等经济刊物，终于写了一篇比较有把握的论文，并附有调查图表。

两周以后，他再去拜见那位总务科长。总务科长对他的文章非常满意，把它推荐给总务部长和经营管理部长，进而使推销获得了成功。

齐藤竹之助深有感触地说：“销售就是初次遭到客户拒绝之后的坚持不懈。也许你会像我那样，连续几十次、几百次地遭到拒绝，然而，就在这几十次、几百次的拒绝之后，总有一次，客户将同意采纳你的计划。为了这仅有一次的机会，销售员在做着不懈的努力。销售员的意志与信念就显现于此。”

销售员面对客户的拒绝，如果扭头就走，就一定不是一个优秀的销售员。优秀的销售员都是从客户的拒绝中找到机会，最后达成交易的。即使你遭到客户的拒绝，还是要坚持继续拜访。如果不再去的话，客户将无法改变原来的决定而采纳你的意见，你也就失去了销售的机会。

世间最容易的事常常也是最难做的事，最难的事也是最容易做的事。说它容易，是因为只要愿意做，人人都能做到；说它难，是因为真正能做到并持之以恒的，终究只是极少数人。

半途而废者经常会说“那已足够了”、“这不值”、“事情可能会变坏”、“这样做毫无意义”，而能够持之以恒者会说“做到最好”、“尽全力”、“再坚持一下”。龟兔赛跑的故事也告诉我们，竞赛的胜利者之所以是笨拙的乌龟而不是灵巧的兔子，这与兔子在竞争中缺乏坚持不懈的精神是分不开的。

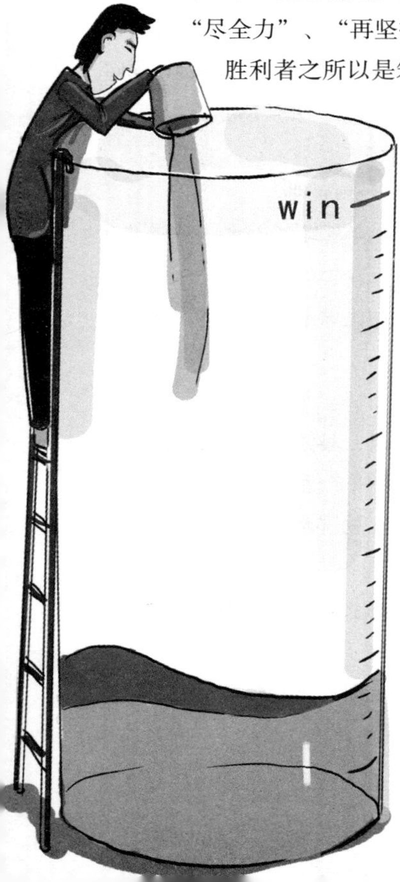

巨大的成功靠的不是力量而是韧性，竞争常常是持久力的竞争。有恒心者往往是笑到最后、笑得最好的胜利者。每个人都有梦想，而追求梦想需要不懈地努力，只有坚持不懈，成功才不再遥远。

《羊皮卷》故事中的少年海菲接受了主人的10张羊皮卷的商业秘诀之后，孤身一人骑着驴子来到了大马士革城。走在喧哗的街道上，他心中充满了疑虑和恐惧，尤其是曾经在伯利恒小镇上推销那件袍子的挫败感笼罩在他的心底，突然他想放弃自己的理想，他想大声地哭泣。但此刻，他的耳畔响起了主人的声音，“只要决心成功，失败永远不会把我击垮”。

于是，他大声呐喊：“我要坚持不懈，直到成功。”

他想起了《羊皮卷》中的箴言：坚持是一

种神奇的力量，有时，它甚至会感动上苍，神灵也会助你成功的。

知识有“保鲜期”，学习没有终点

有人认为销售只是一项技术活，完全靠嘴皮子，只要跟客户搞好关系，个人的学习和修养无关紧要。但是长期下来，知识欠缺却影响了销售进展。

最优秀的销售员，是最善于学习、最勤于学习的。学习不仅是一种态度，而且是一种信仰。

原一平有一段时间，一到星期六下午就会自动失踪。

他去哪里呢?

原一平的太太久惠是有知识、有文化的日本妇女，因原一平书读得太少，经常听不懂久惠话中的意思。另外，因业务扩大，认识了更多更高层次的人，对许多人的谈话内容，原一平也是一知半解。所以，原一平选了星期六下午作为进修的时间，并且决定不让久惠知道。

每周原一平都事先安排好主题。

原本久惠对原一平的行踪一清二楚，可是自从原一平开始进修后，每到星期六下午他就失踪了，久惠很好奇地问原一平：

“星期六下午你到底去了哪里？”

原一平故意逗久惠说：“去找小老婆啊！”

过了一段时间，原一平的知识长进了不少，与人谈话的内容也逐渐丰富了。

久惠说：“你最近的学问长进不少。”

“真的吗？”

“真的啊！从前我跟你谈问题，你常因不懂而躲避，如今你反而理解得比我还深入，真奇怪。”

“这有什么奇怪呢？”

“你是否有什么事瞒着我呢？”

“没有啊。”

“还说没有，我猜想一定跟星期六下午的小老婆有关。”

原一平觉得事情已到这地步，只好全盘托出：“我感到自己的知识不够，所以利用星期六下午的时间，到图书馆去进修。”

“原来如此，我还以为你的小老婆才智过人。”

经过不断努力，原一平终于成为推销大师。

爱默生说：“知识与勇气能够造就伟大的事业。”销售员要想成功，就要持续不断地学习，让自己的知识随时储备，不断更新。

很多人在大学毕业拿到文凭以后，就以为其知识储备已经完成，足以应付职场中的各种情况，可以高枕无忧了，殊不知，文凭只能表明你在过去的几年受过基础训练，并不意味着你在后来的工作中就能应付自如，文凭没有期限，但其效力是有期限的。

有一家大公司的总经理对前来应聘的大学毕业生说：“你的文凭只代表你应有的文化程度，它的价值会体现在你的底薪上，但有效期只有3个月。要想在我这里干下去，就必须知道你该学些什么新东西，如果不知道该学些什么新东西，你的文凭在我这里就会失效。”

在这个急速变化的时代，只有在工作阶段继续学习才能适应这种快速变化，满足工作的需要，跟上时代的步伐。可见，文凭不能涵盖全部知识的学习，不断地学习新知识和技能，才能在职场中得以立足和发展。

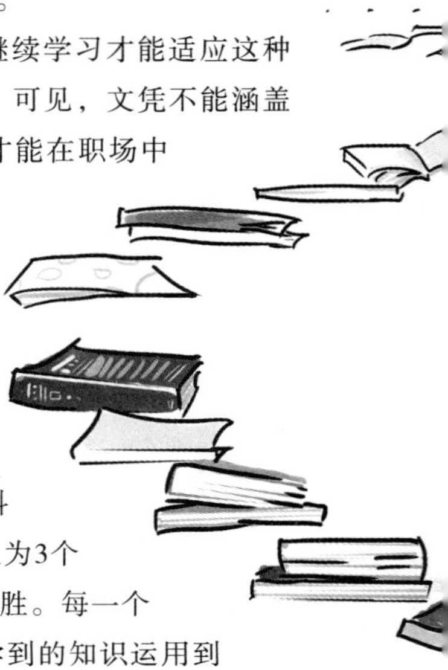

当今是一个靠学习力决定高低的信息经济时代，每一个人都有机会胜出。现在的社会，要想永远立于不败之地，就必须拥有自己的核心竞争力。要想拥有超强的核心竞争力，就必须拥有超强的学习力。

世界级推销大师托尼·高登说，现在社会科学技术飞速发展，有一种说法，说文凭有效期仅为3个月，社会上提倡终生学习，因为只有学习才能取胜。每一个人每天都要学习，时时不忘“充电”，并且把学到的知识运用到实际工作中。这样做了，你还有什么理由不优秀呢？

1.不断学习市场营销知识

作为一名优秀的销售员，其任务就是对企业的市场营销活动进行组织和实施。因此，必须具有一定的市场营销知识，这样才能在把握市场销售的发展趋势上占优势。

2.不断学习心理学知识

现代企业的营销活动是以人为中心的，它必须对人的各种行为，如客户的生活习惯、消费习惯、购买方式等进行研究和分析，以便更好地为客户提供最大的方便与满足；同时实现企业利益的增加，为企业的生存和发展赢得一定的空间。

3.掌握一定的企业管理知识

一方面是为满足客户的要求，另一方面是为了使销售活动体现企业的方针政策，达到企业的整体目标。

4.不断学习市场知识

市场是企业和销售员活动的基本舞台，了解市场运行的基本原理和市场营销活动的方法，是企业和销售获得成功的重要条件。

PLAN
successful

第二篇

销售准备

PART 01

常见的销售误区

走不出失败阴影，妄自菲薄难有作为

在销售的过程中，遭到拒绝是再正常不过的事情。但是很多初入行的销售员承受不了屡次被拒造成的挫败感，轻易退出了这个行业。

要牢记销售业的一个事实：大多数的成交是建立在客户的拒绝之上的。要想坚持到底，首先得锻炼自己的抗打击能力。

陈光是一家杀毒软件公司的推销员，刚开始上班，每天都信心百倍地出去推销杀毒软件。可是好几天过去了，他的推销却毫无进展，一套软件都没卖出去，还受了一肚子气。一个星期后，陈光向部门经理诉苦："经理，在那家公司推销是不可完成的任务，他们对我的态度太差了。我在想，是不是我根本不适合销售这个行业？要不你把我调到其他部门吧。"

经理耐心地听他说完，鼓励他说："每个人都会经历这个阶段，你不要这么快就怀疑自己，我觉得你还是挺有潜力的，为什么不再试一试呢？要相信自己。"

第二天，陈光抱着尝试的心态又去那家客户公司，他记着部门经理的话，告诉自己要争取向每一个人推销的机会。可是，在和客户谈话的过程中，他脑袋里不停地闪现一个念头："我不适合做推销员，再努力也成功不了的。"他越来越没有信心，最后沮丧地离开了那家公司。

就像空气中的细菌一样，被拒在销售这一行再平常不过。我们只有充满信心地去消除拒绝、解决问题，才可能获得成功。可惜的是，很多现实中的销售员在经历了一两次拒绝之后，便对自己产生了怀疑，给自我一种负面的心理暗示：我不适合这一行，怎么努力都不行的。不克服这种情绪，完成业绩就等于痴人说梦。

就像案例中的陈光一样，有些销售员一开始意气风发，一副舍我其谁的架势，但是，几次打击之后，就开始怀疑自己的能力，丧失了信心和勇气。因此，逐渐形成怯懦、畏缩的心态，不敢面对客户，乃至不敢面对工作中的所有问题，最终变得庸庸碌碌，“泯然众人矣”。

销售员要学会赞美自己和鼓励自己。销售员得到的赞美机会很少，更多的时候要面对客户的责难、讥讽、嘲笑。没有人为你喝彩时，你要学会自己给自己鼓掌，学会赞美自己，坚强地面对一切挑战。

你还要不断地鼓励自己，使自己的心理始终处于一种积极的状态，这样就可以走出失败的境地，勇往直前。你要经常对自己说：“明天会更好，只要努力，只要坚持，我总会成功的。”

销售过程中有几种常见的拒绝方式，下面是有针对性的相应建议：

1.“我没时间！”

对此你可以说：“我理解，我也老是时间不够用。不过，只要3分钟，您就会相信，这是个对您很重要的议题……”

2.“你这是在浪费我的时间。”

对此你可以说：“如果您看到这个产品会给您的工作带来一些帮助，您肯定就不会这么想了。很多顾客在使用了我们的产品后，在寄回的‘顾客意见回执’中，对我们的产品都给予了很高的评价，因为产品真正帮助他们有效地节省了费用，提高了效率。”

3.“抱歉，我没有钱！”

对此你可以说：“先生，我知道只有您才最了解自己的财务状况。不过，现在先好好做个全盘规划，对将来才会最有利！我可以在星期一或者星期二过来拜访吗？”或者说：“我了解。要什么有什么的人毕竟不多，正因如此，我们现在推荐一种方法，用最少的资金创造最大的利润，这不是对未来的最好保障吗？在这方面，我愿意贡献一己之力，可不可以下星期三或者周末来拜见您呢？”

4.“目前我们还无法确定业务发展会如何。”

对此你可以说：“先生，我们先不要担心这项业务日后的发展，您先参考一下，看看我们的供货方案有哪些优点，是不是可行。我是星期一来造访还是星期二比较好？”

5.“我们会再跟你联络！”

对此你可以说：“先生，也许您目前不会有什么太大的意愿，不过，我还是很乐意让您了解，要是能参与这项业务，对您会大有裨益！”

6.“要做决定的话，我得先跟合伙人谈谈！”

对此你可以说：“我完全理解，先生，我们什么时候可以跟您的合伙人一起谈？”

7.“说来说去，还是要销售东西。”

你可以说：“我当然是很想销售东西给您，不过，正是能带给您好处才会卖给您。有关这一点，我们要不要一起讨论一下？我是下星期一来还是星期五过来比较好？”

8.“我要先好好想想。”

对此你可以说：“先生，其实相关的重点我们不是已经讨论过了吗？容我直率地问一句：您的顾虑是什么？”

不给客户说话机会，喋喋不休招人反感

向新客户推介产品时，还没弄清楚客户的需求，就迫不及待地展开演说，在心理上就让客户产生反感。

销售员不要一上来就慷慨陈词，应该通过各种方式了解客户的真正需

求，然后有针对性地进行产品介绍。

［案例一］

推销员：“卢先生，谢谢您给我机会介绍我们的产品。”

卢先生：“不客气。”

推销员：“请允许我介绍康福的最新系列产品——安逸。您也知道，现在顾客比较喜欢颜色亮一点的家具，老旧的款式已经不流行了。为了满足消费者的需求，我们的‘安逸’系列正式问世了。客户想要的任何颜色如深红、紫色、黄色、亮粉红色等，应有尽有。而且，我们为零售商提供家具订制服务，订制不另加价，两天交货。价钱嘛，标准型只要350元，很不错吧？”

卢先生：“嗯，那么……”

推销员：“我的解说很清楚了吧？还有什么您想知道的吗？”

卢先生：“你说得很清楚。只不过，嗯……我想年轻人会很喜欢你们的东西，可是你知道，这附近有不少退休老人公寓，我打算把我的目标客户锁定在比较年长、有固定收入的人，进货也以典雅、价钱合理的款式为主。”

［案例二］

某销售员正向一位年轻妈妈电话销售一本百科读物。

客户：“这套百科全书有些什么特点？”

销售人员：“这套书的装帧是一流的，整套都是真皮套封烫金字的装帧，摆在您的书架上非常好看。”

客户：“里面有些什么内容？”

销售人员：“本书内容按字母顺序编排，这样便于资料查找。每幅图片都很漂亮逼真。”

客户：“我能想象得出，不过我想知道的是……”

销售人员：“我知道您想说什么！本书内容包罗万象，有了这套书您就如同有了一套地图集，而且还是附有详尽地形图的地图集。这对您一定大有用处。”

客户：“我是为孩子买的，让他从现在开始学习一些东西。”

销售人员：“哦，原来是这样。这套书很适合小孩子的。它有带锁的玻璃门书箱，这样您的孩子就不会将它弄脏，小书箱是随书送的。我可以给您开单并送上门了吗？”

客户：“哦，我考虑考虑。你能不能找出其中的某部分比如文学部分，让我们了解一下其中的内容？”

销售人员：“本周内有一次特别的优惠抽奖活动，现在买说不定能中奖。”

客户：“我恐怕不需要了。”

在与客户沟通的过程中，很多销售人员经常遇到误解客户意思的问题，就像案例一中的那位销售员，本来有一次很好的产品推介机会，却因不了解客户的需求而导致成交失败。

案例二中的销售员给客户的感觉是太以自我为中心了，好像他需要的就是客户需要的。他完全站在自己的角度对产品进行理解，然后强加于客户，让客户感觉：这样的书是你需要的，而不是我需要的。

以上案例中销售失败的原因在于销售员没有考虑对方的需求。

很多电话销售员每天打100个陌生电话，希望成交88个，事实上，如果你不了解客户的需求，那么你的销售注定是不成功的。因此，你给客户打电话之前，首先要详细了解客户的需求。

需求有两层含义：暗示需求和明确需求。暗示需求就是客户对难点、困难、不满的模糊陈述，明确需求就是客户对不满的明确陈述。

比如说，客户说效果不好，这就是一个暗示需求，我们应该把他变为明确需求，应该说，您指的是哪方面效果不好？

不善于自我反省，屡错屡犯原地踏步

很多销售员喜欢抱怨客户，抱怨老板，但就是不会反省，认识不到自己身上的缺点和毛病。

只有善于反省，才不会重复犯错误，才能一步一个脚印地前进。

《新约全书》里有一则这样的故事：

有一天，对基督怀有敌意的巴里赛派人将一个犯有奸淫罪的女人带到基督面前，故意为难耶稣，看他如何处置这件事。如果依教规处以她死刑，则基督便会因残酷之名被人攻讦，反之，则违反了摩西的戒律。基督耶稣看了看那个女人，然后对大家说："你们中间谁是无罪的，谁就可以拿石头打她。"

喧哗的群众顿时鸦雀无声。基督回头告诉那个女人，说："我不定你的罪，去吧！以后不要再犯罪了。"

还有这样一则带给我们启示的故事：

日本近代有两位一流的剑客，一位是宫本五臧，另一位是柳生又寿郎。宫本是柳生的师父。

当年，柳生拜师学艺时，问宫本："师父，根据我的资质，要练多久才能成为一流的剑客呢？"

宫本答道："最少也要10年吧！"

柳生说："哇！10年太久了，假如我加倍努力地苦练，多久可以成为一流的剑客呢？"

宫本答道："那就要20年了。"

柳生一脸狐疑，又问："如果我晚上不睡觉，夜以继日地苦练，多久可以成为一流的剑客呢？"

宫本答道："你晚上不睡觉练剑，必死无疑，不可能成为一流的剑客。"

柳生颇不以为然地说："师父，这太矛盾了，为什么我越努力练剑，成为一流剑客的时间反而越长呢？"

宫本答道："要当一流的剑客的先决条件，就是必须永远保留一只眼睛注视自己，不断地反省。现在你两只眼睛都看着一流剑客的招牌，哪里还有眼睛注视自己呢？"

柳生听了，满头大汗，当场开悟，终成一代名剑客。

第一个故事告诉我们，要责罚别人的时候，先反省自己。苏格拉底说：

“没有经过反省的生命，是不值得活下去的。”有迷才有悟，过去的“迷”，正好是今日的“悟”的契机，因此经常反省，检视自己，可以避免偏离正道。

我们从第二个故事得到的启示则是，要当一流的剑客，光是苦练剑术不管用，必须永远留一只眼睛注视自己，不断地反省；同样，要当一流的销售员，光是学习销售技巧不管用，也必须永远留一只眼睛注视自己，不断地反省。

所谓“反省”，就是反过身来省察自己，检讨自己的言行，看自己犯了哪些错误，看有没有需要改进的地方。

一般来说，自省意识强的人都非常了解自己的优劣，因为他时时都在仔细检视自己。这种检视也叫作“自我观照”，其实质就是跳出自己的身体之外，从外面重新观看审察自己的所作所为是否是最佳选择。这样做就可以真切地了解自己，但审视自己时必须是坦率无私的。

能够时时审视自己的人，一般很少犯错，因为他们会时时考虑：我到底有多少力量？我能干多少事？我该干什么？我的缺点在哪里？为什么失败了或成功了？这样做就能轻而易举地找出自己的优点和缺点，为以后的行动打下基础。

主动培养自省意识也是一种能力。要培养自省意识，首先得抛弃那种“只知责人，不知责己”的劣根性。当面对问题时，人们总是找借口逃避责任，有时也能侥幸逃脱。他们因逃避或拖延了自身错误的社会后果而自鸣得意，却从来不反省自己在错误的形成中起到了什么作用。

然而，不懂得反省就永远不会有进步，每个人的进步都是建立在不断克服自身缺陷的基础上的。销售员若要避免原地打转的“死循环”，就要学会挑自己的“刺”，并把它们拔掉。

人为什么要自省？这里有两个方面的原因：一个是主观原因。人不可能十全十美，总有个性上的缺陷、智慧上的不足，而年轻人更缺乏社会历练，因此常会说错话、做错事、得罪人。另一方面是客观原因。现实生活中，有些人只说好话，看到你做错事、说错话、得罪人也故意不说，因此，就更需要你自己通过反省来了解自己的所作所为。

PART 02 良好的职业习惯

建立属于自己的客户档案

一万个愿望不如一个行动。每一个成功者都是行动家，不是空想家；马上行动起来，做该做的事，你就向成功跨出一步。想要成为一个有作为的人，就必须养成“想到就立即做”的好习惯，有最快的行动力。

要想充分掌握客户信息，就必须建立完善的客户档案，保留客户的详细资料对每一位推销人员来说都是非常重要的。不管你是把这些资料储存在计算机里，还是创建一个非常简单的卡片索引档案系统，你都必须记录有关信息，保留并充分运用这些信息。

访问了一个客户，应记下他的姓名、地址、电话号码等等，并整理成档案，予以保存。同时对于自己工作中的优点与不足，也详细地进行整理。这样每天坚持下去，在以后的推销过程中会避免许多令人难堪的场面。拿记住别人的姓名这一点来说，一般人对自己的名字比对其他人的名字要感兴趣。但是推销人员如果能记住客户的名字，并且很轻易就叫出来，等于给予别人一个巧妙而有效的赞美。

记录还能将你的思想集中起来，专一应用在商品交易上。这样一来，那些不必要的烦恼，就会从你大脑中消失。另外，这种记录工作还可以帮助你提高推销方面的专业知识水平。

另外，建立“客户资料卡”的用途及好处还有：

（1）可以区别现有顾客与潜在顾客。

（2）便于寄发广告信函。

（3）利用客户资料卡可以安排收款、付款的顺序与计划。

（4）了解每个客户的销售状况并了解其交易习惯。

（5）当业务员请假或辞职时，接替者可以为该客户继续服务。

（6）订立时间计划时，利用客户资料卡可以订立高效率的具体访问计划。

（7）可以彻底了解客户的状况及交易结果，进而取得其合作。

（8）可以为今后与该客户交往的本企业人员提供有价值的资料。

（9）根据客户资料卡，对信用度低的客户缩小交易额，对信用度高的顾客增大交易额，便于制定具体的销售政策。

号称“经营之神”的王永庆最初开了一家米店，他把到店买米的客户家米缸的大小、家庭人口和人均消费数量记录在心。估摸着客户家里的米缸快没米时，不等客户购买，王永庆就亲自将米送上门，因此深得客户的好评和信任。这种经营方法和精神使王永庆的事业蒸蒸日上。

王永庆之所以能够做到这些，是因为他通过对客户购买情况进行了记录，在心里有一个资料卡。通过对这些资料的分析，已经为各个客户做了一个详细而具体的销售政策。

客户访问记录应该包括顾客特别感兴趣的问题及顾客提出的反对意见。有了这些记录，才能让你的谈话前后一致，更好地进行以后的拜访工作。推销人员在推销过程中一定要做好每天的客户访问记录，特别是对那些已经有购买意向的客户，更要有详细的记录，这样当你再次拜访客户的时候，就会有的放矢了。

另外，面对不同的客户，推销人员必须制作客户卡，即将可能的客户名单及其掌握的背景材料，用分页卡片的形式记录下来。许多推销活动都需要使用客户卡，利用卡片上登记的资料，发挥客户卡的信息储存与传播作用。当你上门探访客户、寄发宣传材料、邮送推销专利和发放活动的邀请书、请柬，以至于最终确定推销方式与推销策略时都离不开客户卡。

制作客户卡时，客户卡上的记录都依推销工作时间的延伸而不断增加，信息量也要不断扩展。如上门访问过客户，推销人员要立即把访问情况、洽谈结果、下次约见的时间地点和大致内容记录下来。至于其他方面获得的信息，如客户单位负责购买者与领导决策者之间的关系、适当的推销准备、初步预定的推销方法和走访时间也要一一记录，以便及时总结经验，按事先计划开展推销活动。

客户卡是现代推销人员的一种有效推销工具。在实际推销工作中，推销人员可以根据具体需要来确定客户卡的格式。一般来说，客户卡包括下列内容：

（1）顾客名称或姓名。

（2）购买决策人。

（3）顾客的等级。

（4）顾客的地址、电话等。

（5）顾客的需求状况。

（6）顾客的财务状况。

（7）顾客的经营状况。

（8）顾客的采购状况。

（9）顾客的信用状况。

（10）顾客的对外关系状况。

（11）业务联系人。

（12）建卡人和建卡日期。

（13）顾客资料卡的统一编号。

（14）备注及其他有关项目。

制订每天的工作计划

任何事情的成功，都不会自然发生，它必须有良好的计划，推销也如此，它也需要推销人员制订每天的工作计划。

没有计划的人就是在计划失败。利用早上将自己一天要拜访的顾客数量、拜访路线，要如何走才有效率、拜访的内容是什么定好书面的计划，不要只是靠着自己的大脑记忆，我们的大脑是用来思考的，而不是用来记这些烦琐事务的。对自己负责任的人要将自己每一天的工作进度用这些书面报告去跟自己做汇报，并且自己去检查自己。

如果你是一个每一天都不做工作计划，而且毫不改进的推销人员，那么注定你的每一天都有一个错误，而且这是失败的开始！

当你设置了自己的销售目标之后，每一天都要将你的目标重复以下几个步骤，不断地做确认，并且不断地将这个目标放进自己的潜意识当中，因为不去确认的目标很快就会因为生活上的忙碌或是工作上的挫折而逐渐被淡忘。

步骤一：每一天将自己的目标大声地念出来，就像是背书一样，将它背得滚瓜烂熟，而且要固定自己背诵目标的次数，严格要求自己每一天都要将这背诵的次数完成。

步骤二：将自己的目标用默念的方式在心中背诵，并且将这些目标的字眼一个字一个字地在大脑中写下来，然后慢慢地把它写下来，而不是把它当成无聊的工作草草了事。

步骤三：静下心来，用心地去幻想成功，让成功的画面清晰地在自己的大脑中出现，并且通过幻想成功让自己从每一天的早晨就可以拥有一个积极、兴奋而且充满希望、愉快、战斗力的开始。

布朗说："你可能非常努力地工作，甚至因此在一天结束后感到沾沾自喜，但是除非你知道事情的先后顺序，否则你可能比开始工作时距离你的目标更远。"

你必须了解，你的日程表上所有事项并非同样重要，不应对它们一视同仁。许多推销人员会尽职地列出日程表，但当他们开始进行表上的工作时，却未按照事情的轻重缓急来处理，而导致成效不明显。

标出急需处理事项的方法有：一、限制数量；二、制成两张表格，一张是短期计划表，另一张是长期优先顺序表。你可以在最重要的事项旁边加上星号，A、B、C等英文字母或数字1、2、3。

在确定了应该做哪几件事之后，你必须按它们的轻重缓急开始行动。大部分人是根据事情的紧迫感，而不是事情的优先程度来安排先后顺序的。那么如何按优先程度开展工作呢？

以下是两个建议：

第一，每天开始都有一张先后顺序表。

许多推销人员都先做令人愉快的或是方便的事。但是没有其他办法比按重要性办事更能有效地利用时间了。试用这个方法一个月，你会见到令人惊讶的效果。人们会问，你从哪里得到那么多精力？但你知道，你并没有得到额外的精力，你只是学会了把精力用在最需要的地方。

第二，把事情按先后顺序写下来，定个进度表。

把一天的时间安排好，这对于你的成功是很关键的，这样你可以每时每刻集中精力处理要做的事。把一周、一月、一年的时间安排好，也是同样重要的，这样做给你一个整体方向，使你看到自己的宏图，有助于你达到推销的目的。

每个月开始，你都应该坐下来看该月的日历和本月主要任务表；然后把这些任务填入日历中，再定出一个进度表。这样做之后，你会发现你不会错过任何一个最后期限或忘记任何一项任务。

推销计划是推销人员实现推销目标的具体指导和工作标准，必须通过周密详细的考虑，制定每步工作开展的细则，准备恰当的应急措施，以备不时之需，使推销人员有条不紊地从事推销工作，顺利实现推销目标。

确定拜访顾客计划。拜访顾客的计划是指推销人员主动上门访问顾客、推销产品的工作计划。它能有计划地约束推销人员的拜访活动，减少忙乱及工作不均的现象，增加与顾客商谈交易的时间，使拜访活动有序进行，以取得更好的推销效果。

准备工作是推销工作的一部分。在拜访一位顾客前，认真地思考一下，并制订出具体计划。首先，你要清楚你的顾客是谁，他是干什么的；他有什么特点和爱好；他有没有决定权；他有什么需求。另外，还要分析一下自己能否满足顾客的需求和怎样去进行推销才能满足顾客的需求。最重要的是要弄清楚你这次拜访准备达到什么目的。因为只有这样，才能对此次拜访是否成功进行评价，才能总结经验教训，才能为下次拜访做好准备。

有一个推销人员，刚开始时，他对这份工作充满了好奇心，干劲十足，每天都制订好计划，并按计划去拜访很多的客户，所以他的销售业绩也不错。而后来随着他对推销工作的熟悉，好奇心没有了，他也不再制订每天的工作计划，认为反正自己有足够的推销经验，肯定能使顾客购买自己的产品。他每天出去拜访客户的时间越来越少，拜访的客户也越来越少。可想而知，他的销售业绩绝对不可能有所增加；相反，还可能会不断降低。因为，不管他销售经验多么丰富，顾客是不会自己找上门来的。后来，他们公司又来了一个新推销人员，那个新推销人员每天都很勤奋地工作，业绩也不错。在新推销人员身上，他又看到了自己以前的影子，于是他意识到了自己的懒惰与消沉。从此，他每天都制订详细的工作计划，制订每次拜访的方案，加上他越来越丰富的销售经验，他的业绩不断上升，达到了前所未有的新高度。

可见，推销人员只有制订出切实可行的销售计划，并依照这个计划去进行每天的工作，才能不断地提高销售业绩；没有计划的、无目的的推销会浪费宝贵的时间，甚至是徒劳无功的。

确定拜访顾客的路线计划。推销人员可将拜访的顾客进行适当的分类，譬如分为重点拜访的顾客和一般拜访的顾客，拜访某一地区的顾客和拜访某一行业的顾客；还可按顾客对所推销产品的反应态度将其分为反应热烈的顾客、反应温和的顾客、无反应的顾客以及反应冷淡的顾客。

根据顾客的地址和方位，确定最有效的推销行动日程表及拜访顾客的路线，以最短的路线、最省的开支争取事半功倍的推销成果。

确定拜访顾客的时机计划。无论你如何辛苦地拜访顾客，如时机不当，具有购买决策权的顾客正忙于其他事务，你的一切努力将徒劳无功。推销人员必须站在顾客的角度，去寻找最适当、最方便的时间段进行商谈，方可获得最佳的推销效果。与顾客的商谈时机，对不同行业、不同部门的顾客而言不尽相同。因此，要求推销人员根据顾客的具体特点，针对他们的作息时间，找出最为有效的商谈时机。

另外，若推销人员在人们均不愿外出时前去拜访，可提高拜访成功的概率。譬如，在严寒或酷暑等极其恶劣的天气进行拜访，会感动顾客，给其留下深刻印象，有利于拜访成功。

为成功行销定计划

有人曾说过：有些人在许多不同的事上遭受失败时，他们总有借口；而如果他们在几件事上取得了成功时，他们总是事先制定了计划。

露西的公司新开发了一种热水器，可以比普通的热水器节约20%的用电量。但是这款热水器的安装高度要比普通的热水器高一些，因此热水器售出之后，有很多顾客打电话向露西反映这个问题。一天威廉太太打电话说："这样不太好吧，小姐，我家热水器的安装孔都是预置的，如果换用这款产品，我们还得再作调整，这也太麻烦了。"

"这个……嗯……我们公司说……"露西结结巴巴地没说出个所以然来。

露西感到窘极了，她从来没考虑到热水器安装时要注意的问题，她觉得那是产品卖出之后的事，与她无关，所以她一直懒得去了解这方面的知识。

在电话拜访客户的过程中，有很多事情是未知的、具有变数的。为了能够有效地应对这些未知的变化，一定要对拜访过程做好计划和预测，否则就会像露西一样，对电话沟通过程中出现的意外情况显得手足无措。

有些推销员总是自以为推销根本不会失败，干吗要想那么多。对一个试图逃避艰巨的推销准备工作的不合格的推销者而言，这确实是一个极好的借口，但我们应该看到事情的另一面。

在许多情况下，自认为推销不会失败，从而只抱定一种既定的推销目标不放，确实也没有造成什么损失。

但是，绝大多数的谈判都会按照不同的形式进行，并且时常受到迟迟无法达成协议的困扰。如果你事先没有准备好其他的方案，你很可能被迫接受一项远远低于你满意程度的交易。你会在毫无退路的情况下，切实地感受到那种“挥泪大甩卖”的心理压力。

例如，当你打电话给客户时，客户正在开会，那么此时应该怎么办？是当时说完要说的话，还是等到客户开完会后再说？到底应该怎么做，需要根据当时的具体情况来定。比如事情的重要程度、与客户的熟识程度、沟通所需时间等等，这些问题都是需要在电话拜访之前就应当考虑清楚的。否则，对此类事情毫无准备，到时既想说，又觉得不合适，在电话中吞吞吐吐、欲言又止，肯定不利于目标的实现。

另外，对于客户可能会问的一些问题如果准备不充分的话，可能到时就会被客户问得哑口无言、不知所措。这不仅会加剧推销人员的紧张感，还会影响他们正常的工作心态，同时也会让客户对推销人员的专业程度产生怀疑，这同样十分不利于目标的实现。

一般情况下，在客户开会时最好不要打扰客户，除了有十分重要的事情。即使你当时不知道客户正在开会，电话接通后你也应当向客户表示歉意。你可以对客户是否在开会或者是否在外地出差等基本情况做出假设，当出现相应的情况时，你就可以做出相应的对策。

所以，在打电话之前，有必要做好计划，并且在你的计划中，要确保你的介绍能做到以下几点：

（1）能毫无遗漏地说出客户解决问题及改善现状后的结果，也就是自己产品的好处。

（2）能让客户相信你能做到你所说的。

（3）让客户感受到你的热诚，感到你愿意站在客户的立场，帮助客户解决问题。

（4）遵循“特性——优点——特殊利益”的陈述原则。

（5）遵循“指出问题或指出改善现状——提供解决问题的对策或改善现

状的对策——描绘客户采用后的利益”的陈述顺序。

接下来就要进行事实状况陈述。所谓事实状况陈述，意指说明产品的原材料、设计、颜色、规格等，也可以说明产品的一些特性。

一般来说，产品介绍都针对对方所提的问题或讲的话进行回答。交谈初期，先向对方如实介绍自己的产品或服务。这时，你已摸清对方的需要，对方亦在考虑是否购买你的产品，同时想了解更详尽的情况。

因此打电话前先花1分钟做计划，沟通时可以让你节省3分钟。要是没有计划，你就无法确定自己在做什么，怎样做，或者还有什么别的方法，更糟糕的是会让顾客感觉你说话茫然无措，这样是推销不出去东西的。在打电话前做计划，不仅使你对自己的产品介绍更有信心，而且也使你听起来更自信。拿起电话之前，你要做一些准备工作，了解顾客的背景以及他的业务情况，做些评估，最后再做计划。值得一提的就是，最好多做几份计划，多准备几套方案，万一初次推销失败，也可提出另外的一些方案供对方思考，这也就加大了成交的机会。

PART 03 电话沟通的准备

明确电话沟通的目标

在打电话之前多花些时间在准备工作上，明确自己打电话的目标以及该如何去实现这个目标。

小陈是某公司的电话销售人员。他曾给一家大型公司的刘总打过无数次电话推销自己的产品，但每次打电话刘总都不在。当他再次拨打了刘总的电话时，也想当然地认为刘总还是不在。

小陈："您好，麻烦您找一下刘总。"

客户："我就是，请问你是哪位？"

（小陈听到话筒的那边就是刘总，他便紧张起来，他根本没有想到会是刘总接的电话。）

小陈："啊……啊……您就是刘总啊，我是××公司的小陈，我打电话给您就是，啊，就是……"

（小陈这时已经语无伦次，因为他不知道该讲什么，也不知道该问些什么问题，因为他不知道自己打电话的目标是什么。）

刘总："我现在正忙着，回头再联系。"

对拨打电话前的准备工作，很多人都不以为然，因为准备需要时间，他们不想把时间花在准备上，而更愿意将时间花在与客户的沟通上。事实上，有了充分的准备，明确了自己打电话的目标，往往会达到事半功倍的效果。如果你没有把准备工作做好，不瞄准靶子射箭，那么就会像上面那个例子一样，使电话沟通以失败告终。类似的例子在平时的商务电话沟通中比比皆是。

电话沟通必须以目标为导向。确定打电话的目标通常应遵循以下原则：

1.明确时间

要明确客户在什么时候会采取行动。例如，客户想同你签这个合同，是今天，还是明天，或是一个月以后？这一点你要有清楚的概念。

2.详细的客户要求

客户要同你签订单，签多少？要有一个明确的数字。

3.目标可行

工作人员要根据实际情况来制定目标，这个目标一定是可达到的，是经过认真判断的。

4.为客户着想

目标要以客户为中心，也就是电话打完以后，是客户想采取行动，而不是工作人员让客户采取行动。

5.设定多个目标

主要是指要有可替代目标，因为我们不能保证一定可以达到某一个目标。而当我们的目标没有实现的时候，如果没有可替代的目标，我们可能不知道如何再与客户沟通。

确定打电话的目标很重要，它可以使工作人员集中精力在实现这个目标上，并为了达到这个目标而准备其他的事项。同时，这样也可以增强电话沟通人员的自信。

想到意外情况的处理方案

在商务电话沟通以前，尽量把可能发生的情况都想到并做好充分的准备，这样才能使整个沟通过程顺利进行。

销售员：“先生，您好，这里是HR公司个人终端服务中心，我们在搞一个调研活动，我可以问您两个问题吗？”

客户：“你讲。”

销售员：“您经常使用传真机吗？”

客户：“是的，工作无法离开传真机。

销售员：“您用的是什么型号的？”

客户：“是××型号的。”

销售员：“我们的传真机最近有一个特别优惠的促销活动，您是否有兴趣？”

客户：“你就是在促销传真机，不是搞调研吧？”

销售员：“其实，也是，但是……”

客户：“你不用说了，我现在对传真机没有购买兴趣，因为我有了，而且现在用着感觉很好。”

销售员：“不是，我的意思是，这次机会很难得，所以，我………”

可见，设想可能发生的情况并做好准备在商务电话沟通中是十分重要的。例如，当你打电话给客户时，如果客户正在开会，你应该怎么办？是说完要说的话呢，还是与客户约时间再谈？这一问题的关键在于你的风格、客户与你的关系以及客户的类型。但无论如何，你得有所准备，否则，你可能会既想说，又觉得不合适，在电话中吞吞吐吐、欲言又止，无法达到目的。

另外，对于客户可能会问的一些问题如果准备不充分，可能到时就会被客户问得哑口无言、不知所措。这样不仅会增加自己的紧张感，还会影响正常的工作心态，同时也会让客户对拜访人员的专业程度产生怀疑，这同样十分不利于目标的实现。

在与客户进行商务电话沟通时，什么情况都可能发生，因此要做好充分的准备。那么如何做呢？

第一，设想电话中可能发生的情况并做好准备。

例如，对于前面提到的案例，我们可以设想可能发生的情况，并做好应答的准备。

①第一个电话就是客户接的；准备：与客户沟通。

②电话需要转接；准备：对他人有礼貌，并说是约好的。

③客户不在；准备：问清楚什么时候回来，再打过去。

④客户在开会；准备：再次约时间，再准备打过去……

第二，设想客户可能会问的问题并做好准备。

例如，还是上面的案例，我们可以设想一下客户会问什么样的问题，做好回答的准备。他也许会问：

①你们有没有这样的产品？

②你们的服务怎么样？

③价格是多少？

④什么时候能送货？

⑤如果产品出现质量问题怎么办？

……

这就需要你对自己的产品有充分的了解，掌握相关的资料，做好准备。这样才不会到时显得手忙脚乱。

第三，准备好可能需要的信息资料。

有时客户提出来的问题往往与公司、产品或服务、行业、竞争等有关，如果这些信息太多，而且变化太快的话，一般人是很难完全记下来的。通常情况下，做电话沟通之前要把这些信息制作成表格，这样在需要的时候随手就可以拿出相关资料，回答客户的问题。

总之，商务电话沟通是一个有计划、有目的的行为，同时也是一个灵活多变的沟通方式。它的计划性、目的性与它的灵活随意性同等重要。

第三篇

开发客户

PART 01

捕捉可能的销售机会

抓住隐藏在失败背后的机会

在销售中，常常会因为某种原因，使推销计划无法实行。在这种情况下，多数推销员会主动放弃，而优秀的推销员则会深入思考，力求从另一个途径再次找到销售的突破口。

麦克是一名保险推销员，近日来，为了让一位难以成交的客户接受一张10万美元的保险单，他连续工作了几个星期，事情前前后后拖了很长时间。最后，那位客户终于同意进行体检，但最后从保险部得到的答案却是："拒绝，申请人体检结果不合格。"

看到这个结果，麦克并没有就此放弃，他静下心来想了一下：客户已经到这个年龄了，投保肯定不会只为自己，一定还有别的原因，也许我还有机会。于是，他以朋友的名义，去探望了那位申请人。他详细地解释了拒绝其申请的原因，并表示很抱歉。然后，话题转到了顾客购买保险的目的上。

"我知道您想买保险有许多原因。"他说，

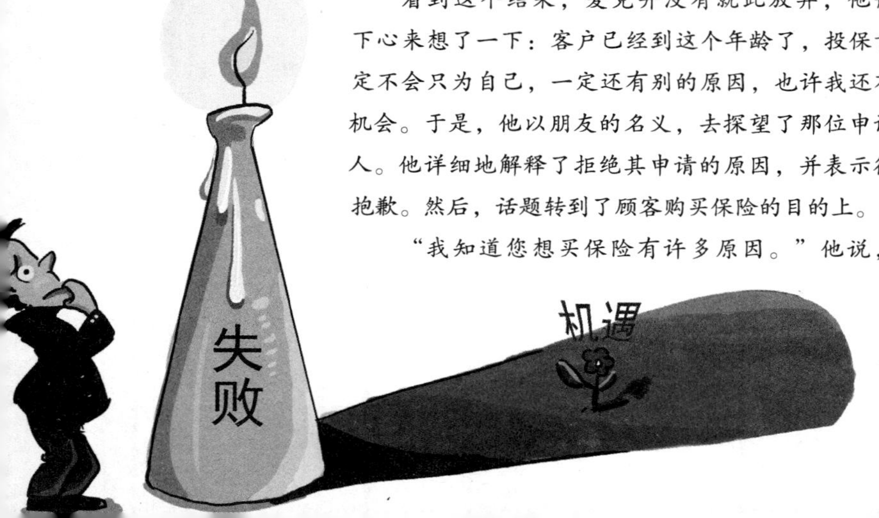

“那些都是很好的理由，但是还有其他您正努力想达到的目的吗？”

这位客户想了一下，说：“是的，我考虑到我的女儿和女婿，可现在不能了。”

“原来是这样，”麦克说，“现在还有另一种方法，我可以为您制订一个新计划（他总是说计划，而不是保险），这个计划能为您的女婿和女儿在您死后提供税收储蓄，我相信您将认为这是一个理想的方法。”

果然，顾客对此很感兴趣。麦克分析了他的女婿和女儿的财产，不久就带着两份总计15万美元的保险单回来了。那位顾客签了字，保险单即日生效。麦克得到的佣金是最初那张保险单的两倍还多。

就像这个案例中的麦克，他花了几个星期的时间来说服客户购买保险，但体检的结果是客户不能投保，面对这个结果，麦克并没有陷入感性思维，就此放弃，而是进行了深入思考，这是优秀的左脑习惯。

带着思考的结果，他再次拜访了客户，正如他预料的那样，客户投保还有其他深层次的原因：为了女儿和女婿。得到这个信息后，麦克利用自己丰富的专业知识，立刻为客户制订了一个新的保险计划（左脑能力），并获得了客户的认可，这是推销员左脑思维的胜利。

用宽广的知识面抓住销售机会

推销员的知识面越广，左脑实力越强，销售成功的机会就越多。尤其当顾客出现麻烦、需要帮助时，这些知识随时都会派上用场。如能抓住机会，帮上一把，必能让对方心生感激、刮目相看，为推销成功打开局面。下面这个案例就是这方面的一个典型。

孙兴从美术学院毕业后，一时没找到对口的工作，就做起了房地产推销员。但3个月后，孙兴一套房子也没卖出去，按合同约定房地产公司不再续发底薪，这让他陷入了进退两难的境地。

一天，孙兴的一个大学同学向他提供了一个信息：有位熟人是某大学的教授，他住的宿舍楼正准备拆迁，还没拿定主意买什么样的房子。他劝孙兴不妨去试一试。

第二天，孙兴敲开了教授的家门，说明了来意。教授客气地把他带到客厅。当时，教授刚上中学的儿子正在支起的画板架上画着“静物”。孙兴一边向教授介绍自己推销的房产情况，一边不时地瞄上几眼孩子的画。

教授半闭着眼睛听完孙兴的介绍，说：“既然是熟人介绍来的，那我考虑一下。”孙兴通过观察，发现教授只是出于礼貌而应和，对他所说的房子其实并没有产生多大兴趣，心里一时没了谱，不知道接下来该说什么，气氛一时变得很尴尬。

这时孙兴看到孩子的画有几处毛病，而孩子却浑然不知，便站起身来走到孩子跟前，告诉他哪些地方画得好，哪些地方画得不好，并拿过画笔娴熟地在画布上勾勾点点，画的立体感顷刻就凸现出来了。孩子高兴地拍着手说：“叔叔真是太棒了！”略懂绘画的教授也吃惊地瞧着孙兴，禁不住赞道：“没想到你还有这两下子，一看就是科班出身，功底不浅啊！”他还感激地说，“有时候，我也看出孩子画得不是那么回事儿，可我却一知半解，不知怎么辅导，经你这么一点拨，就明白了，你真帮了我的大忙了！”

接下来，孙兴同教授颇有兴致地谈起了绘画艺术，并把自己学画的经历说了一遍。他还告诉教授应该怎样选择适合孩子的基础训练课目，并答应说以后有时间还要来给孩子讲讲课。孙兴的一番话，让教授产生了好感，也开了眼界，一改刚才的寒暄连连点头称是。两个人的谈话越来越投机，教授更是高兴得不得了。

后来，教授主动把话题扯到房子上来。他边给孙兴端上一杯热茶边说：“这些日子，我和其他几个老师也见了不少推销房产的，他们介绍的情况和你的差不多。我们也打算抽空去看看，买房子不是小事，得慎重才行。”

教授又看了孙兴一眼，接着说：“说心里话，我们当老师的就喜欢学生，特别是有才华的。你的画技真让我佩服！同样是买房子，买谁的不是买，为什么不买你这个穷学生的呢？这样吧，过两天，我联系几个要买房的同事去你们公司看看，如果合适就非你莫属，怎么样？”

半个月后，经过双方磋商，学校里的十几名教师与孙兴签订了购房合同。

房地产推销员孙兴通过熟人介绍，得到了一个销售信息，他登门拜访，并详细陈述房子的情况，但潜在客户对房子并未产生很大的兴趣，谈话陷入了尴尬的局面。至此，说明孙兴的左脑策略失败了。如果不改变策略的话，就会失去这次销售机会。

美术专业出身的孙兴看到客户的孩子正在画的画有几处毛病，于是对孩子进行了简单的指导，这一举动让客户大为惊讶，他没有想到一个房地产推销员有如此高的美术专业素养。孙兴抓住这个机会，与客户探讨绘画艺术，逐渐用自己的左脑知识能力赢得了客户右脑的好感和认可。最后，客户不但自己买了房子，还推荐其他同事到孙兴的公司买房。

孙兴用自己广博的知识抓住了稍纵即逝的销售机会，并取得了成功。可见，销售人员只有不断丰富自己的知识，储备自己的左脑能力，才能在关键时刻抓住成功的机会。

树立客户的危机意识，促成顾客购买

不买保险的人，有的是自忖身体健康不需要买，有的是自认为银行里有存款，可以应付家中生计，也不需要买。这一类型的客户，本身已具有一定的经济基础，只是危机意识不够强，推销员只要能运用自己左右脑销售的优势进行说服，让潜在客户树立起危机意识，就一定能达到效果。

康耐斯从事保险工作多年了，他知道如何去应对各种类型的顾客，尤其是那些还没有保险意识的人。下面就是他说服客户的过程。

客户："我身体很健康，根本不需要买保险！"

康耐斯："听您这么说真应该恭喜啊！不知道您有没有玩过纸牌或是买过彩票？"

客户："玩过一阵子，现在不玩了！"

康耐斯："其实，我们每个人每天都在赌博！（客户愣了一下）和命运之神赌，赌健康、赌平安无事，如果我们赢了，就可以赚一两个月的生活费用，万一要是输了呢？将把日后家庭所有的费用全部输光。您认为这种做法对吗？您既然认为赌博不好，可是您现在为了省下一点点保险费，却是拿您的健康作为赌本，赌您全家的幸福！”

客户：“我有存款可以应付家用，不需要买保险！”

康耐斯：“储蓄是种美德，您能这么做可见您是个很顾家的人！但是，我冒昧地问一句，以您目前的存款是否能支付家里5年或10年以上的费用？哦！对了！我刚刚在外面看见您的车子，真漂亮！好像才开一年多吧！不晓得您有没有买安全保险？”

客户：“有！”

康耐斯：“为什么呢？”

客户：“万一车被偷了或被撞了，保险公司会赔！”

康耐斯：“您为了怕车被偷或被撞，为车子买安全险，车子怎么说也只是个代步工具，只是资产的一部分，但是，您却忽略了创造资产的生产者——您自己，何不趁现在为家庭经济购买‘备胎’？”

客户：“你说得有道理，那你说以我目前状况买哪种保险最好呢？”

案例中的保险推销员，充分发挥了自己左右脑的优势。首先他把健康和赌博联系起来进行说明，为客户阐释健康保险的重要性；接下来，又把保险比喻成家庭经济的“备胎”，进一步形象地述说了保险对于客户来说是当务之急。在这个过程中，比喻的运用是右脑能力的体现，而逻辑分析与说明则体现了推销员高超的左脑能力，正是在左右脑相互配合下，最后成功说服了客户。

PART 02 巧妙通关做高手

姿态放高，自上而下

如果遇到态度恶劣的前台工作人员或秘书，电话销售人员该怎么办呢？这对于电话销售人员来说是很常见的事情，这个时候电话销售人员就没有必要跟他们浪费时间，相反直接摆高自己的姿态会更好一些。

［案例一］

销售员：“您好，麻烦您帮我转一下李经理。”

秘书：“现在是忙音，待会儿再打。”

销售员：“您都没有给我转，怎么就说是忙音呢？”

秘书：“喂，你这个人真是啰唆，让你等会儿再打你没听见吗？我是说我现在很忙！”

销售员：“请问您贵姓？”

秘书：“这不关你的事。”

销售员：“您接听电话都是这种态度吗？您知不知道，您的这种态度会让贵公司损失很多客户。好吧，既然您不愿转电话，我也不勉强，不过，等会儿你们老总打电话过来时，我将把您的情况如实反映一下。”

秘书：“对不起，我实在太忙了，我现在就给你转。”

［案例二］

销售员：“您好，是远大公司吗？”

秘书："请问有什么事情？"

销售员："我找王总有点急事！"

秘书："他现在很忙，没时间接电话。"

销售员："我昨天已经和他约好今天这个时候通电话的，麻烦您通知他一下，好吗？"

秘书："要不你先跟我说说，待会儿我再传达给他。"

销售员："跟您说当然可以，但您能做主吗？告诉我您的姓名，如果你们老总再打电话过来，我就跟他说我已经向您汇报过了。"

秘书："稍等，我帮你转……"

在电话行销中，推销人员有时会遇到很不礼貌的秘书或前台人员。可能是其他不愉快的事导致秘书或前台人员情绪很糟糕，恰好这时电话销售人员打电话过去，他们便就势发泄自己的情绪。另外一种情形是对方的秘书或前台人员本身素质就很差，对谁都爱答不理，敷衍工作。遇到这些情形，电话销售人员就没有必要跟他们浪费时间，应该如案例一中的电话销售人员那样直接摆高自己的姿态，狠狠还击对方。

有时销售员遇到的秘书或前台人员特别爱管闲事，对什么事都喜欢刨根问底，甚至为了阻止你找到负责人，搬出很多理由来搪塞。这时可像案例二中销售员那样强调"责任"两个字，告诉他向他汇报完全可以，但他必须承担责任，从而给对方造成一定的压力。这时对方就不得不按你的要求做了。

还有些时候，一些接线人故意阻拦不给转电话，他们会高傲地问："有何贵干？"推销人员一般可以回答说："这是我们的私事。"绝大多数时候，这样回答也就够了，接线人可不敢随便插手老板的私事，电话马上就会被转到你要找的决策人那里。

当然，销售员需要注意的是，有时摆高姿态效果比过分客气要好得多，但是也要视具体情况而定，切勿照搬照抄。

以沉默气势让人不容置疑

如何绕过秘书的障碍？这是很多电话营销员经常遇到的头痛问题。有时候，适当的沉默会给秘书一种不容怀疑的印象。

我们可以比较下面两组对话。

第一组：

销售人员："A公司吗？"

接线人："对，哪里？"

销售人员："……"（沉默）

销售人员："您好，我姓孙，B公司的，前天我和科里约过时间，请您让供应部的经理接电话。"

第二组：

销售人员："A公司吗？"

接线人："对，哪里？"

销售人员："您好，我姓孙，B公司的，前天和科里约过时间，请您让供应部的经理接电话。"

显然，前一种显得更加有来头，会给秘书一种不容怀疑、不好招惹的印象。

有趣的是，有的公司曾经让不知底细的公司职员接过这样的电话，然后问这位接线人："在对方沉默的时候，你以为他在做什么？"他的回答令人惊奇："我听到一些纸响，以为他正在整理业务材料。""是什么材料呢？""在他说完要找经理接电话后，我感觉那是一些需要和经理交谈的材料。”“和经理交谈的材料？”“是的，我想那是一些经理要的，或是一些他准备报告给经理或是要和经理讨价还价的一些材料。”

有些资深销售员认为，在绕过秘书的阶段，不一定对所有的秘书都要谦和有加。一方面，长时间保持一种中性和诚恳的语调打电话，这本身就影响营销人员的状态；另一方面，温和的口气有时会助长秘书自以为是的脾气，反倒增加了障碍。还有一种情况，销售人员把电话打过去后感觉到秘书心不在焉、爱理不理，这个时候给对方适当的压力是必要的。

研究表明，见面打招呼时，靠近到几乎接触对方身体才要求握手，会给对方以心理上的压力，同时也夸大了自己的气势。

一些销售员在电话“握手”时，就使用这种方法。一般是这么做的：“A公司吗？”（对方答：“对，哪里？”）说到这里，推销员开始有意沉默。接着就会听到话筒中，对方的呼吸开始加重，这是因为推销员的沉默使秘书产生了一定的心理负担。

根据经验，随着秘书心理负担的加重，大约在五六秒后，他会主动询问。但如此一来就在气势上差了一截，所以推销员必须做到在他问话之前开口，一是可以回避多方面的不利状况，二是借助气势上的优势直接询问。结果是，对方往往更重视你。

当中性和温和的电话没有多大效果时，不妨试试这种打法。

利用暧昧资讯摆脱纠缠

当接线人对你及你的公司不信任而对你刨根问底时，你该怎么应对呢？这时候我们可以使用暧昧资讯，提高接线人的信任度，摆脱纠缠。我们可以看一下这个案例：

业务员：“喂，您好。我是××报社的，姓李，社里有一些消息，发之前要求跟咱们企业领导核实一下。请问总经理的直拨电话是多少？”

接线人：“你说一下是什么消息，我向总经理转达。”

业务员：“这些消息未经确定，也就是说消息来源于一些未经证实的渠道，我们还需要核实。您知道总经理的电话吧，我记一下。”

在电话行销中，有些电话业务是由拍板人个人做主的，这样的项目对拍板人来说，可以说知情人越少越好。

这时，如果拍板人知道其间的大体内容已被众人了解，那么决定的时候就将权衡更多的因素，成交的可能性相应就大打折扣了。这时，错亮底牌的业务员无疑犯下了代价昂贵的错误。

绕障碍时，向不相关的人泄露实质性的业务资料，既浪费话费，又会给后续工作带来麻烦。

接线人不断提问，是因为他不信任。此时，如果接线人刨根问底，即可使用案例中利用暧昧资讯提高接线人的信任度来摆脱纠缠。

所谓暧昧资讯，即讲述消息时，把不肯定的前提扣在前面，“这个消息尚未证实……”、“这是刚刚听到的消息……”等，这就让没有的事听起来像真的一样，能减少接线人的怀疑。销售员要时刻记住这点，有些时候就要利用暧昧资讯找到想要找的人，同时也可避免泄露底牌。

PART 03

不“打”不相识：电话开发新客户

先让对方接纳你的人，然后再接纳业务

当对方可能就是具体决策人时，我们需要先建立关系让对方接纳自己，再谈业务。

销售人员：“您好。我是百城信息图片公司的，我这里有一个提高你们广告效果的好方法，能找你们负责人谈谈吗？”

客户：“哦，和我说就可以。”

销售人员：“我们百城信息在这个月推出了一个最新业务，也就是说，我们可以提供快速的邮件广告服务，在同行中我们是第一个推出这项特效服务的。”

客户：“是吗？”

销售人员：“不知道明天您有没有时间。我们可以到你们公司拜访，同你们的有关负责人谈谈。”

客户：“这几天有关负责人没有时间。”

销售人员：“我们只做一个简单的拜访，不会花费太多的时间。”

客户：“这几天我要出差，以后再谈吧，再见。”

上面的情况经常发生，本来是准备绕过障碍的，拿起电话一不小心却撞到了拍板人面前。

或者，业务员已经绕过了障碍，虽然没有获得拍板人的姓名，但被总机直接转到了拍板人办公室。

这本是件出乎意料的好事，但有的业务员会犯急于求成的毛病，对着话筒口若悬河起来。结果，拍板人说了什么、对这次谈话所抱的态度等，他都因兴奋而全然不顾。我们知道，在与对方互相接纳的关系还没有建立起来时，很难让人接受你的滔滔不绝，因为这会让拍板人感觉自己成了一个只能听你讲话的耳朵。

心急吃不了热豆腐，互相接纳需要一个过程，可是在电话里却只有很少的时间。如果想在这么短的时间里让拍板人接纳，业务员必须掌握一些技巧。

上面这个例子中，业务员在说明了电话目的之后，拍板人有一个暗示："哦，和我说就可以。"这句话说明了对方的身份。他这句说完，业务员应该立即接着说："那太好了，先生，请问您贵姓？"

在得到了拍板人的姓名后，就立即记在"资料卡片"上。接下来的谈话，就要使用拍板人的姓氏，这样才能造成融洽的气氛。如果你连拍板人的姓名都不关心，怎么和对方互相接纳、产生认同、进行约定呢？

专心听别人讲话的态度，是我们所能给予别人的最大赞美

聆听是一种特殊的沟通技巧，要想赢得客户的信任，必须学会聆听。

M小姐在某生命保险公司从事外勤工作已近20年了，是个经验非常丰富的行家。她在说服客户上保险时不采用劝说的方法，这正是与其他外勤人员的不同之处。后者通常的做法是在客户面前摆上好几本小册子，然后向他们说明到期时间和应收金额，并口若悬河地以一种非常熟练的语调反复讲述客户在投保后，将能得到多大的好处。

而M小姐却与此相反，她总是从对方感兴趣的话题说起，稍许谈谈自己在

这方面的无知和失败的体会。原为劝说投保一事而稍存戒心的对方，因为她谈的是自己喜欢的话题，这样便无意中跟着她谈了起来。之后总是听着，并为对方的讲述而感到钦佩和惊叹。接着，话题不知何时又转到人生的烦恼和对将来生活的规划上来了。M小姐依然还是专心地听着，而对方却不知不觉地倾吐了内心的烦恼，谈了自己对将来的理想和希望。直到最后，自己才主动地说出投保的想法——“这么说，还需要适当地投保啊！”至此应该说，M小姐已是一个善听人言的高手了。

不过，可以断言的是：她并不是因为生意上的缘故而装出一副倾听对方言谈的样子的。与此相反，M小姐在这段时间里甚至忘记了工作，诚心诚意地、极其认真地听对方讲话。

人人都喜欢被他人尊重，受别人重视，这是人性使然。当你专心听客户讲话，客户会有被尊重的感觉，可以拉近你们之间的距离。卡耐基曾说：专心听别人讲话的态度，是我们所能给予别人的最大赞美。不管对朋友、亲人、上司、下属，聆听有同样的功效。

在电话沟通过程中，有效聆听更是一种特殊技巧，善于有效的聆听是电话沟通成功的第一步。

在电话中，你要用肯定的话对客户进行附和，以表现你听他说话的态度是认真而诚恳的。你的客户会对你心无旁骛地听他讲话感到非常高兴。根据统计数据，在工作中和生活中，人们平均有40%的时间用于倾听。它让我们能够与周围的人保持接触。失去倾听能力也就意味着失去与他人共同工作、生活、休闲的可能。

所以，在商务电话沟通中，发挥听的功效是非常重要的，只要你听得越多、听得越好，就会有越多的客户喜欢你、相信你，并且要跟你做生意。成功的聆听者永远都是最受人欢迎的。

PART 04 挖掘潜在客户

和陌生人做朋友

人与人之间都是从陌生到熟悉的，老客户是由新客户转变而来的，而新客户曾经是我们的陌生人。

人脉之于客户管理乃至整个企业的发展的重要性，我们每个人都很清楚。所以，有人说客户管理的重心就是和客户谈生意，谈生意的关键是能否织就属于自己的一张人脉网。

害怕和陌生人打交道是人之常情，人的内心都有一股害羞的情绪，见到陌生人容易紧张，于是我们就害怕主动打招呼，仍然生活在属于自己的一个小交际圈内。

但做客户开发工作要求我们必须有迅速和陌生人打成一片的本领，因此我们不妨就当多交个朋友，从平时的点滴机会中接近他们，逐渐将每一个潜在客户网罗到我们的人际网中。

那么，和陌生人打交道，怎样才能找到切入口呢？

1.察言观色，寻找共同点

一个人的心理状态、精神追求、生活爱好等等，都或多或少地会在他们的表情、服饰、谈吐、举止等方面有所表现，只要你善于观察，就会发现你们的共同点。一位退伍军人乘坐汽车，位置正好在驾驶员后面。汽车上路后不久就抛锚了，驾驶员车上车下忙了一通还没有修好。这时有位陌生人建议驾驶员把油路再查一遍，驾驶员将信将疑地查了一遍，果然找到了病因。这位退伍军人感到他的这绝活可能是从部队学来的。于是试探道："你在部队待过吧？""嗯，待了六七年。""噢，算来咱俩还是战友呢。你当兵时部队在哪里？"……于是这一对陌生人就谈了起来，理所当然地从完全陌生逐渐熟悉起来。

2.主动和对方交谈

两个陌生人对坐，为了打破这沉默的局面，开口讲话是首要的。有人以招呼开场，询问对方籍贯、身份，从中获取信息；有人通过听说话口音、言辞，侦察对方情况；有的以动作开场，边帮对方做某些急需帮助的事，边以话试探；有的甚至借火吸烟，也可以发现对方的特点，打开言谈交际的局面。

王海是上海某医院的主管药品的副院长，一次从北京开完会后回沪。原本疲乏的他再加上舟车劳顿，到了火车的卧铺车厢后便忙不迭地准备休息。和他同在一节车厢的还有一位年纪轻轻的小伙子，名叫李飞，他是江苏某药业公司的业务代表。

火车一路快速行进，到了徐州已是伸手不见五指的黑夜。突然一阵疼痛的呻吟声把李飞吵醒，他赶紧下床关切地询问起对方的感受。原来王海吃坏东西正闹肚子，在李飞的关心问候下倍感温暖，而其他人则因为王海的呻吟大为发火。李飞在弄明白他的病情后，果断地从自己的临时药箱中取出常用药给他，王海因此与李飞谈论了起来。出乎李飞意料的是王海的身份，就这样一段长期合作的关系悄悄地敲定了。

3.和朋友的友人交谈

你去朋友家串门，遇到有陌生人在，作为对于二者都很熟悉的主人，会马上出面为双方介绍，说明双方与主人的关系、各自的身份、工作单位，甚至个性特点、爱好等等，细心人从介绍中马上就可发现对方与自己有什么共同之处。一位公安局局长与一位公司经理恰巧都在某朋友家聚会，经介绍发现和主人都是从前的老同学。一个是中学同学，另一位则是大学同学。于是借着这种关系，两位就攀谈起来。

4.通过谈话，发现和对方的共同点

为了发现陌生人同自己的共同点，可以在需要交际的人同别人谈话时

留心分析、揣摩，也可以在对方和自己交谈时揣摩对方的话语，从中发现共同点。两位都很时尚的年轻女孩在公车上相遇了，其中一个听另外一个人打电话的口音很像湖南某地的人，于是两位感到同在异乡的同乡人非常亲切，遂成为朋友。

生活中类似的事例还很多，我们只要比别人多用一点心，就能多一点发现客户的概率。做个有心人，才能够胜任客户开发这个工作。需要注意的是，初次和陌生人交谈时忌过度热情，那样会让对方觉得比较虚假。

搜集和筛选目标客户资料

销售员希望拥有足够多的潜在客户时，这就要求推销人员在打电话前先对目标客户进行筛选，并设计好开场白。接下来，在与潜在客户交流的过程中，通过感性的提问方式多角度收集客户的资料。

乔·吉拉德是世界上有名的营销专家之一，他常常利用电话搜寻潜在客户。

面对电话簿，吉拉德首先会翻阅几分钟，进行初步的选择，找出一些有希望成为潜在客户的人的地址和姓名，然后再拨电话。

下面就是吉拉德在电话中和一位潜在客户的对话。

吉拉德："喂，柯克莱太太，我是乔·吉拉德，这里是雪佛兰麦若里公司，您上周在我们这儿订购的汽车已经准备好了，请问您什么时候有时间来提车呀？"

柯太太（觉得似乎有点不对劲，愣了一会儿）："你可能打错了，我们没有订新车。"（这样的回答其实早在吉拉德的意料之中。）

吉拉德："您能肯定是这样吗？"

柯太太："当然，像买车这样的事情，我先生肯定会告诉我。"

吉拉德："请您等一等，是柯克莱先生的家吗？"

柯太太："不对，我先生的名字是史蒂。"

（其实，吉拉德早就知道她先生的姓名，因为电话簿上写得一清二楚。）

吉拉德："史蒂太太，很抱歉，一大早就打扰您，我相信您一定很忙。"

对方没有挂断电话，于是吉拉德跟她在电话中聊了起来。

吉拉德："史蒂太太，你们不会正好打算买部新车吧？"

柯太太："还没有，不过你应该问我先生才对。"

吉拉德："噢，您先生他什么时候在家呢？"

柯太太："他通常6点钟回来。"

吉拉德："好，史蒂太太，我晚上再打来，该不会打扰你们吃晚饭吧？"

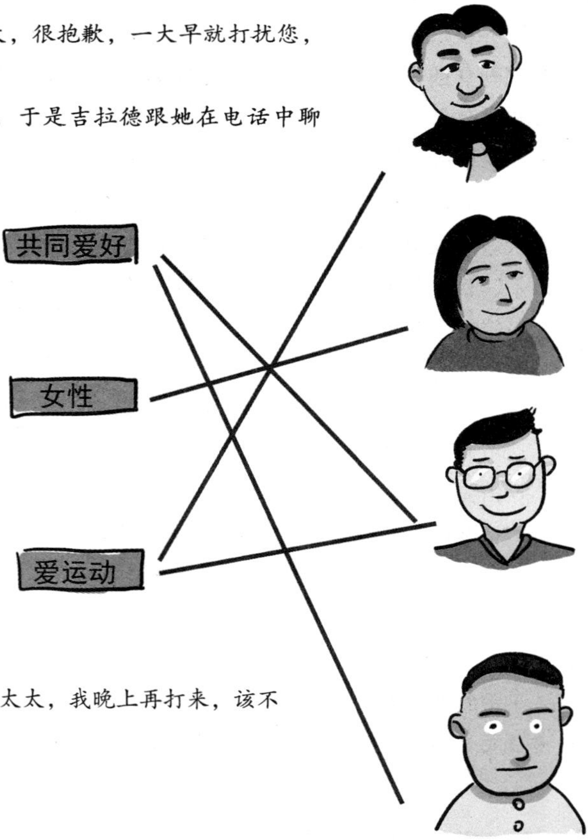

柯太太："不会。"

（6点钟时，吉拉德再次拨通了电话。）

吉拉德："喂，史蒂先生，我是乔·吉拉德，这里是雪佛兰麦若里公司。今天早晨我和史太太谈过，她要我在这个时候再打电话给您，我不知道您是不是想买一部新雪佛兰牌汽车？"

史蒂先生："没有啊，现在还不买。"

吉拉德："那您大概什么时候准备买新车呢？"

史蒂先生（想了一会儿）："我看大概10个月以后需要换新车。"

吉拉德："好的，史蒂先生，到时候我再和您联络。噢，对了，顺便问一下，您现在开的是哪一种车？"

在打电话的过程中，吉拉德记下了对方的姓名、地址和电话号码，还记下了从谈话中所得到的一切有用的资料，譬如对方在什么地方工作、对方有几个小孩、对方喜欢开哪种型号的车，如此等等。他把这一切有用的资料都存入档案卡片里，并且把对方的名字列入推销信的邮寄名单中，同时还写在推销日记本上。为了牢记这个推销机会，他在日历上做了一个明显的记号。

就这样，从两三分钟的电话聊天里，吉拉德得到了潜在的销售机会。

成功的电话营销员之所以能源源不断地售出产品，是因为他们拥有足够多的潜在客户。

利用电话销售产品，最大的好处是随时都可能发现潜在的客户，而且，与盲目登门拜访相比，巧妙地运用打电话的技巧更容易与客户沟通。当然，要使沟通向着有利于把买卖做成的方向进行，就需要推销员事先精心准备，并且在打电话的过程中充分发挥自己良好的沟通能力。

就像案例中的推销大师吉拉德，他在打电话前先对目标客户进行筛选，并设计好了开场白。接下来，在与潜在客户沟通的过程中，他又开始进行感性的沟通，"您先生他什么时候在家呢"、"那您大概什么时候准备买新车呢"、"顺便问一下，您现在开的是哪一种车"等等。通过与潜在客户有效的沟通，吉拉德收集到了宝贵的客户资料，获得了潜在的销售机会。

在电话销售人员职业生涯中，开发客户是重点工作，这就需要销售人员掌握多种资料的获取渠道。下面介绍几种搜集电话名录的方法。

1.交换名片

随时随地获取别人的名片，同时把自己的名片赠给别人，就可以得到很多的电话名录。

“刘先生，您好！这是我的名片。”

“噢，不好意思，我没有带名片。”

“没关系，非常好，我能有机会得到您亲笔写的名片。”

你递给他一张自做的空白名片，“我这儿有张名片纸，请您填好！”99%的人不会拒绝填写他的姓名、电话号码。获得了名片的同时，他对你的印象一定很深。高明的营销人员还可以从他手写的字体里分析他的性格。

2.广交朋友

参加俱乐部、研习会、公司的会议活动、朋友的生日聚会、酒会、专业聚会。参加这些聚会可以结识更多的人，交换更多的名片，也可以获得更多的可拨打的陌生电话名录。

3.与同行互换资源

和同行交换资源也是获取电话名录非常有效的方法。

4.善用汇编资料

汇编资料包括统计资料、名录类资料、报章类资料等。其中，统计资料是指国家有关部门的统计调查报告、行业协会或者主管部门在报刊上面刊登的统计调查资料、行业团体公布的调查统计资料等。名录类资料是指各种客户名录、同学录、会员名录、协会名录、职员名录、名人录、电话黄页、公司年鉴、企业年鉴等。

5.加入专业俱乐部和会所

专业俱乐部和会所可以提供给你最佳的人选和最好的名录。重要的是这些会所是有一定资格才能加入的，所以这样的会所集中的人群都是非常有品位的人士。

6.网络查询

网络查询会让你很便捷地了解你所需要的信息。

7.报纸杂志

无论是综合性的娱乐杂志还是行业性的报纸杂志，上面都含有大量的信息与资料，如各种广告宣传、搬迁消息、相关个人信息、行业动向、同行活动情形以及国际行业信息等。这些信息给销售人员提供了联系潜在客户的线索，使销售人员可以随时随地把握挖掘客户的机会。

8.客户介绍

一个客户背后大约有20个准客户。销售人员要提供一流的服务且能让这位客户为其介绍潜在客户。这是找到新客户最便捷的方式。

任何潜在客户，都需要我们尽可能详细地了解他们的资料，否则很难跟他结成朋友，也很难跟他建立良好的关系。

利用互联网开发客户

21世纪是个通讯异常发达的时代，整个地球都可因Internet而紧密地联系在一起。在科技迅猛发展的今天，我们的工作、生活几乎离不开网络。从上网看各类新闻、阅读图书、交流信息到购物、寻找商品等，无所不包。我们何不利用这张无形的网，替自己网罗一批潜在客户呢？只要我们轻触键盘就能寻找到客户，总会有客户在等待我们去挖掘。

“造得有多快，卖得就有多快”是戴尔公司的直销之道。尽管戴尔被誉为华尔街的赚钱机器，但他从来不被认为是一名技术先锋，其成功大半归结为给计算机业带来翻天覆地变化的“直销飓风”：越过零售商，将产品直接销售给终端用户。正如戴尔所言：“远离顾客无异于自取灭亡。还有许多这样的人——他们认为他们的顾客就是经销商！”

戴尔之所以有那么强大的顾客群体，正是由于他们利用了互联网的便捷。他们可根据客户的要求，在最短的时间内迅速出货。我们利用Internet寻找客户，可从以下几个方面展开：

1.可浏览他人网站，建立联系

现在，越来越多的公司开始建立自己的网站，使你能够了解有关他们业务的数据。公司网页常常连接有关个人情况、经营单位或个人服务等内容。网页上通常包括索取更详细信息的联系地址或直接联系地址等。只要轻轻点击鼠标，你就可得到你想要的资料。

利用互联网，你还可以像写信一样，很方便地联系业务，与一些团体和个人取得联系。只需轻击发送键，在几秒钟内，你的信件、简历、建议书、意见、想法或文件就会越过街道、国家，发送到世界各地。

2.利用搜索引擎

搜索引擎可以帮助你畅游互联网，并能使你的新客户成功地找到你的网页。现在搜索引擎可谓无所不知、无所不能，只要轻击键盘很快就能找寻到若干条相关的信息。著名的搜索引擎如百度等，应将其中之一设为我们的首页，以便随时随地找到合适的人群。

3.建一个自己的网站

建立网站需注意以下几点：

（1）使网页简洁清楚。如果你亲自寻找新客户，在过程中出现了中断，还能够恢复，但在网页上就不行。所以，要确定新客户在中断后能够很容易地找到返回你网址的途径。

（2）力求做得有个性，不能太大众化，否则人们不会愿意光顾。没有特色就意味着平庸。

（3）在网页上介绍客户感兴趣的内容，力求实用，忌花哨。

（4）使文字尽可能简短。尽量使每段文字不超过50个字，不要全部采用大写字母。

（5）要有对产品、企业等信息的详尽介绍，以便让人们获得一种心理上的安全感。

（6）遵守网上礼节。在网上联络时，不要通过计算机做任何当面不做的事情，这里主要是指职业道德。每一次联系都需要严守职业道德，只有这样才能为你带来新生意。

4.可适当在较大的媒体上做宣传

刚建立的网站有可能许多人并不知晓，人们无从知晓我们提供的产品和服务，因此可选择别的媒体做一定的宣传，比如新浪、网易、搜狐等。同时也可在行业网站上做适度宣传，让更多的人认识我们，看到我们的存在。

方法也许还有更多，但需要我们根据自身的特点来选择合适的方式。在网络上和潜在客户交流时，需注意语言要干净利索，不能因为在网上就说些不负责任的话。

PART 05 业务在客户之外

如何引导你的潜在客户

“什么时候”这个词在敲定一笔销售时显得颇具魔力，即使未说出时间也是有用的。如果你的潜在客户想要你的产品，当他的感受性达到顶点时，几乎也就是最佳时间。把他引到时间问题上来，以便达成交易。

假如你正在向一位零售客户推销服装。她喜欢那件衣服却犹豫不决。你说：“让我想想，你最迟要在下周日拿到衣服。今天是星期五，我们保证在下周六把货送到。”

你不必问她是否想买，你只是假设她想买，除非有明显的障碍（如没有能力支付），否则你将当场完成销售。

若改变推销方法，问她：“你想什么时间拿到这件衣服？”

那么她一定会犹豫不决，由于你有些犹豫，那么你的客户也会犹豫；假如你有胆怯的心理，那么她也会有同感。因此，你必须充满自信，显得积极有力。

一位管理顾问正想租用昂贵的曼哈顿写字楼。租赁代理知道他的经济情况，向他推荐了一套又一套的房间，从未想过她的潜在客户会不租房子，只是在想：哪一套房间最适合我的客户？

在介绍不同的办公室之后，她断定该是成交的时候了。

她把潜在客户带进了一套房间。在那里，他们俯瞰东江，她问道：“你喜欢这江景吗？”

潜在客户说：“是的，我很喜欢。”

然后，这位泰然自若的推销人员又把客户带到另一套房间，问他是否喜欢那天空的美景。

“非常好，”那客户回答。

“那么，您比较喜欢哪一个呢？”

顾客想了想，然后说：“还是江景。”

“那太好了，这当然就是您想要的房间了。”推销人员说。

真的，那位潜在客户没有想到拒绝，他租用了。

自始至终你只需善意地假设顾客会买，然后平静地达成交易。

当承包商赛莫·霍瑞——他那个时代的最伟大的推销人员之一——开始同富兰克林·屋尔斯讨论关于兴建美国的屋尔斯大厦时，他们完全陷入了对立状态。但劝诱对霍瑞来说就像母亲的乳汁一样。经过另一次毫无收获的拜访（同样的逃避和犹豫），霍瑞略微表现出不满，他站起身来，伸出手说：“我来做一个预测，先生，您将会建造世界上最宏伟的大厦，到那时我愿为您效劳。”他走了。

几个月之后，当大厦开始动工时，屋尔斯对这位高级推销人员说：“还记得那天早晨你说的话吗？你说，如果我要建造世界上最宏伟的大厦，你将为我效劳。”

“是的。”

“噢，我一直铭记在心。”

当然，你没有推销上百万美元的大厦，但同样的推销技巧也会对你的产品或服务奏效的。带着与推销屋尔斯大厦同样的假设、同样的自信、同样的安详和信念，你将会达成交易。还在等什么呢？你知道你的潜在顾客一定会买！

有益于客户的构想

为什么有的推销人员一直顺利成功，而有的推销人员则始终无法避免失败？

因为那些失败的推销人员常常是在盲目地拜访客户。他们匆匆忙忙地敲开客户的门，急急忙忙地介绍产品；遭到客户拒绝后，又赶快去拜访下一位客户。他们整日忙忙碌碌，所获却不多。

推销人员与其匆匆忙忙地拜访10位客户而一无所获，不如认认真真做好准备去打动1位客户，即推销人员要做建设性的拜访。

所谓建设性的拜访，就是推销人员在拜访客户之前，就要调查、了解客户的需要和问题，然后针对客户的需要和问题，提出建设性的意见，如提出能够增加客户销售量，或能够使客户节省费用、增加利润的方法。

一位推销高手曾这样谈道：“准客户对自己的需要，总是比我们推销人员所说的话还要重视。根据我个人的经验，除非有一个有益于对方的构想，否则我不会去访问他。”

推销人员向客户做建设性的访问，必然会受到客户的欢迎，因为你帮助客户解决了问题，满足了客户的需要，这比你对客户说“我来是推销什么产品的”更能打动客户。尤其是要连续拜访客户时，推销人员带给客户一个有益的构想，乃是给对方良好第一印象的一个不可缺少的条件。

王涛的客户是一位五金厂厂长。多年以来，这位厂长一直在为成本的增加而烦恼不已。王涛在经过一番详细的调查后了解到其成本增加的原因，多半在于该公司购买了许多规格略有不同的特殊材料，且原封不动地储存。如果减少存货，不就能减少成本了吗？

当王涛再次拜访五金厂厂长时，他把自己的构想详尽地谈出来。厂长根据王涛的构想，把360种存货减少到254种，结果使库存周转率加快，同时也大幅度地减轻了采购、验收入库及储存、保管等事务，从而降低了费用。

而后，五金厂厂长从王涛那里购买的产品大幅度地增加。

要能够提出一个有益于客户的构想，推销人员就必须事先搜集有关信息。王涛说：“在拜访顾客之前，如果没有搜集到有关信息，那就无法取得成功”，“大多数推销人员忙着宴请客户单位的有关负责人，我则邀请客户单位的员工们吃饭，以便从他们那里得到有利的信息”。

王涛只是稍作一点准备，搜集到一些信息，便采取针对性的措施，打动了客户的心。正因为王涛认真地寻求可以助顾客一臂之力的方法，带着一个有益于顾客的构想去拜访客户，才争取到不计其数的客户。

从满意的客户处获得更多的业务

要从满意的客户那里获得更多的业务与推荐，就要主动提出来。不开口要，怎么能得到？我们大部分人却不会这么做。一旦你想当然地认为这个客户就是你的，你便失去了为他们提供更好的服务的机会，从而不能长久地留住他们。失去机会并不危险，危险在于失去一个好客户。

我们必须开始认真而持续地关注我们当前客户的情况以及他们新的期望和要求。你需要在分析了客户过去与你或者你的竞争者合作时的消费模式之后，制定出你的行动计划。简而言之，要把你的客户当作一个新的潜在客户而认真调查、尽力研究。他们值得你提供最好的服务，给予最密切的关注。你的竞争者和新对手也始终在争取你的客户，特别是那些利润大、有吸引力的客户。我们不能掉以轻心，我们要做的不只是维持客户关系，而应该通过不断增加和提高所提供服务的种类和质量，来适应他们不断增长的期望。

你不要想当然地认为这个客户就是你的。多获取一些信息，主动要求并努力争取，直到获得你想要的业务。不要有丝毫放松，否则竞争对手将会轻松地占领你的地盘，而你将从此不再有机会。

你要想办法将非长期客户变成长期客户，将小客户变成大客户，让客户变成自己的宣传者。要不断研究他们持续增长的需求，以及他们除你之外还从谁那里购买。要了解你在他们的支出和考虑中占多大的份额。你是否是他们的第一选择？如果不是，则要继续努力。分析一下客户对你和其他销售商的满意程度，你处在什么位置上？如果在最底层，我们就需要建立自己的客户支持网络。

当你拿起响着的电话时，听筒另一端传来声音："嗨，您是钟先生吗？"

你："你是……"

销售员："您好，我是雷佛汽车公司的苏西。"

你（犹豫了一下）："哦。"

你不想和这家伙谈话，想挂断电话。且让我们换个剧本瞧瞧：

电话铃响了，你拿起听筒。

你："喂？"

销售员："嗨，您是钟先生吗？"

你："你是……"

销售员："钟先生，我是雷佛汽车公司的苏西，你妹妹蓓琪让我打电话给您。"

你："哦，嗨！"

不管你打电话的技巧多么高明，不管你在潜在客户身上下了多少工夫，不管你的商品和服务多么棒，这一切全比不上别人的推荐来得有效。因为人们的天性似乎对于来自企业的说法抱有怀疑，认为那是虚假的宣传，但对于其他已使用过该产品或服务的客户来讲，他们的说法更具说服力。所以，我们才有必要在客户开发的工作开展时，多多利用对我们抱有好感的客户群，让他们做我们产品服务的免费广告员。

你或许能借由潜在客户的朋友、亲戚、生意伙伴，甚至他老板的名义，将自己介绍给他。有了熟人介绍，你就已经跨入门内，赢得他的注意和信任。

此外，经由客户推荐往往能促成潜在客户的出现，因为客户很少会介绍那些对你的商品完全不感兴趣的人给你。

那么，你要如何赢得推荐？

这得靠你自己开口问了。当交易完成后，你不妨请客户介绍其他人给你。但这个过程并不如想象中那样容易。如果你只问客户，他有没有朋友想买汽车、小狗或电脑，他大概会随口答说"没有"或"目前没有"。这种答案，千万别信以为真！

你的客户可能在一个星期里曾遇见许多人，但在你问他的那一瞬间，他很难立即给你一个比"没有"或"目前没有"更好的答案，因为他不可能马上回想起所有曾见过的人，更别说那些人的个性或他们有些什么需要。

至于你，身为销售员，你必须帮他将范围缩小。比方说：

你："哈利，您一定想赶快试试（我卖给）您的新滑雪装备吧？"

哈利："嗯，我和5个朋友约好周四去滑雪，我想它一定很棒。"

你："哈利，请问您的朋友都拥有自己的滑雪装备吗？"

哈利："不，巴比是菜鸟，所以他用租的。"

你：“您想他很快就会有兴趣买一套吗？”

哈利：“我认为会。他虽然刚学，却已经很入迷了。”

你：“您介意我记下他的名字吗？我想打电话给他。看看我能否为他做点什么。”

哈利：“没问题，他叫郝巴比。”

你：“你有他的电话号码吗？”

哈利：“我一时记不起来。不过，他就住在小镇上的枫树街。”

你（写下资料）：“谢谢。其他的朋友怎么样？他们对自己的滑雪装备还满意吧？”

哈利：“我想是。艾莉虽然技巧很好，可惜使用的是老式的装备。”

你：“难道她不想将装备升级？”

哈利：“想啊，不过她老是抱怨装备太贵了。如果可以分期付款，她应该会考虑换新装备。”

你：“这没问题。您能给我她的名字和联络电话吗？”

哈利：“她叫孟×，电话是×××××××。”

你：“哈利，谢谢您帮了我这么多忙，我真感激！”

哈利：“哪里哪里。”

你：“我还想再请教一下，您的滑雪伙伴就是这几位吗？”

哈利：“还有我参加的滑雪俱乐部……”

在这个模拟情境中，销售员很有技巧地引导哈利，将认识的众多朋友减少到5个人，而这5个人当中至少有两个人可能对添购滑雪装备极感兴趣。他的最后一个问题更引出了一个滑雪俱乐部。他应设法取得俱乐部所有会员的姓名与电话，并立即去电联系。

以上的情节是直接对消费者销售产品的案例，销售员必须把重点放在消费者个人及其社交圈的需要上。

PART 06

找到给你高回报的人

锁定你的目标客户群

根据“二八定律”，许多销售人员将80%的心力花在只产生20%的效益的客户群身上，而对为自身业绩创造了80%的效益的客户却只投入了20%的营销资源。这样做不仅浪费了宝贵的营销资源，而且极大地损害了大客户的满意度和忠诚度，长期下去就会侵蚀销售业的市场基础，使企业失去对未来市场的竞争优势。

所以，我们有必要将能给我们带来高回报的大客户与小客户区分一下，以便我们分配销售资源，争取用最少的付出获得最多的回报。

1.将客户进行分类

（1）大客户。这是我们销售人员要找的。企业需要我们，同时我们也需要企业，但也要注意，大客户对我们的销售工作要求很严格，需要得更多。

（2）重点开发客户。这种类型的客户数量要比实际能转变成大客户的数

量要多，如果你所在的市场还有别的有吸引力的销售公司，那么他们很快会转向有吸引力的公司。这就需要你进行选择——增加资源或者在其他销售公司成功的机会更大时将这些客户“清除”。

（3）维持关系客户。顾名思义，当大客户需要时，我们可以从这些客户那里撤出资源和资金。

（4）机会主义客户。如果这些客户符合你的要求，你是愿意为他们服务的。你既不会做出无法兑现的承诺，也不会对他们表示厌烦，而这一切只是为了获得用于开发大客户和重点开发客户的资金。

2.收集大客户的资料

收集大客户的资料是你进行销售之前必做的功课，收集的范围分以下几个方面：

（1）客户的公司体制。因为不同体制下的企业管理层思路和员工的做事态度是明显不同的，了解这个信息对你非常有利。

（2）客户的经营情况。这些资料主要作为分析对方企业实力和了解对方弱点的依据。

（3）客户的组织结构。了解组织结构便于周密思考对方的责权。

（4）客户的财务支付情况。了解财务情况便于分析对方财务状况和支付能力。

（5）客户所在行业的基本情况。了解这些可帮助我们了解行业的宏观背景。

3.筛选大客户

并不是每个大客户都满足我们的要求，并不是每个大客户我们都有时间去开展业务。我们只能寻找最有可能给我们带来高回报的大客户，所以我们有必要对客户进行筛选。

（1）供需能力协调。就是寻找本公司的供应能力能够满足对方客户的基本需求的客户。因此，公司必须查明客户实际的购买需求。这实际上就是要详细分析客户在进行购买决策时所考虑的全部因素，详细分析客户在购买交易进行中（发货、运输、货单处理等）所涉及的各种因素。然后，根据这些信息，对个别客户与多数客户进行排队，按照公司能力，去满足那些本公司最能满足的客户，也就是说尽量去满足那些确定能给公司带来效益的客户。

（2）增长潜力大。所谓客户的潜力，主要是指客户企业发展和增长的潜力。选择客户时考察其增长潜力是极其必要的，一个发展中的企业，它的订单量是有保证的，也是稳步增加的，但潜力小的企业却是不稳定的，会发生订货量突然下降或拖欠货款的事件。

2005年，由湖南卫视推出的《超级女声》的节目一定给大家留下了深刻的印象。在此次活动中，与湖南卫视合作的有电信运营商、蒙牛乳业等，它们均通过与湖南卫视的合作获得了可观的利润。它们的共同点就是：对客户——湖南卫视的增长潜力的考量是十分成功的。

分析客户的潜力可从以下方面进行：

①客户所在行业的增长状况。

②客户所在的细分市场的总需求量增长速度。

③客户在行业内的口碑。

④客户在其所在主要细分市场里市场占有率的变化。

⑤客户在财务支付上有无问题。

（3）选择价格敏感性弱的客户。每个客户都会压价，但并不是所有客户都会没有原则地压价。有些客户对价格并不敏感，而有的客户宁可以高价换取高质量的产品。

广州栢龙服饰实业有限公司总经理黄俊龙行先生为保证栢龙服饰公司生产出的每一件衬衫的高品质，第一个在行业内提出：栢龙只做高档的衬衫！正是这一英明的决策使栢龙服饰公司跳出价格竞争的怪圈，只需专注于产品品质。

①质量决定生产。如果采购的产品在加工生产中会因为质量问题而直接影响到生产的正常进行或生产进度的如约完工，一般客户不会太计较价格，而更看中质量。

②拥有长期合作的基础。与客户拥有长期合作关系，基于信任，购买方对于销售方的一些报价的敏感性会很低。但是如果买方发现销售方在价格、质量、服务上违反诚信规则的话，客户会考虑中止合作。

③强大的售后服务体系。如果产品是那种必须有很强的售后服务支撑的类型，客户对价格的关注就在其次了。因为这种类型的产品需要周到及时的后续服务，服务的好坏可能决定是否能节省客户的时间和资金，或提高客户的经营业绩。简单来说，由于你的后续服务给他带来了丰厚的利润，所以他也不会介意你从中多赚些钱的。

以上3点可助你寻找最佳客户，当然，这些方法也不是一成不变的，企业在选择最佳客户时必须在各种标准间进行平衡。

了解到以上这些，就能更好地识别大客户。

客户如花次第开

在一些企业的营销管理工作中，衡量有价值的大客户的依据往往是依照客户对本企业的消费额大小来决定的。“订单量大的客户当然是大客户”，这代表了很多销售人员的观点。然而实际上我们发现，有些订单量大的客户并没有给企业带来价值，相反，却由于占用了大量应收账款而给企业带来了巨额风险损失。这样，我们有理由提出一个“悖论”：订单量大的客户不一定是有价值的大客户！

下面，将客户按照消费特点划分开，让我们分清谁才是自己真正的“上帝”。

1.万年青型

“万年青”，三个字道出了它四季常青的特性。它翠绿欲滴四季常在，橘红硕果冬不凋零，为优良观赏植物，南北各地都可以栽培。历代常把它作为富有、吉祥、太平、长寿的象征，深为人们喜爱。

而万年青型客户的消费特点是：固定地光顾，单次消费花钱多，而且十分频繁，比如一个有稳定的收入和固定住所，经常光顾某家他喜欢的品牌服务店的人。不管是淡季还是旺季，他们持续、恒久地为企业创造利润。他们对你的企业已经具有相当程度的忠诚度，如果把你的企业比作一个教会的话，他们是有望成为你的企业的“信徒”的。

2.报春花型

报春花是向人们报知春天的，它拥有红、粉、黄、白、紫等五彩缤纷的花朵，植株低矮。报春花属植物在世界上栽培很广，历史亦较久远，近年来发展很快，已成为一类重要的园林花卉。它是一种典型的暖温带植物，不耐高温和强烈的直射阳光，多数亦不耐严寒。不仅夏季要遮阳，在冬季阳光强烈时，也要给它庇荫，以保证花色鲜艳。

报春花型客户的特点是：消费可能并不多，但是影响力大，而且经常用你们的产品，从而无形中为你的销售起到推广作用。

科斯是一家珠宝店的推销员。有一次，他到北方的一个小城去推销玉手镯，当时很多人都笑话他，因为那个地方的人终年都穿着长袖衣服，手臂很少外露，所以那个地方的人并没有戴手镯的习惯，如果谁到那里去推销手镯，简直是脑子出了问题。

但是科斯不这样想，因为他发现，手镯并不一定要戴在外面才好看，有时候在手臂挥动时，偶尔露出的手镯却会美得惊人。

他打听到有一位著名的歌手要去当地演出，于是他通过关系，与这位歌手见了一面，并向她展示了最美的手镯。最后，这位歌手买下了一对昂贵的玉镯。

在演唱会的现场，这位歌手换了很多套演出服装，但唯独没有换的就是手镯。这位歌手很美，映衬得手镯也是熠熠生辉，手镯的光芒总是能忽隐忽现地透露出来。

很快，当地形成了戴手镯的风气，而科斯的手镯也很快销售一空。

这位著名的歌手就属于报春花型客户，她的明星效应，带动了推销员手镯的销售量。

3.昙花型

昙花枝叶翠绿，颇为潇洒。每逢夏秋夜深人静时，它会展现美姿秀色。它开花的时间一般在晚上八九点钟以后，盛开的时间只有3～4个小时，非常短暂。昙花开放时，花筒慢慢翘起，绛紫色的外衣慢慢打开，然后由20多片花瓣组成的、洁白如雪的大花朵就开放了。开放时花瓣和花蕊都在颤动，艳丽动人。

昙花型客户的消费特点是：他们如同销售人员生命中的过客一样，光顾一次后就不知“飞”到哪里去了，即使他们只是光顾一次，但因为数量庞大也会带来较大的影响。

王先生在河南郑州市开了两家酒店，一家位于成熟的居民区，另一家位于郑州市火车站旁边，小区里来的都是“熟面孔”。光临时，念在是回头客的分上，经常都会推出送打折卡、优惠券等活动。另一家，因为在车站旁边，来的都是匆匆过客，是一次性消费群体，免去了打折这一项，只需保证服务质量，利润空间很大。加之车站旁边客流量非常大，王先生的这家店天天顾客盈门，生意非常火爆，一年下来，赢利竟是另一家的几倍。

火车站旁顾客显然就是昙花型客户了，受地域等因素的影响，他不会长期来这个酒店，但依然创造了很大的利润。

其他的客户则都属于普通类型，他们几乎占到了客户总量的80%，有些客户会慢慢转变成上面三种之一。

根据国际著名的管理咨询公司——贝恩公司的研究结果，客户忠诚度每提高5%，企业的利润就会有45%～90%的提升。所以客户的忠诚度很重要。我们的销售原则是：重视万年青型客户，引导报春花型客户，也倚靠昙花型客户。

重视万年青型客户的具体做法是：调用更多的企业资源为他们提供更优质的服务，其次是给他们以优越感和成就感，以及对企业的归属感。你要反复以各种方式向他们传达一个信息："您是我们唯一最尊贵的客户和最信任的朋友，我们也是您最值得信任的朋友。我们悉心关注您的需求，我们随时为您提供最好的产品和服务！"

引导报春花型客户，关键是以客户的需求为出发点，做好精细化营销，引导客户成为企业的忠诚客户。主动提供给客户一些有价值的和感兴趣的信息，开展促销活动以不断提高客户的满意度，进而提高忠诚度，这些都可以鼓励、刺激这类客户消费，增强他们对企业的归属感。

倚靠昙花型客户就是顺其自然，不能因为他们是一次性客户而怠慢、不屑，要知道不应随便放过每个机会。

客户千差万别，有的客户为企业创造价值，而有的则在吞噬企业利润。对于不同的客户，企业需要"区别对待"，让忠诚的客户更忠诚，将"有价值"客户一一抓住。

高回报需要深挖掘

在现实工作中，有很多的销售人员都以为把合同签完就完事了。丢下大客户或是根本就把客户给遗忘了，一门心思只想着如何展开攻势去谈下一位新客户。等到需要再次接洽老客户的时候，才想起了客户的存在，才会再次联系客户。还有的销售人员，只关心合同的签订，对公司履行客户合同的进展漠不关心，这样不仅没有尽到基本的销售义务，更别谈对客户的深挖掘了。他们没有意识到，对大客户进行深层次的挖掘就相当于守着一块宝藏，挖得越深，得到的宝藏越多。

美国销售领域的顶尖专家托德·邓肯告诉我们：客户也有不同种类，高回报客户能带给你高收益，多多开发高回报的客户，能做到少投入、多产出。

相对来说，老客户（尤其是忠诚的老客户）是公司非常优质的客户资源，因此，一定要下大力气对老客户进行深度挖掘。

如何深入挖掘老客户呢？以下是一个优秀销售人员的一些体会：

（1）对客户提的意见一定要认真对待，及时沟通，及时处理。

一个一流的销售人员会懂得倾听客户的抱怨，甚至将此作为自己的业务进一步发展的契机，因为他们懂得：爱抱怨的客户是自己最好的老师。

某皮鞋品牌的销售人员到一家经销商店里检查工作，刚进去，就看到几个女客户正在非常生气地和导购员争论什么。

于是，他赶紧走上前去问明原因。

原来，那几位女客户的其中一位在这家专卖店买了一双皮鞋，当时试的时候没发现有什么不合适，等回家一穿，却觉得鞋子有些小，于是就拿回店里想退掉。

可当时因为已经是晚上，店长已经下班了，导购员做不了主，就很客气地解释了原因，并让那位女客户改天再来。

女客户虽然有些不高兴，但也没有办法，只好回去了。可今天，女客户再一次到店里来退鞋，店长又不在。当导购员再一次用同样的理由向客户解释时，她一下子就火了，认为导购员是在故意刁难自己，根本就不想给她退鞋。

导购员也很为难，一再解释自己做不了主。就这样，双方发生了争执。

他弄清原因后，立即向那位客户道了歉，并马上给她换了一双鞋子，把原来她准备退的那双鞋子也一并送给了她。

这样一来，女客户和一起来的同伴都被感动了，结果每人又买了几双鞋子回去。

几位客户走了之后，他开始思考：这本来只是一件小事，但为什么却激起了客户这么大的抱怨？这其中，自己有什么需要改进的地方吗？

原来，这个品牌的专卖店一向采取店长负责制，退换货一律要店长同意。如果店长不在，导购员就没有权力为客户退换货，正是这种制度才导致了这一事件的发生。

当他认识到这一点后，马上向公司反映了这个问题。公司马上采取措施，制定了新的规定：只要是符合规定的，无论店长在或不在，导购员都有权力和义务为客户退换货。

这样一来，类似的问题就再也没有出现过，客户对他们品牌的信任又增加了。

在IBM公司，40%的技术发明与创造都来自客户的意见和建议。从客户投诉中挖掘出“商机”，寻找市场新的“卖点”，变“废”为“宝”，从中挖掘出金子，这对企业来说，是一种不可多得的“资源”。在这种情况下，挑剔的客户是我们最好的老师，这些抱怨可以成为公司不断成长和进步的动力与源泉。

优秀的销售人员要抽出一定的时间，到客户那里去，去交流，去倾听，去学习，这样才能把握未来的方向，避免犯大的错误。

（2）要经常与客户保持联络，而不是被动地等待客户来联系我们。

礼貌的、主动的经常性联络，不但可以使客户感到温暖，而且还具有以下好处：

一方面，可以不断加强客户对我们的印象，以便他们在以后寻找某种产品时能够首先想到我们。

小赵是某保险公司的一名销售人员。他经常主动给他的客户打电话，也从不会忘记在客户生日的时候送上祝福。有一次，他给他的客户打电话时，那位客户问他："我的朋友想买一份数额较大的保险，请问你们公司在这方面有什么优惠的活动吗？"

小赵说："如果数额达到1万元的话，我们公司会为他提供一份免费的人身保险单。"

客户："那我安排你和我的朋友见面吧。"

正是因为小赵经常联系客户，所以客户在有需要的时候就会想起他，这就是经常联系的好处。

另一方面，通过这种经常性的交流，我们能够及时发现客户的潜在需求，甚至对整个市场的趋势都能有更好的了解。

（3）通过交流以及研究客户具体采购过哪些产品，尽心钻研客户的喜好，以尽可能开发更多的客户。

凡是客户感兴趣的，要加大开发和推销力度，同时要在客户的潜在需求方面做文章。

卡尔在一家新起步的销售公司工作，压力很大，但他从来没气馁过，一直在寻找突破点。

一天，他去拜访一家电脑公司，那是一家很有实力的公司，卡尔决定好好开发这块宝地。

当他向电脑公司的采购主管介绍完产品之后，等待对方的回应时。但他不知道对方的采购策略是什么，于是他就问："您曾经买过类似这样的产品吗？"

对方回答说："那当然。"

"您是怎样做决定的？当时怎么知道这是最好的决定？采用了哪些步骤去做结论？"卡尔继续问。

他知道每个人对产品或服务都有一套采购策略。人都是有某种喜好的，并且是习惯性的动物。他们喜欢依照过去的方法做事，并且宁愿用熟悉的方式做重要决策，而不愿更改。

"当时有三家供应商在竞标，我们考虑的无非是三点：一是价格，二是品质，三是服务。"采购主管说。

"是的，您的做法是对的，毕竟货比三家不吃亏嘛。不过，我可以给您提供这样的保证：不管您在其他地方看到什么，我向您保证，我们会比市场中其他任何一家公司更加用心为您服务。"

"嗯，我可能还需要考虑一下。"

"我了解您为什么犹豫不决，您使我想起××公司的比尔，他当初购买我们产品的时候也是和您一样犹豫不决。最后他决定买了，用过之后，他告诉我，那是他曾经做过的最好的采购决定。他说他从我们的产品中享受的价值和快乐远远超过多付出一点点的价格。"

最后，卡尔从客户手中拿到了订单。

当你一旦建立起一个良好的客户网，并能驾驭这张网良性运作时，你的客户就会心甘情愿为你提供财源，同时为你带来新的客户，到时，你想不"发"也难。

通过

第四篇

首次拜访

PART 01

加强对你的认知，赢得信任

精彩的开场白可以抓住顾客的心

开场白就是推销员见到客户以后第一次谈话，在与客户面谈时，不应只是简单地向客户介绍产品，而是首先要与客户建立良好的关系。因此，一个好的开场白，对每个推销员来说无疑是推销成功的敲门砖。下面这个就是以精彩的开场白获得客户好感的经典实战案例。

张宇是戴尔公司的销售代表，他得知某省税务局将于今年年中采购一些服务器，林副局长是这个项目的负责人，他正直敬业，与人打交道总是很严肃。张宇为了避免两人第一次见面出现僵局，一直在思考一个好的开场白。直到他走进了税务局宽敞明亮的大堂，才突然有了灵感。

“林局长，您好，我是戴尔公司的小张。”

“你好。”

“林局长，我这是第一次进税务局，进入大堂的时候感觉到很自豪。”

“很自豪？为什么？”

“因为我每个月都缴几千元的个人所得税，这几年加在一起有几十万了吧。虽然我算不上大款，但是缴的所得税也不比他们少。今天我一进税务局的大门，就有了不同的感觉。”

“噢，这么多。你们收入一定很高，你一般每个月缴多少？”

“根据销售业绩而定，有的销售代表做得好的时候，可以拿到两万元，这样他就要交五六千元的个人所得税。”

“如果每个人都像你们这样缴税，我们的税收任务早就完成了。”

“对呀。而且国家用这些钱去搞教育、基础建设或者国防建设，对我国早日成为经济强国大有益处。”

“不错。但是个人所得税是归地税局管，我们国税局不管个人所得税。”

“哦，我对税务不了解。我这次来的目的是想了解一下税务信息系统的状况，而且我知道您正在负责一个国税服务器采购的项目，我尤其想了解一下这方面的情况。戴尔公司是全球主要的个人电脑供应商之一，我们的经营模式能够为客户带来全新的体验，我们希望能成为贵局的长期合作伙伴。我能否先了解一下您的需求？”

“好吧。”

案例中，作为戴尔公司的销售代表，张宇要拿下某个国税局的服务器采购项目，他知道开场白的重要性，因此在与客户见面之前就进行了思考，这是优秀的左脑习惯。

当他看到国税局气派的大堂时，就有了灵感，这里则是推销员右脑实力的体现。

在见到主管这个项目的林副局长后，他开口便说："我这是第一次进税务局，进入大堂的时候感觉到很自豪。"这句话直接作用到客户的右脑，感觉双方的距离一下子就拉近了，陌生感也消除了很多。客户在好奇心理的作用下，询问张宇自豪的原因，这样张宇就从税务局大堂过渡到个人所得税，最后非常自然地切入主题——国税服务器采购的项目。由于客户已经对张宇建立了一定的好感，所以使双方下面的谈话进行得很顺利。

由此可见，开场白的好与坏，在很大程度上决定了一次推销的成功与否。因此，推销员在拜访客户之前一定要想好自己的开场白，给客户留下好的印象，为成交打好基础。

对你的客户直接说出你的名字

在向客户表明自己的身份时，请直接报出你自己的名字，而不要说"我是小张"、"我是小王"。因为这种自贬身份的做法无法赢得客户的尊重，更无法使你成为谈话中的主导，你也就没办法获得每场谈判的控制权。

电话销售员："胡总您好，我是××公司的小刘。"

客户："小刘？哪个小刘？"

电话销售员："就是上次给您送电脑资料的那个小刘。"

客户："哦，记起来了，有什么事吗？"

电话销售员："没什么，想问一下您对我们的电脑有意向吗？"

客户："不好意思，近来太忙，没来得及看，等我看完了，再跟你联系。"

电话销售员："好的，胡总再见。"

有一位专业销售培训师在对新人进行培训时，这样告诉新人："我不管你以前的工作方式和习惯怎样，在我们公司，无论拜访客户还是打电话给客户，请直接报出你自己的名字，而不要说'我是小张'、'小王'。"

有人说，称呼自己是小刘会显得跟客户关系更亲密一些。销售工作不需要低声下气地去求别人，很少看到那些成功的销售主管在客户面前充当小字辈，只有那些刚刚从事销售工作的业务人员常常会这样做。想成功，就向那些成功的销售主管们学习吧，对你的客户直接大声地说出你的名字，然后充满自信地以主导者的身份跟他谈生意。

一名优秀的销售人员，每次谈判都会牢牢地掌握着局面的控制权。在日常的企业经营管理行为中，大部分领导都是些沉默寡言、善于思考的人，他们常常会让事情朝着自己规划的方向发展。销售人员面对客户的时候，就需要成为这样具有控制力的领导。如果你能够让客户成为你的下属，心甘情愿地跟着你走，成为你心中的“小刘”或“小张”，那么所有的问题都会迎刃而解。

投石问路，先给客户寄一份资料

有一位公司经理曾告诉他周围的人这样一个故事：

他以前曾接触过一个销售员，这位行销人员一开始先给他寄资料，持续寄了3个月，但从来没有打过一次电话。3个月后，这个销售员打电话给他，也仅仅是想知道资料是否收到了。这时，这位经理已对这个行销人员产生了信任感。此后，他们的关系持续了近两年，一直到这位经理离开原来那家公司，都没有机会与这个行销人员合作。但后来，这个销售员与原来那家公司做成了几百万的生意，因为这位经理在离开公司前把这个行销人员介绍给了他的继任者。

打电话给客户之前，如果能先寄些资料、礼品等，则对建立融洽关系有积极的促进作用。这样一来，会让客户感觉到你的真诚和细心，并且寄过资料之后，客户对你的公司也就有了一个大致的了解，对自己的需求也有了初步的印象，以后的合作就不会那么麻烦了。

此外，如果客户正巧急需你这方面的产品，你的资料无异于雪中送炭、

正中下怀。那么，即便你不立即打电话，对方也会先打电话询问的，这种时候你再结合情况推销自己的产品，那成功可以说是唾手可得。

一位推销变压器的小伙子，他偶然从自己的朋友那里得知某公司正需要一批变压器。于是，他立即找来该公司的一些资料，然后针对这家公司的需求精心准备了一份资料寄过去，资料寄出以后，他并不急于给这家公司打电话。但是，三天以后这家公司的部门经理却亲自打电话向小伙子询问有关事宜，小伙子结合对方公司的情况详细地给予解答。对方非常满意，并且于第二天就下达了几十万元的订单，并承诺以后在这方面的需求还要从小伙子那儿订。因此，当你不知道该怎样开始电话行销时，不妨先给客户寄一份资料。

PART 02
电话约访

谨慎选择推销时间和地点

推销员在与客户接触的过程中，会见是必不可少的环节，而选择恰当的约见地点和适当的约见时间是面谈成功的良好开端。

在谈判中，为了确定会谈时间和场所，不知要讨论多少次。不管谁当东道主，谈判各方总是希望他们做出有利于自己的安排，因此，最终往往选择一个双方认为适合的时间与地点谈判。

对推销员而言，商务谈判或推销活动的重要性，并不亚于一场政治谈判对一个国家、一个政治集团的重要性。可是，有些推销员却经常忽略时间与地点的重要性，很可能给客户带来不便，甚至导致会见无法进行。一个优秀的推销员，在会面前会进行电话预约。推销员麦克在这方面有着独到的经验。

和公司的其他推销员相比，麦克通过电话预约客户总是很顺利，因为麦克对客户的需要很了解。在拜访客户以前，麦克总是掌握了客户的一些基本资料，根据不同客户的特点，以打电话的方式先和客户约定拜访的时间。

从上午7点开始，麦克便开始了一天的工作。除了吃饭的时间，麦克始终没有闲过。麦克5点半有一个约会，为了利用4点至5点半这段时间，他便打电话与客户约定拜访的时间，以便为下星期的推销拜访预做安排。麦克会根据不同的职业选择不同的拜访时间。

麦克拜访客户是有计划的。他把一天当中所要拜访的客户都选定在某一区域之内，这样可以减少来回奔波的时间。根据麦克的经验，他总是利用45分钟的时间做拜访前的电话联系，确定了拜访的具体时间，然后再去拜访客户。

麦克在安排拜访时间时，除了要考虑自己一天的拜访路线，更重要的是要根据访问对象的特点选择不同的时间段。访问对象空闲的时候，才是访问最理想的时间。尤其是对上门推销来说，更需要选择适当的时间。

一般来说，无论是预约还是见面，最好避开会议前后、午餐前后、出差前后这些时间点。

会议前或出差前，人们需要养精蓄锐；午餐前人们往往饥肠辘辘；会议后或出差结束，人们都想解除一下全身的疲劳；午餐后，人们更是想享受一下饱餐之后的乐趣。你在这些时间去向他推销，结果可想而知。

需要注意的还有星期天和法定假日最好不要会见客户，以免打扰客户与家人相处的私人空间，会让人觉得很不礼貌。除了时间之外，推销地点的选择也是很有讲究的。推销员的首选地点是自己容易掌控的地方，比如自己的公司、自己的办公室。在自己的地盘上谈判，会给对方一种“入侵”的感觉，对方的潜意识中极有可能存在或多或少的紧张情绪。如果你彬彬有礼，让对方舒服放松，他的紧张情绪就会大大减缓，而你也就赢得了他的信任——即使真正的谈判还未开始！

当然，作为一名普通的推销员，不可避免地要在客户的地盘上商谈，此时也不能因此而怯场，而应该做好

准备，时刻预备反客为主。

实际上，在客户的地盘商谈也有一些优势，比如，可以不受自己的琐事干扰，全心全力商谈；可以找借口说资料不全，回避一些敏感问题；必要时可以直接找客户首脑人物；让客户负责烦琐的接待工作等。

如果选择在客户的家中，由于气氛一般比较和谐，容易放松警惕，但你的一举一动仍会影响客户对你的信任，因此要注意应有的礼节，对客户的家人也要有礼貌。客户让你坐在哪里，你就坐在哪里。客户没到时，不要吸烟、喝茶。

如果选择在高尔夫球场、餐厅、咖啡屋等场合，则四周不应喧闹，并且应该分清宴会与推销的差别，气氛应有推销的意味，否则会给人一种不庄重的感觉。喝酒时，更不可硬邀客户共饮。

另外，如果和客户事先已约定见面的时间和地点，一旦确定，就必须遵守，在约定的时间内到达约定地点，这是必须遵守的原则。如果因为不知道对方的情况而选择了不利的时间或地点，一定要向对方道歉，说一句："对不起，不知道您有这样的计划，如果太忙，我们改日再谈。"如此，便能给对方留下一个好印象，为下一次的拜访打下良好的基础。

总之，推销员必须用心安排好推销的时间和地点，并力争在每一次的访问活动中，要努力达成彼此之间心与心的交流，这是推销成功与否的关键所在。

找到决策人

最后能有权决定购买的人才是我们寻找的关键。

日本著名的推销大王原一平曾经犯过一个错误，让他一直耿耿于怀。原一平有一段时间老爱跑一个公司，希望能找到公司的经理，让他们的员工都买原一平所在的保险公司的保险。

每次他都只见到一个体态臃肿的看门老头儿，却始终见不到经理。

原一平就和老头儿打招呼："你们老板平时什么时候来上班？"

那老头儿就一本正经地回答："老板什么时候来上班是不会告诉我们的。"

就这样原一平吃了闭门羹，但他并未放弃，隔三岔五地跑过去问那个老头儿关于经理的事。

这种状态持续了两年多，最终那公司签下了保单，但让原一平大惑不解的是，原来老板就是那位老人。

原一平曾与决策人见过多次，但都失之交臂，这不得不说是个令人遗憾的事，但同时也让原一平了解了平时细心观察的重要。

当然，最后的这一次成交纯属偶然，碰巧找到了决策人，如果那老头儿并非是什么老板，而真的是一名普通的"拦路虎"，那么事情就不会有如此好的结局了。

作为一名与客户打交道的销售人员，我们平时就应多多训练自己的观察力，遇到事情时不必急于先下结论，观察后再下结论。

有时，我们可能面对的不止一位客户，这就更需要慎重，仔细辨认谁才有可能是决策人。

某公司的销售人员小马一次在北京中关村某处销售软件，恰逢人家刚开完会，十几号人都聚在一处，小马感觉有点紧张。

小马赶紧对众人说："下午好，各位！"然后他开始拿出名片准备与对方经理交换，但前台小姐未作介绍，会客室中的人只是一齐打量他也没有人先站出来和他说话。他看到最左边站着一位身材魁梧、30多岁的男士，而那位男士似乎也正想问什么。于是小马紧走

两步上前，将自己的名片递给对方，“您好，先生，我想……”

“对不起，先生，你是××公司的吧？我们经理说了，你们公司新开发了一种软件，她很感兴趣……”说着，他对中间的一位年轻女士做了一个抱歉的手势，说，“张总，这位小伙子大概把我误认为是这儿的主管了……”

小马一时大为窘迫。

像这种情况多少令人尴尬，也不容易促进双方的沟通、交流。如果能在平时练就一双慧眼，眼尖手快、脑瓜灵，那么就能够减少类似事情的发生了。

无论我们平时怎么努力“打外围战”，终究是要找到真正的决策者，只有找到他们才有成交的可能。

平时可根据一些常见的障碍，如秘书、保安等，设计属于自己的一套销售方法策略。

尊重客户意见

礼貌的尊重胜过激烈的雄辩。有多少种人就会有多少种观点，我们没有资格去要求他人的看法与我们步调一致，这同时也能体现我们的修养。

拜访客户或平时交往时，谈论到一些话题常常会发生意见分歧，尤其是针对产品本身的性能、外观等。遇到这样的情况我们该如何应对呢？是凭借我们的专业知识驳倒客户，还是一味地迁就顺从他们？恐怕都不是最佳解决办法。

克洛里是纽约泰勒木材公司的销售人员。他承认：多年来，他总是尖刻地指责那些大发脾气的木材检验人员的错误，他也赢得了辩论，可这一点好处也没有。因为那些检验人员和“棒球裁判”一样，一旦判决下去，他们绝不肯更改。

克洛里虽然在口舌上获胜，却使公司损失了成千上万的金钱。他决定改变这种习惯。他说：“有一天早上，我办公室的电话响了。一位愤怒的主顾在电话那头抱怨我们运去的一车木材完全不符合他们的要求。他的公司已经下令停止卸货，请我们立刻把木材运回来。在木材卸下25%后，他们的木材检验员报告说，55%的木材不合规格。在这种情况下，他们拒绝接受。

“挂了电话，我立刻去对方的工厂。途中，我一直思考着一个解决问题的最佳办法。通常，在那种情形下，我会以我的工作经验和知识来说服检验员。然而，我又想，还是把在课堂上学到的为人处世原则运用一番看看。

“到了工厂，我见购料主任和检验员正闷闷不乐，一副等着抬杠的姿态。我走到卸货的卡车前面，要他们继续卸货，让我看看木材的情况。我请检验员继续把不合格的木料挑出来，把合格的放到另一堆。

“看了一会儿，我才知道是他们的检查太严格了，而且把检验规格也搞错了。那批木材是白松，虽然我知道那位检验员对硬木的知识很丰富，但检验白松却不够格，而白松碰巧是我最内行的。我能以此来指责对方检验员评定白松等级的方式吗？不行，绝对不能！我继续观看，慢慢地开始问他某些木料不合格的理由是什么，我一点也没有暗示他检查错了。我强调，我请教他是希望以后送货时，能确实满足他们公司的要求。

“以一种非常友好而合作的语气请教，并且坚持把他们不满意的部分挑出来，使他们感到高兴。于是，我们之间剑拔弩张的空气消散了。偶尔，我小心地提问几句，让他自己觉得有些不能接受的木料可能是合格的，但是，我非常小心不让他认为我是有意为难他。

“他的整个态度渐渐地改变了。他最后向我承认，他对白松的检验经验不多，而且问我有关白松木板的问题。我对他解释为什么那些白松木板都是合格的，但是我仍然坚持：如果他们认为不合格，我们不要他收下。他终于到了每挑出一块不合格的木材就有一种罪恶感的地步。最后他终于明白，错误在于他们自己没有指明他们所需要的是什么等级的木材。

“结果，在我走之后，他把卸下的木料又重新检验一遍，全部接受了，于是我们收到了一张全额支票。

“就这件事来说，讲究一点技巧，尽量控制自己对别人的指责，尊重别人的意见，就可以使我们的公司减少损失，而我们所获得的良好的关系，是非金钱所能衡量的。”

尊重客户的意见，不仅能为我们赢得客户的尊重，同时也是好修养的体现。

我们谁都不敢说自己的观点就是100%正确，也不敢说自己的眼光最好。因此，我们有什么理由不接纳他人的不同意见呢？而且有时因为我们的激烈辩驳，常引发客户强烈的逆反心理与厌恶心理，眼看着能成功的合作也会因此而搁浅。多一份包容心，多一点尊重，最终获益的总能是我们自己。

尊重客户的意见并不是要抹杀我们的观点与个性，而是指对方陈述其意见时切勿急于打击、驳倒。

第五篇

有效沟通

PART 01

说好4种话：赞扬话、客套话、专业话、巧妙话

赞扬话——进入客户内心的“通行证”

跟陌生客户接触时，不知如何开场，直接切入正题往往引起客户的逆反心理，交易难以继续开展。

［案例一］

有一次，一个推销员向一位律师推销保险。律师很年轻，对保险没兴趣，但推销员离开时的一句话却引起了他的兴趣。

推销员说：“安德森先生，如果允许的话，我愿继续与您保持联络，我深信您前程远大。”

“前程远大？何以见得？”听口气，好像是怀疑销售员在讨好他。

“几周前，我听了您在州长会议上的演讲，那是我听过的最好的演讲。这不是我一个人的感受，很多人都这么说。”

听了这番话，他竟有点喜形于色。推销员向他请教如何学会当众演讲，他的话匣子就打开了，说得眉飞色舞。临别时，他说：“欢迎你随时来访。”

没过几年，他就成为当地非常成功的一位律师。推销员一直和他保持着

联系，最后他们成了好朋友。

［案例二］

王刚的工作是专门为房地产公司设计草图。他每周都要去拜访一位著名的室内装修设计师，推销自己的作品。可每次送上草图，这位设计师只是草草一看，便一口拒绝："对不起，我看今天咱们又不能成交了。"

多次的失败使他得到了启发。一天，他拿着自己创作的6幅尚未完成的图纸，匆匆赶到设计师的办公室。这一次，他没有提出向设计师出售草图的事，而是说："如果您愿意的话，我想请您帮一点儿小忙。您能否跟我讲一下如何才能画好这些设计图？"

设计师默默地看了一会儿，然后说："3天以后你来拿吧。"

3天之后，这位设计师很耐心地向王刚讲了自己的构想。王刚按照设计师的意见完成草图，结果被全部采用了。

［案例三］

有一次，博恩·崔西带一个推销新手与一家帐篷制造厂的总经理谈生意。出于训练新人的考虑，博恩·崔西把所有的谈话重点都交给这位新推销

员，也就是说，由他来主导这次谈话，展示产品。

但遗憾的是，直到他们快要离开时这位新推销员仍然没办法说服对方。此时，博恩·崔西一看谈话即将结束，于是赶忙接手插话：“我在前两天的报纸上看到有很多年轻人喜欢野外活动，而且经常露宿荒野，用的就是贵厂生产的帐篷，不知道是不是真的？”

那位总经理对博恩·崔西的话表现出极大的兴趣，立刻转向他侃侃而谈：“没错，过去的两年里我们的产品非常走俏，而且都被年轻人用来作野外游玩之用，因为我们的产品质量很好，结实耐用……”

他饶有兴致地讲了大概20分钟，博恩·崔西两人怀着极大的兴趣听着。当他的话暂告一个段落时，博恩·崔西巧妙地将话题引入他们要推销的产品。这次，这个总经理向崔西询问了一些细节上的问题后，愉快地在合约上签了自己的名字。

先说赞扬话，有分寸、有技巧、有水准地赞美客户，潜移默化地让客户接受你、信任你。

喜欢听赞赏和夸奖之类的话，是人的天性使然，客户自然也不例外。优秀的销售员总能准确地把握客户的这种心理，恰当地赞美客户——甚至可以适当地给客户戴上顶高帽，以便在融洽的交谈中寻找机会销售。案例一中的保险推销员就是利用了年轻律师心高气傲的心理特点，通过夸赞赢得了对方的信任。

赞美也不一定要直接夸对方“英明神武”，有些隐性的“好听话”更容易捕获客户的“芳心”。比如说，虚心接受客户那些“高明”的想法，让客户觉得，好的想法都是他靠自己的能力想出来的，而不要在客户面前证明你有多聪明，这样才能为成功销售产品奠定良好的基础。

案例二中，王刚一开始没有注意到客户的这种心理需求，每次都是拿着自己设计的草图向客户推销，因而屡屡受挫。多次失败之后他开始思考对策，之后，当他再次见到设计师时，改变了以往的推销方式，而是说：“您能否跟我讲一下如何才能画好这些设计图呢？”他找准人性“自负”的这一弱点，满足了设计师的这一心理需求，让客户引以为荣的能力得到了发挥的机会，因此，最终成交也就在情理之中了。

博恩·崔西（案例三）则是通过引入客户感兴趣的话题，获得销售成功的，这也是一种形式的“好听话”。“只有我感兴趣的事才能吸引我”，这是每一个客户的普遍心理。所以，当你向客户介绍产品的时候，一定要引起对方的兴趣，只有这样，你的销售才能有一个良好的开始。

“好听话”是拉近关系的催化剂，当人们听到好听话时，可引起他的购买需求和欲望。

销售重要的是充分了解客户的心态。人人都有虚荣心，都喜欢听恭维的话，有时候明明知道这些赞美之语都是言不由衷的，但仍喜欢听。在销售过程中，如果能真诚地赞美客户，或适当地给客户戴高帽子，一旦客户陶醉在你的溢美之词中，你的销售就会成功。

赞美有助于生意的成功，在跟客户沟通时要记住以下要点：

（1）赞美之前要研究赞美对象。

（2）赞美要建立在真实的基础之上，千万不要过头，否则会令人生厌。

（3）赞美的同时最好提出自己的一些看法。

（4）赞美一定要是顾客所喜爱的东西，是他引以为傲的。

（5）对你的顾客感兴趣也是一种赞美。

（6）赞美并不是拍马屁。

（7）赞美要有的放矢。

（8）有创意的赞美更容易被人接受。

（9）附和对方也是一种赞美。

（10）倾听也是一种赞美。

（11）记住别人的名字。

客套话——陌生人之间的“润滑剂”

与客户联系时，匆匆切入销售话题，结果引起对方反感。学会讲客套话，给客户一个心理缓冲，消除隔阂。

在进行销售之前，通常会有些礼节性的寒暄。这些寒暄本身未必有什么真正的含义，只不过是一种礼节上或感情上的互酬互通而已。例如我们日常生活见面时的问候，以及在一些社交、聚会中相互引荐时的寒暄之类。当你与客户相遇时，会很自然地问候道：“你好啊！”“近来工作忙吗，身体怎样？”“吃饭了吗？”此时对方也会相应地回答和应酬几句。

寒暄本身不正面表达特定的意思，但它是在任何销售场合和人际交往中都不可缺少的。在销售活动中，寒暄能使不相识的人相互认识，使不熟悉的人相互熟悉，使单调的气氛活跃起来。你与客户初次会见，开始会感到不自然，无话可说，这时彼此都会找到一些似乎无关紧要的“闲话”聊起来。闲话不闲，通过几句寒暄，交往气氛一旦形成，彼此就可以正式敞开交谈了。所以，寒暄既是希望交往的表示，也是销售的开场白，如果运用恰当，即使不能为你带来商机，也会让你接下来的交流变得相对顺畅。这，就是寒暄的艺术。

把握寒暄的艺术，首先要明白寒暄的意义。因为是非正式的交谈，所以在理解客户的寒暄时，不必仔细地回味对方一句问候语的字面含义，只要明白他要表达的大体意思即可，切忌抠字眼。

其次，要了解不同背景的不同寒暄。现实生活中，不少人常常由于对别人的一些一般的礼节性问候做出错误的归因，而误解对方的意思。两个人见面，一方称赞另一方，“您气色不错”、“你这件衣服真漂亮”，这是在表示一种友好的态度，期望产生相悦之感。在中国人之间，彼此谦让一番，表示不敢接受对方的恭维，这也是相互能理解的，但是对一个外国人来说，可能会因你的过分推让而感到不快，因为这意味着你在拒绝他的友好表示。销售中就要考虑到客户的身份，灵活运用寒暄的技巧，当然，背景差异不一

定非是不同国家之间，也可能是城乡之间南北方之间。

常用礼仪客套话：

初次见面说“久仰”，分别重逢说“久违”。
征求意见说“指教”，求人原谅说“包涵”。
求人帮忙说“劳驾”，求人方便说“借光”。
麻烦别人说“打扰”，向人祝贺说“恭喜”。
求人解答用“请问”，请人指点用“赐教”。
托人办事用“拜托”，赞人见解用“高见”。
看望别人用“拜访”，宾客来临用“光临”。
送客出门说“慢走”，与客道别说“再来”。
陪伴朋友说“奉陪”，中途离开说“失陪”。
等候客人用“恭候”，请人勿送叫“留步”。
欢迎购买叫“光顾”，归还对象叫“奉还”。

巧妙话——把话说到点子上

说服客户的过程中，抓不住客户的眼球，要么不痛不痒，要么偏离主题。学习说服技巧，把握主动权，步步深入，让客户进入自愿购买的心理状态。

［案例一］

电子产品柜台前，一位电子产品推销员正在向顾客推销游戏盘。

推销员：“看您这年纪，您孩子快上中学了吧？”

顾客愣了一下：“对呀。”

推销员：“中学是最需要开发智力的时候，您看，这些游戏软盘对您孩子的智力提高一定有很大的帮助。”

顾客：“我们不需要什么游戏盘。孩子都快上中学了，哪敢让他玩游戏呢？”

推销员：“这个游戏盘是专门针对中学生设计的益智游戏，它把游戏与数学、英语结合在一块儿，不是一般的游戏盘。”

顾客似乎有听下去的意思。

推销员：“现在是知识爆炸的时代，不再像我们以前那样只是从书本上学知识了。您不要以为玩游戏会影响学习，以为这个游戏盘是害孩子的，游戏盘设计得好也可以成为帮助孩子学习的重要工具。”

接着，推销员又取出一张光盘递给顾客，说：“这就是新式的游戏盘。来，我给您展示一下。”

渐渐地，顾客被吸引住了。

推销员趁热打铁：“现在的孩子真幸福，一生下来就处在一个开放的环境中。家长们为了孩子的全面发展，往往投入了很大的精力。刚才有好几位像您这样的家长都买了这种游戏盘，家长们都很高兴能有这样既能激发孩子学习兴趣又使家长不再为孩子玩游戏而着急的产品，还希望以后有更多的系列产品呢！”

顾客动心了，开始询问价钱。

最后，顾客心满意足地购买了几张游戏盘。

［案例二］

美国康涅狄格州的一家仅招收男生的私立学校校长知道，为了争取好学生前来就读，他必须和其他一些男女合校的学校竞争。在和潜在的学生及学生家长碰面时，校长会问：“你们还考虑其他哪些学校？”通常被说出来的是一些声名卓著的男女合校学校。校长便会露出一副深思的表情，然后他会说：“当然，我知道这个学校，但你想知道我们的不同点在哪里吗？”

接着，这位校长就会说：“我们的学校只招收男生。我们的不同点就是，我们的男学生不会为了别的事情而在学业上分心。你难道不认为，在学业上更专心有助于进入更好的大学，并且在大学也能更成功吗？”

在招收单一性别的学校越来越少的情况下，这家专收男生的学校不但可以存活，并且生源很不错。

出色的口才是优秀销售员的必备技能，它不仅要求口齿伶俐、思维敏捷，还要求善于安排说话顺序，即语言要有逻辑性，把话说到点子上。对于销售员来说，良好的口才是说服顾客的利器，是把握主动权的保证。在案例一中，销售员就是凭借自己出色的口才达成交易的。销售员说："看您这年纪，您孩子快上中学了吧？"这是一种典型的感性提问，是销售员根据经验得出的结论。

当得到顾客肯定的回答后，推销员马上把自己的游戏盘与中学生的智力开发问题联系起来，并且把游戏盘定位为帮助孩子学习的重要工具。我们知道，家长是非常重视孩子学习和智力开发的，销售员这样说就说到点子上了，说到了顾客的心里。在这个过程中，销售员的逻辑思维得到了很好的展现。果然，顾客被打动了，交易做成了。

产品的独特卖点是赢得客户的关键点，不仅要努力创造产品的独特卖点，还要善于发现产品的独特卖点，这就要靠巧妙地说话。案例二中的校长，就是凭借"巧妙话"亮出自己的独特卖点的。

一份订单能否签下来，与销售员对客户的引导也有关系，面对同样的潜在客户，不同的引导方式势必会导致不同的结果。如果销售员能够精心设计，就能引导客户发掘他们的消费需求。如果想占有更广阔的市场，就要求销售员不断开发客户的需求。销售员要从客户的实际情况出发，针对不同的客户，设计不同的方法来引导客户去消费。

据史书记载，子禽问自己的老师墨子："老师，一个人说多了话有没有好处？"墨子回答说："话说多了有什么好处呢？比如池塘里的青蛙整天整天地叫，弄得口干舌燥，却从来没有人注意它。但是雄鸡只在天亮时叫两三声，大家听到鸡啼知道天就要亮了，于是都注意它，所以话要说在有用的地方。"

PART 02 因人施“售”，9型人格销售经

给予者：把发言权交给他

给予者从小的生活环境让他们确信：要想生存下去，就必须获得他人的认可。他们把人际关系视作维持生存的最重要条件。这样的观念让给予者总是不自觉地改变自己，迎合他人。他们真正的问题，是他们已经习惯了从他人的正面赞赏中寻找安全感。

给予者常表现为：渴望与别人建立良好关系，以人为本，乐于迁就他人。他们关注人际关系，对外界的认同有着强烈的渴望。

这一类型的客户往往是无所不知的那种，他们甚至比销售员更了解产品。没经验的销售员常因此陷入尴尬的境地。

耐心地做个听众，让他们得到心理上的满足，彼此关系融洽之后，成交自然不在话下。

田玲是一位有着多年电话行销经验的某公司销售经理。她曾经遇到过一位客户，那位客户的性格非常古怪，他会在电话中突然变得沉默，让田玲感到莫名其妙。后来，田玲发现只要自己在他说话时插一句话，对方就有这种反应。弄明白这点后，田玲就认真扮演起了听众的角色，等他说完后，田玲再想办法加以引导。功夫不负有心人，最终这位客户签下了一笔大订单。

到什么山头唱什么歌，销售员遇到不同类型的客户应当掌握不同的语言技巧，特别是与无所不知的客户谈判，更应做好充分的准备。

在销售过程中，销售员经常会遇见一些经验丰富、知识渊博的客户。这种人被称为“购买专家”，其中有褒义也有贬义，他们通常对销售员所服务的行业或所销售的产品比销售员还要了解。而且在购买某类产品的时候，他们会表现出如下特点：

（1）对你以及你的产品或服务情况了如指掌。

（2）有时会显得心不在焉。

（3）提出的问题让你应接不暇。

（4）会打断你的话。

（5）会突然要求停止交谈。

在这种情况下，有些销售员会感到有很大压力。其实，这对销售员来讲是一个很好的学习机会。如果销售员判断该客户是合格的潜在客户，就应尽可能向这类客户多提问题，可以让他多谈谈他所擅长的专业，销售员这时只需要做个耐心的听众就可以了。几分钟后，销售员会发现自己已同他建立了融洽的关系。

另外，如果想给这些无所不知的客户留下深刻的印象，还可以试试以下几种方法：

（1）给他制造有关产品的悬念，吊起他的胃口，引发他的好奇心。

（2）在倾听他说话的时候，留意他所说的话，从中捕捉到他与你的想法一致的地方，这样你可以更好地应付他。

（3）不失时机地赞美他，比如说“您是这方面的专家”等。

实干者：循循善诱，请君埋单

实干者表现出来的形象总是乐观向上、幸福安康的。他们好像从来不会遭受痛苦，他们甚至一辈子都不会知道，自己实际上与内心生活失去了联系。

实干者常表现为：好胜心强，以成就衡量自己价值的高低，常被评价为工作狂，目标感极强，以结果为导向，为达到目标不惜牺牲完美。这一类型的人很累，因为不停地往前冲，像拧紧了发条的钟表。相对来讲，他们更关注近期目标，有成就时愿意站在台上接受鲜花和掌声，关注级别、地位。

这一类型的客户最关注的是成果、目标、效率、任务。他们往往果断、干练，最不能忍受拖泥带水之人。如果不注意，推销员很容易撞到枪口上。

推销员要善于运用诱导法将其说服。

李明是一位资深保险推销员。一天，他打电话给蒋先生。

蒋先生是一位退役军人。他具备典型的军人气质，说一不二，刚正而固执，做什么事都方方正正、干干脆脆。

李明：“蒋先生，保险是必需品，人人不可缺少，请问您买了吗？”

蒋先生（斩钉截铁）：“有儿女的人当然需要保险，我老了，又没有子女，所以不需要保险。”

李明：“您的这种观念有偏差，就是因为您没有子女，我才热心地劝您投保。”

蒋先生：“哼！要是你能说出一套令我信服的理由，我就投保。”

李明：“如果有儿女的话，即使丈夫去世，儿女还能安慰伤心的母亲，并孝敬母亲。一个没有儿女的妇人，一旦丈夫去世，留给她的恐怕只有不安与忧愁吧！您刚刚说没有子女所以不用投保，如果您有个万一，请问尊夫人怎么办呢！我知道您是关心您夫人的……”

（蒋先生沉默，以示认同）

李明（平静的口吻）：“到时候，尊夫人就只能靠抚恤金过活了。但是抚恤金够用吗？一旦搬出公家的宿舍，无论另购新屋或租房子，都需要一大笔钱呀！以您的身份，总不能让她住在陋巷里吧！我认为最起码您应该为她准备一笔买房子的钱呀！这就是我热心劝您投保的理由。”

（满怀热忱地把最后一段话讲完之后，李明突然打住。电话那头蒋先生默不作声，李明也静静等待着。）

过了一会儿，蒋先生：“你讲得有道理，好！我投保。”

实干者类型的客户有一个明显的特点，就是对任何事情都很有自信，凡事亲力亲为，不喜欢他人干涉。但是，如果他意识到做某件事是正确的，他就会比较积极爽快地去做。

如果推销员遇到果断型的客户，就要善于运用诱导法将其说服。比如说，找出这种客户的弱点，然后一步步诱导他转移到你的产品推销上来。

观察者：赞赏对方的判断

观察者往往是幕后策划者，在他人疲惫不堪的时候依然保持冷静的头脑，他们对于那些需要宏观认识的长远项目和独立规划往往独具慧眼，他们愿意去从事那些抽象而重要的工作。

观察者常表现为：喜欢思考分析，求知欲强，但缺乏行动，对物质生活要求不高。渴望比别人知道得更多，冷静、理性，通常愿意思考，不愿意行动，是天生的孤独者。

这是理智型客户的代表，他们喜欢独立判断，不喜欢被动接受。习惯于说服的销售员在他们面前常会不知所措。

要善于运用他们的逻辑性与判断力强这两项优点，不断肯定他们。

电话行销人员小刘上次电话拜访张经理向他推荐A产品，张经理只是说“考虑考虑”就把他打发了。小刘是个不肯轻易放弃的人，在做了充分的准备之后，再一次打电话拜访张经理。

小刘：“张经理，您好！昨天我去了B公司，他们的A产品系统已经正常运行了，他们准备裁掉一些人以节省费用。”（引出话题，与自己推销业务有关的话题）

张经理：“不瞒老弟说，我们公司去年就想上A产品系统了，可经过考察发现，很多企业上A产品系统钱花了不少，效果却不好。”（客户主动提出对这件事的想法，正中下怀）

小刘：“真是在商言商，张经理这话一点都没错，上一个项目就得谨慎，大把的银子花出去，一定得见到效益才行。不知张经理研究过没有，他们为什么失败了？”

张经理：“A系统也好、S系统也好，都只是一个提高效率的工具，如果这个工具太先进了，不适合自己的企业使用，是达不到预期效果的。”（了解到客户的问题）

小刘：“精辟极了！其实就是这样，超前半步就是成功，您要是超前一步那就成先烈了，所以企业信息化绝对不能搞‘大跃进’。但是话又说回来了，如果给关公一挺机枪，他的战斗力肯定会提高很多倍的，您说对不对？”（再一次强调A系统的好处，为下面推销打基础）

张经理：“对，但费用也是一个值得考虑的问题。”

小刘：“费用您不必担心，这种投入

是逐渐追加的。您看这样好不好，您定一个时间，把各部门的负责人都请来，让我们的售前工程师给大家培训一下相关知识。这样您也可以了解一下你的部下都在想什么，做一个摸底，您看如何？”（提出下一步的解决方案）

张经理：“就这么定了，周三下午两点，让你们的工程师过来吧。”

理性的客户逻辑性强，好奇心重，遇事喜欢刨根问底，还愿意表达出自己的看法。作为一名销售员，就要善于利用这些特点，在销售过程中多同意他们的观点。因为在谈话时，即使是他的一个小小的优点，如果能得到肯定，客户的内心也会很高兴，同时对肯定他的人产生好感。因此，在谈话中，一定要用心地去找对方的优点，并加以积极的肯定和赞美，这是获得对方好感的一大绝招。比如，对方说：“我们现在确实比较忙。”你可以回答：“您坐在这样的领导位子上，肯定很辛苦。”

案例中的小刘，虽然再次拜访张经理的目的还是推销他的A产品系统，但是他从效益这一令对方关心的话题开始谈起，一开始就吸引了张经理的注意力。在谈话过程中，小刘不断地对张经理的见解表示肯定和赞扬，认同他的感受，从心理上赢得了客户的好感。谈话进行到这里，我们可以肯定地说小刘已经拿到了通行证，这张订单已经收入囊中。

和平主义者：帮他做决定

和平主义者的主要特征为：须花长时间做决定，难于拒绝他人，不懂宣泄愤怒；显得十分温和，不喜欢与人起冲突，不自夸、不爱出风头，个性淡薄；想要和人和谐相处，避开所有的冲突与紧张，希望事物能维持美好的现状；忽视会让自己不愉快的事物，并尽可能让自己保持平稳、平静。

他们在很多情况， 很容易了解别人，却不是太清楚自己想要什么，会显得优柔寡断。相对地说，在需要做出决定的时候，他们的主见会比较少，宁愿配合其他人的安排，所以大部分情况下是比较被动的。但是在他们平静的外表下面，他们的内心却在翻江倒海。

“我是同意我的朋友，还是不同意？”

“我是要加入其中，还是要离开？”

“我该买这所房子吗？还是再另外看看？”

你跟踪了一个客户，态度很好，却总不下单——你可能遇见了第九型，对于这种类型，要学会鼓励引导，合理地谈出自己的意见和看法。必要的时候可以为他做一个决定。他们很容易被你说服，也比较容易答应你，因为他们对于说“不”有点难为情。但是他们会改变主意，或者在后期付款的时候出现问题。

有一个销售经理讲了这样一件事：他跟踪了一个大客户近一年时间，投入了不少精力，也没拿下订单。这名销售经理很郁闷，也不知道问题到底出在哪里。于是他不甘心，直接跑到那去见了这个大客户，很直接地将想法表达了出来，甚至有指责语气。说完后转身离开，他已经放弃了这个

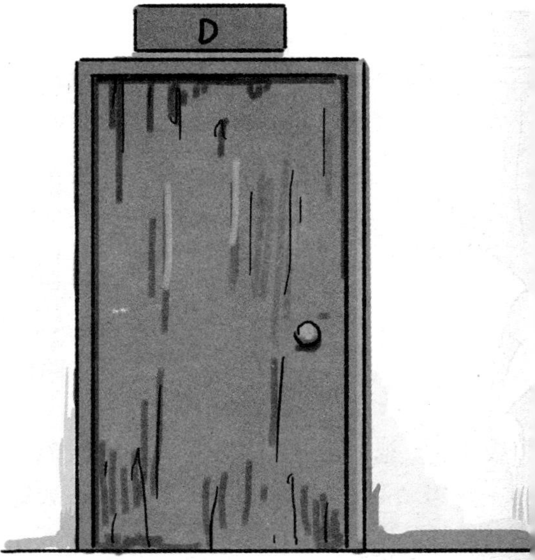

客户。

但没想到过了两天后，这个大客户竟主动给他打了电话，最后签下了一笔近280万元的订单。后来他了解了“九型人格”后，明白这位集团公司的老总是第九型的人，这才恍然大悟。

对于销售人员来说，我们时间有限、资源有限，因此我们的销售不应该是大海捞针，而是精确制导，我们需要在有限的时间里找到真正的客户群，而“九型人格”可以有效地指导我们将客户分类，让我们的销售和拜访有目的、有准备、有先后、有主次，在有限的时间与资源条件下达到最佳的销售效果。

PART 03 准确解码客户

听出话外之意

成功的销售员一定是懂得倾听的销售员。他们在聆听客户说话的过程中，可以通过他的语言分析他的心理、他的顾虑，通过客户说话的语气、语调来判断其心理的变化，从细微处了解客户的消费习惯与个性，了解客户对产品和服务所透露的话外之意满意和不满意的地方，有针对性地说服顾客，最终达成让对方满意的交易。

乔·吉拉德向一位客户推销汽车，交易过程十分顺利。当客户正要掏钱付款时，另一位销售人员跟吉拉德谈起昨天的篮球赛，吉拉德一边跟同伴津津有味地说笑，一边伸手去接车款，不料客户却突然掉头而走，连车也不买了。吉拉德苦思冥想了一天，不明白客户为什么对已经挑选好的汽车突然放弃了。夜里11点，他终于忍不住给客户打了一个电话，询问客户突然改变主意的理由。客户不高兴地在电话中告诉他："今天下午付款时，我同您谈到了我们的小儿子，他刚考上密歇根大学，是我们家的骄傲，可是您一点也没有听见，只顾跟您的同伴谈篮球赛。"吉拉德明白了，这次生意失败的根本原因是，自己没有认真倾听客户谈论自己最得意的儿子。

日本推销大王原一平说："对推销而言，善听比善辩更重要。"身为推销人员，你必须仔细聆听客户说话，才能发掘客户的真正需要；只有站在客户的立场，专注倾听客户的需求、目标，这种诚挚专注的态度能激起客户讲出他更多的内心想法。让客户把话说完，并记下重点，再设法来满足客户需求。

很多销售人员在倾听客户谈话时，经常摆出倾听客户谈话的样子，内心却迫不及待地等待机会，想要讲他自己的话，完全将“倾听”这个重要的武器舍弃不用。如果您听不出客户的意图，听不出客户的期望，那么，你的销售就有如失去方向的箭。保险推销人员李洋在一次公司会议为大家分享了自己的一次成功经历：

“很多投保的客户心里的想法完全不同，有些需要养老保险的人就是简单地告诉你，‘帮我申请一套养老保险’，然后就离去；而有些人则希望了解具体的细节，这时我就必须始终注意倾听，时不时提出一个要点，并观察我的客户是否希望我深入解释这个要点。

“一位要和我谈养老保险的客户走进办公室，和我握了手，然后说，‘您好，今天真是个玩帆板的好日子，不是吗？’如果当时我不留心，很可能一时就反应不过来。就在这时，我脑子里有一个声音似乎在告诉我，‘他来了，很准时，他打算买一份养老保险’。

“于是，我请这位客户坐了下来。我们一起浏览了一遍各种表格，然后我说出了报价，对此，他说道，‘噢，这样等到退休时，这份保险攒下的钱就可以买一辆真正庞大的、可以带上帆板的长厢车。’再一次，如果我不留心，我也不会听到这个。但我意识到这位客户可能很喜欢玩帆板，我马上问起他的职业和收入情况。‘是的，我现在的工作让我能有足够的空余时间去玩我的帆板。’

“这时，我问他：‘您对帆板运动有兴趣吗？’从这个问题打开了这位客户的话匣子。‘是的，我是威尔士锦标赛的冠军。直到四十七八岁，我才开始练帆板，现在我每个周末都在练习，我为我的成绩感到骄傲。’他内心里也有一个声音在告诉他，‘这位专业推销人员是真的关心我、关心我做的事、关心我渴望的成就。我很高兴能有这么一个真正理解我和我的欲求的顾问’。对他来讲，我推销的东西是一个必需品，但并不是最重要的。作为一名专业推销人员，我必须能够看到他内心的骄傲，并对他的生活感兴趣——这样做的重要性丝毫不亚于我的投资建议。

“直到最后，感觉他讲述得差不多了，我又把话题拉回保单上来，适时地说‘这么说，还需要适当地投保啊！’至此对方已经从心理上认可我这个忠实的倾听者，自然也就产生了信任与好感。拿下保单问题就不大了。”

推销大师说，允许顾客有机会去思考和表达他们的意见。否则，你不仅无法了解对方想什么，而且还会被视作粗鲁无礼，因为你没有对他们的意见表现出兴趣。要做一个善听人言者——这比任何一个雄辩者都要吸引人，同时你也有可能得到意想不到的收获。

洗耳恭听可以使你确定顾客究竟需要什么。譬如，当一位客户提到她的孩子都在私立学校就读时，房地产经纪人就应该明白，所推销的住宅小区的学校质量问题对客户无关紧要。同样，当客户说：“我们不属于那种喜欢户外活动的人。”房地产经纪人就应该让他们看一些占地较小的房屋。

对于推销人员来说，客户的某些语言信号不仅有趣，而且肯定地预示着成交有望。要是一个推销人员忙于闲谈而没有听出这些购买信号的话，那真是糟糕透顶！出色的推销人员必须像对待谈话一样掌握聆听的技巧，然而这却是推销行业中最容易被忽视的一个问题。

言者更能感动对方，更能唤起对方的亲近感。有效地、目标明确地倾听令你能够在心里记下顾客正在买什么或希望买什么，而不是你在尽力推销什么。有了这种知识的储备，你会发现推销变得容易得多。

认真倾听客户的心声

在电话沟通过程中倾听是一种特殊技巧，因为客户提供的线索和客户的肢体语言是看不见的。在每一通电话当中，聆听的技巧非常关键。尤其在电话营销当中，听要比说更重要。善于有效地倾听是电话营销成功的第一步。所有的人际交往专家都一致强调，成功沟通的第一步就是要学会倾听。有智慧的人，都是先听再说，这才是沟通的秘诀。

认真倾听客户，主要目的是发现客户的需求以及真正理解客户所讲内容的含义。为此，在倾听的过程中，我们要做到：

（1）澄清事实，得到更多的有关客户需求的信息。

“原来是这样，您可以谈谈更详细的原因吗？”

“您的意思是指……”

“这个为什么对您很重要？”

（2）确认理解，真正理解客户所讲的内容。

“您这句话的意思是……我这样理解对吗？”

“按我的理解，您是指……”

（3）回应，向客户表达对他所讲的信息的关心。

“确实不错。”

“我同意您的意见。”

而有些人不听别人说话，他更关心自己要说什么而不是如何进行交谈。倾听时培养耐心是重要的前提条件。如果你耐心等待，让别人把话说完，你才能完整地了解他们都对你说了些什么，这比你努力说服对方为你提供信息有用得多。

一些电话营销人员只对他们自己要讲的话感兴趣，只专心致志于他们自己的推介，而不能很好地倾听潜在客户是如何讲的。这些人由于错过倾听的机会，未能对潜在客户的需要加以运用，结果失去了了解其疑问的机会。

向潜在客户表明你在认真地听他讲话，你希望他就有关问题进一步澄清，或是希望得到更多的有关信息，这些表现很重要。可以不时地用“嗯”、“哦”来表达你的共鸣，这些做法虽然简单，但确实可以表明你对潜在客户的讲话是感兴趣的，从而能鼓励潜在客户继续讲下去。相反，如果你一边听一边打哈欠，或用不适宜的声音附和，肯定会使潜在客户感到你对他的讲话不感兴趣，导致谈话的中断，从而影响你们之间沟通的顺利进行。

（4）不要打断对方。经常有人在客户表达自己观点的时候，显得有些急不可耐，急于讲出自己心中所想的，因而往往打断客户。打断客户，不仅会让客户的感情受到伤害，更重要的是，他们可能会忽略掉客户要讲的重要信息，造成不利影响。举个例子，一位电话营销人员与客户正在通话，客户说：“我还有一个问题，我听人家讲……”这时，这个营销人员心里面不知有多紧张，因为最近他们的产品确实出了些问题，已经有不少客户来电话投诉，他想这个客户也是问到这个问题，所以，他就打断客户：“我知道了，你是指我们产品最近的质量问题吧，我告诉你……”这个客户很奇怪：“不是啊，我是想问怎么付款才好。怎么？你们产品最近有问题吗？你说说看……”结果，客户取消了订单。

注意：不要打断客户，要耐心倾听客户所讲信息。

（5）防止思绪偏离。思绪发生偏离是影响有效倾听的一个普遍问题。因为大多数人接收速度通常是讲话速度的4倍，有时一个人一句话还未说完，但听者已经明白他讲话的内容是什么。这样就容易导致听者在潜在客户讲话时思绪产生偏离。思绪发生偏离可能会导致你无法跟上客户的思想，而忽略了其中的潜在信息，你应该利用这些剩余的能力去组织你获取的信息，并力求正确地理解对方讲话的主旨。

在这方面，你可以做两件事。第一件事是专注于潜在客户的非言语表达行为，以求增强对其所讲内容的了解，力求领会潜在客户的所有预想传达的信息。第二件事情是要克制自己，避免精神涣散。比如，待在一间很热或很冷的房间里，或坐在一把令人感觉不舒服的椅子上，这些因素都不应成为使你分散倾听注意力的原因。即使潜在客户讲话的腔调有可能转移你的注意力——比如，有时候因为光顾玩弄自己的眼镜或铅笔，而一时没有集中精力听对方的讲话——你也应该努力抵制这些因素的干扰，尽力不去关注他是用什么腔调讲的，而应专注其中的内容。做到这一点甚至比使分散的思绪重新集中起来更困难。从这个意义上讲，听人讲话不是一项简单的工作，它需要很强的自我约束能力。此外，过于情绪化也会导致思绪涣散。例如，当潜在客户表达疑问或成交受挫时，在这种情况下停止听讲是很正常的做法，但是你最好认真地听下去，因为我们任何时候都不能抹杀转机出现的可能性。

（6）注意客户提到的关键词语，并与对方讨论。例如，营销人员问："现在是您负责这个项目？"客户说："现在还是我。"客户是什么意思？两个关键词：现在、还。对有些人来讲，也就想当然地理解客户就是负责人。但一个出色的电话营销人员会进一步提问："现在还是您是什么意思？是不是指您可能会不再负责这个项目了？"客户说："是啊，我准备退休了。"

这个信息是不是很重要？再举例，客户说："我担心售后服务。"这里面的关键词是：担心。所以，有经验的营销人员并不会直接说："您放心，我们的售后服务没有问题。"而是会问："陈经理，是什么使您产生这种担心呢？"或者问："您为什么会有这种担心呢？"或者问："您担心什么呢？"探讨关键词可以帮助营销人员抓住核心。

（7）电话记录，并让客户感受到我们在做笔记。如果客户知道我们在做笔记的话，会有受到重视的感觉。同时，做笔记也是为了能将注意力更多地集中在客户身上，而不会由于没有记住客户所讲的东西而影响沟通。所以，对于重要的内容，我们可以告诉客户："麻烦您稍等一下，我做一下记录。"

在电话沟通中，我们应该很清楚，倾听是交流过程的一个重要组成部分。客户虽然看不见，但他们需要知道对方有所反应、做出反馈，才会接着往下说。这就是良好的聆听的作用所在。知道如何使对方放心，如何复述对方的话，以及如何向对方提问，你就可以开个好头，向着让客户满意的方向努力。

这里介绍几种提供反馈意见的技巧。

1.让对方放心

这是一种针对客户情绪的反馈方式。每个人都有希望、恐惧等感情需求。而他必须承认自己有感情需求，并在可能的情况下加以满足。这里介绍几种针对情感方面的反馈方式：

发出鼓励性的声音，例如“嗯”、“明白了”、“噢”。

讲一些表示认可的话，例如“我明白你的感受”。

沉默。如果对方情绪低落或大发雷霆，你不要打断他，让他先从气愤与沮丧中摆脱出来。

注意：不要过多使用这样的方法。如果在谈话中出现三四次就太多了。

2.复述

归纳客户的要点或用自己的话进行复述，这样你可以取得两个方面的成效：你能确定了解的情况是正确的；你能让客户同意你的意见。这样，你就可以冲破阻碍，也就增大了销售的可能性。

3.提问

可以使用以下技巧设计问题：

我们在前面讨论过非限答式问题，你可以用“谁、什么、哪里、什么时候、为什么以及如何”等一些词开始你的问题。

使用确定性问题。如前所论，这些问题可以确认一般情况。另外，还可以用确定性问题促使迟疑的客户讲话。许多情况下他们要说几遍“是”或“不是”，这样他们也就放松下来了。我们在与客户交流时，往往会发现客户没有说出他们的心里话，这就需要业务员进行分析判断之后才能明白客户真正的需求和抗拒以及目的，这样我们才能为客户提出解决方案。因此我们就要努力地听出他话语的内涵是什么、外延是什么？客户话语真正的意义是什么？

我们要想真正理解通话对方的讲话含义，可以通过以下几种途径：

用你自己的话重新表述一下你理解的含义，让潜在客户检查正误。

当你不同意潜在客户的观点但又必须接受其决定时，你需要格外认真地听他讲话。通常这样做才会知道自己应该在何时表示质疑。

如果你发现被告知的某些事情会令你感到兴奋不已，这时，你要提醒自己是否由于自己在理解上出现问题，而事实却并非如此。

如果你对潜在客户的某些讲话内容感到厌烦，这时你要尤其注意：一些很重要的事实可能会被错过，也许你只得到部分信息，因此你可能并不完全懂得对方究竟讲了什么。

即使是你以前已听过的信息，仍然要继续认真地听下去，“温故而知新”，不会有错的。

总之，在与客户进行电话沟通时，我们需要提出很专业的、很得体的引导性问题，帮助解决客户遇到的问题，同时帮助自己获得更加详细的客户信息，最终锁定客户真正的需求，得到自己需要的结果。电话沟通的过程，就是不断倾听的过程，提出合适性问题的过程，只有认真倾听才能了解客户的真正需求。因此，要真诚倾听客户的心声，要在平时的电话沟通中努力培养自己的倾听能力。

PART 04 巧妙处理沟通中的棘手问题

回绝电话的技巧——以吾之“盾”挡尔之“矛”

虽然是销售员，但是有时候销售员也难免被他人推销。推销者直接打电话要跟销售员成交业务，要跟销售员谈判，该怎么办？这时候，销售员也需要发展一套技巧避免自己的工作被打断，并即时处理这些电话。

这时候，可以用下面的几种方法一试：

1.利用缓冲语言夺回主动权

有时候，别人给你打电话推销某种产品或者服务，你说：“这很有趣，但此刻我没有时间讨论，写一个便条发份传真给我吧，有时间我再打电话给你。”用这种方法，可以夺回主动权。

“喂，这非常有趣”这句话是用来表示礼貌的，叫作缓冲。直接拒绝，对方会觉得你不懂礼貌，缺乏人情味。可是说：“这很有趣。”

2.直接回绝

当你接到推销电话的时候，你就说：“我不会在接推销电话时购买任何东西。”你一句话很彻底地把对方踢来的球给他弹了回去。

3.直接说“NO”

假如你在接电话的过程中，你对对方的感觉不太好，你就要直接说“NO”。有的人只因为自己不敢说“NO”，他就会被别人像用橡皮糖粘住似的，粘上，再粘紧，最后就被对方搞定成交了。所以，关键时刻你要敢于直接说“NO”。然后说：“这一点，我们从前考虑过，没有兴趣。”

4.给对方一个新的建议

“喂，请您买我们这一品牌的复印机”、“买我这套音响”、“参加我们这套课程……”“不好意思，这个建议对我们这行不太合适，您还是去找其他行业。”

5.无限期拖延

就是给对方一个遥遥无限的日期，让他觉得：“啊，太遥远了，我接的这个客户真是太有问题了，不跟他建立关系。”这样，他就会主动放弃了。“我们公司正在重建之中，时间太不凑巧了，6个月之后再给我写一个便条过来吧。”

6.避免提出辩论的话题

在电话里和对方辩论，往往会消耗我们大量的精力和时间，无法有效地把现有的时间用在我们的工作上，适时中止这类无谓的交谈。

7.封住门户

“最近，我可能被指派去做另外一项工作。这个工作我们公司有规定，不能跟任何人去谈论跟公司有关的信息。”这样你就把自己的门户封住了。

但无论如何，回绝电话都要讲究礼节，这样我们就会有机会结识新的顾客；相反则会失去顾客。

巧妙应对喋喋不休的客户

每个人都喜欢有人听自己讲话。在这个步伐飞快的社会里很难找到听众，所以在电话里讲起话来滔滔不绝，占用别人时间的现象相当普遍。

不管怎样，如果打电话的人毫无道理地占用你的时间，那他就是典型的喋喋不休型客户。不幸的是，这种人往往意识不到自己给他人带来的不便。他们在电话里东一榔头西一棒子，说话不着边际，聊起来没完，已经养成了习惯。你的底线就是别让他们由着自己瞎侃一通。要想有效地对付他们，我们需要制订具体的方案，以控制通话时间。

现在有许多种对付喋喋不休的打电话者的方法。一些电话专业人士认为，如果你保持沉默或者只用一个字答话，对方就会意识到你没工夫和他闲聊。实际上，大多数听众很少打断对方或者根本不说话，以此表示自己对对方说的话感兴趣。在电话里沉默不语就像真空地带一样，需要填进点东西。所以如果你不说话，对方就会说个不停。

喋喋不休型客户往往不知道自己占用了销售员大量的时间和精力，所以销售员既要想办法控制谈话，又得让对方感觉不到你对他的话不感兴趣。这样就可以随时决定什么时候结束通话，以下是4种有效控制与喋喋不休型客户谈话的技巧：

1.提出问题

问一些可以让对方集中思路的问题，以及可以引导谈话及早结束的问题。例如，你可以这样开始：

“刘女士，难道您不认为……吗？”

“……难道不是这样的吗？”

用这些问题集中对方的注意力，只谈眼前的问题。

2.确定谈话主题

给喋喋不休型客户打电话，在一开始时电话营销员就应该定下谈话的主题。用下面的说法确定谈话主题：

“陈小姐，对于您的账户状况我需要提3个问题……”。

3.运用PRC技巧

PRC技巧可以控制谈话。它有3个简单的步骤：复述（Paraphrase）、思考（Reflect）和结束（Close）。

复述：打电话的人开始反反复复时，你要打断他说："我需要确定一下我是否明白您说的话……"

这时，你可以把他说过的重要的话再说一遍。这样既可以确保你和他都清楚要点，又可使他知道你听明白了他说的话，让他放心。

思考：对谈话进行概括之后，你要留给对方说话或者"思考"的机会。实际上你是让他表示相同意见或者不同意见，让他补充你可能漏掉的东西。

结束：一旦打电话者对你的概述表示满意时，你一定要"结束"谈话。先感谢他抽时间给你打电话，或者表明你对谈话的结果非常满意。

4.确定时间限度

你拿起电话，意识到打电话的人可能爱唠叨，这时你要在一开始就控制谈话。告诉对方你可以谈多长时间，然后给他选择。例如，你可以说：

"张小姐，很高兴听到你的声音。5分钟后我要去开会，我们是现在谈你的问题，还是我再给你打电话？"

对付喋喋不休型的客户一定要有耐心，巧妙地结束谈话总比突然或粗暴地结束谈话要好。销售员的这种素质直接关系到电话行销的结果以及个人和公司的形象。

对经常打电话的客户，回答要力求统一

电话中经常会引起纠纷，多由于接听人员的回答不尽相同，对方在分不清何种状况的情况下，发怒是可想而知的。

"水能载舟，亦能覆舟"，这句话，也可应用在电话行销中：一通沟通良好的电话，可能因彼此相谈甚欢而促成一桩生意，也有可能因职员的疏忽而失去了一项大工程。电话中经常会引起纠纷，多由于接听人员的回答不尽相同。

这点相当重要，假使连公司内的联络工作都做得不够彻底，便容易给客户增添麻烦。基本的联络工作若没做好，将会导致同样一个问题客户却得到许多不同答案的糟糕情形。

这些是应该引起销售员注意的，就如某些制造商在生产了新产品后，便会接到许多询问电话，如果公司职员对询问电话的回答不尽相同，这就容易导致混乱，甚至间接影响了新产品的销售，使业务无法顺利开展。为避免上述情形发生，首先要使这些新产品的资料，能在公司内流通无阻，并进而统一对外。若连这初步沟通的工作都无法充分完成，公司便也无法有效地开展销售工作。

某销售公司的销售员王林，有一次接到客户电话后，告诉客户产品是用A型材料作为生产原料，采用先进工艺制作而成的。中午客户又打来电话询问，恰巧王林吃午饭还没回来，由同事黄明代接的电话。当客户再一次询问生产材料时，黄明说他听说好像是B型材料。下午，销售总监的电话响了，客户告诉他自己决定取消这笔订单，因为销售员的回答太令他失望了。就这样，因为销售人员的回答不统一，500万的订单最终被取消了。

公司为防止这类事情发生，应在事前将有关产品的资料复印发给有关部门人员或将这些重点作为笔记，放在电话机旁，以便销售员能迅速、准确地为顾客做完善的咨询服务，并且可以卓有成效地与客户进行沟通。

对于销售员来说，也要告诉同事，如果帮忙接电话时遇到不确定的情况，一定要查证后再告诉客户，或者告诉客户等自己回来后再给客户回电话。千万不能说的五花八门，让客户不能相信自己。

设法了解来电客户的相关信息

不了解打进电话的客户的情况时，可以对客户的职业等进行适当的猜测，并让客户确认，同时用周到的解释给猜测提供借口。

客户：“你好，我想问一下你们奥迪车有哪几款？”

销售顾问：“您好，您喜欢哪个款式的？”

客户：“比较喜欢A6，您大概介绍一下吧。”

销售顾问：“A6应该是第一部国产豪华轿车型，不仅质量可靠，动力性能好，安全性也是一流的。您是什么公司的？”

客户：“不用管我是什么公司的，您介绍车就行了。”

销售顾问：“A6应该……安全性也是一流的。具体重点介绍什么方面，还要尊重您的意见，我感觉您是律师。”

客户：“我不是律师，不用问我是什么，从安全性开始介绍就行。”

销售顾问：“您别介意，因为上周有一个客户来提了一台A6走的时候，说他们集团的首席律师也要买一台车，说的就是今天这个时候，现在还没有到。我听着您精练的话语还真的以为就是您呢。那您一定是媒体的首席记者。”

客户：“我也不是媒体的，我是搞电视制作的。”

有一些产品的销售不是快速成交的，比如汽车，客户一般会多次了解感兴趣的车。在电话交谈中，销售人员非常希望有机会了解客户的详细资料，从而可以制订跟踪计划。客户不愿意回答这些问题，是因为销售人员的方法不对，正确的方法应该是：对客户的职业等进行猜测，并让客户确认，对销售人员的猜测，客户一般有两种可能的回答。

客户一：“我不是×××，我是搞×××的。”

客户二：“我不是×××，不用问我是什么，你只管介绍产品就行。”

第一种不需再追问，因为许多人在否定了一个猜测之后本能就说出自己从事的职业。对于第二种回答，销售人员必须给予一个妥当的解释。周到的解释给再次猜测提供了借口，如果客户接受了解释，那么在面对再次猜测的时候几乎没有什么抵抗，就会说出自己的职业。那么销售人员的目的就达到了。

第六篇

优势谈判

PART 01 报价——谈判成败的焦点

在行家面前报价不可太高

报价时虽然可以把底价抬高，但是这种抬高也并不是无限制的，尤其在行家面前。

某公司急需引进一套自动生产线设备，正好销售员露丝所在的公司有相关设备出售，于是露丝立刻将产品资料快递给该公司老板杰森先生，并打去了电话。

露丝："您好！杰森先生。我是露丝，听说您急需一套自动生产线设备。我将我们公司的设备介绍资料给您快递过去了，您收到了吗？"

杰森（听起来非常高兴）："哦，收到了，露丝小姐。我们现在很需要这种设备，你们公司竟然有，太意外了……"

（露丝一听大喜过望，她知道在这个小城里拥有这样设备的公司仅她们一家，而对方又急需，看来这桩生意十有八九跑不了了。）

露丝："是吗？希望我们合作愉快。"

杰森："你们这套设备售价多少？"

露丝（颇为洋洋自得的语调）："我们这套设备售价30万美元……"

客户（勃然大怒）："什么？你们的价格也太离谱了！一点儿诚意也没有，咱们的谈话就到此为止！"（重重地挂上了电话）

双方交易，就要按底价讨价还价，最终签订合同。这里所说的底价并不是指商品价值的最低价格，而是指商家报出的价格。这种价格是可以浮动的，也就是说有讨价还价的余地。围绕底价讨价还价是有很多好处的。举一个简单的例子。

早上，甲到菜市上去买黄瓜，小贩A开价就是每斤5角，绝不还价，这可激怒了甲；小贩B要价每斤6角，但可以讲价，而且通过讲价，甲把他的价格压到5角，甲高兴地买了几斤。此外，甲还带着砍价成功的喜悦买了小贩B几根大葱呢！

同样都是5角，甲为什么愿意磨老半天嘴皮子去买要价6角的呢？因为小贩B的价格有个目标区间——最高6角是他的理想目标，最低5角是他的终极目标。而这种目标区间的设定能让甲讨价还价，从而获得心理满足。

如果想抬高底价，尽量要抢先报价。大家都知道的一个例子就是，卖服装有时可以赚取暴利，聪明的服装商贩往往把价钱标得超出进价一倍甚至几倍。比如一件皮衣，进价为1000元，摊主希望以1500元成交，但他却标价5000元。几乎没有人有勇气将一件标价5000元的皮衣还价到1000元，不管他是多么精明。而往往都希望能还到2500元，甚至3000元。摊主的抢先报价限制了顾客的思想，由于受标价的影响，顾客往往都以超过进价几倍的价格购买商品。在这里，摊主无疑是抢先报价的受益者。报价时虽然可以把底价抬高，但是这种抬高也并不是无限制的，尤其在行家面前，更不可大意。案例中的销售员觉得自己的产品正好是对方急需的，而将价格任意抬高，最终失去对方的信任，导致十拿九稳的交易失败，对销售员来说也是一个很好的教训。

如果你在和客户谈判时，觉得不好报底价，你完全可以先让对方报价。把对方的报价与你心目中的期望价相比较，然后你就会发现你们的距离有多远，随之调整你的价格策略，这样的结果可能是双方都满意的。切忌报价过高，尤其在行家面前。

在价格谈判上争取达到双赢

在价格谈判中，尽量追求双赢效果。因为追求单赢往往只赢得眼前，却赢不了将来。

销售员：“陆总，其他的事项我都可以落实，现在关键是价格问题，在上次的邮件里我提到过，半天的培训是按照一天的费用来计算的，您是怎么考虑的？”

客户：“这点我知道，要是按照我的想法来计价的话，在原来给我们培训的费用基础上打8折。”

销售员：“这样的价格很难行得通，我给其他的公司培训都不是这样的价格，都是1.8万元一天，不信您可以去调查。”

客户：“价格难道就不能变？我们原来合作的是1.5万元一天，现在培训的时间是半天，而且有些公司半天只收半天的费用，我要是给领导汇报，现在是半天的培训，不但没有降低价格，反而比一天的费用还要高，你说领导会怎么想？领导肯定会觉得我不会办事。”

销售员（犹豫了一下）：“对，你说的话也在理。”

客户：“是吧！你要让我好做事，不然我就失去了领导的信任，再说，这样的课程不是你一家公司能讲。”（声音大起来了，是为了保护自身的利益。）

销售员：“陆总，这样吧，我们再商议一下，10分钟后我们再联系。”

（10分钟以后，销售员又把电话打过去了）

销售员：“您好，陆总，我们商议了一下，既要考虑到您的实际情况，同时也要照顾我们的情况，所以我们的报价是1.8万元的8折，去掉零头，您看怎么样？”

客户：“哦！我刚从别的公司调查了一下，了解到你推荐的讲师在安徽讲课的时候，理论比较多，实践的东西少，而且与学员互动少……”

销售员：“您所说的情况都是事实，我没有意见，在这次培训中我会督

促讲师多多注意这些情况。既然是这样的话，我必须要考虑到您的立场，不能损害您的利益，给您的工作带来麻烦，您给我指条路吧！”

客户：“这样吧！你们再降1000元，怎么样？”

销售员：“好的，就这么办。”

在商务谈判中，如果一味地按照自己的谈判思路，很有可能会损害与客户之间的关系，更有可能使交易失败或是一锤子买卖，所以必须要以双赢为出发点来进行谈判。

从上面的案例可以看出，这位销售员所应对的客户谈判技术比较高，他有很多的筹码在手中：把以前的交易价格作为谈判的基础；自身在领导面前的信任作为谈判的底牌；同系统的调查作为谈判的印证；半天应该比一天费用少作为谈判的说理；他们挑选的余地比较多作为谈判的恐吓。5个筹码轮番轰炸，而销售员就把握住底线绝不让步，同时照顾好客户的立场来赢得与客户的合作，这是许多新入行的销售员需要学习的一种技巧。

一分价钱一分货

当客户要求降价时，可以通过列举产品的核心优点，在适当的时候与比自己的报价低的产品相比较，列举一些权威专家的评论及公司产品获得的荣誉证书或奖杯等技巧和方法让客户觉得物有所值。

客户：“我是××防疫站陈科长，你们是某某公司吗？我找一下你们的销售。”

电话销售：“哦，您好！请问您有什么事？”

客户：“我想咨询一下你们软件的报价，我们想上一套检验软件。”

电话销售：“我们的报价是98800元。”

客户：“这么贵！有没有搞错。我们是防疫站，可不是有名的企业。”（态度非常高傲）

电话销售：“我们的报价是基于以下两种情况：首先从我们的产品质量上考虑，我们历时5年开发了这套软件，我们与全国多家用户单位合作。对全国的意见和建议进行整理，并融入我们的软件中。所以我们软件的通用性、实用性、稳定性都有保障。另外，我们的检验软件能出检验记录，这在全国同行中，我们是首例，这也是我们引以为傲的。请您考察。”

客户：“这也太贵了！你看人家成都的才卖5万元。”

电话销售：“陈科长，您说到成都的软件，我给您列举一下我们的软件与成都的软件的优缺点：咱们先说成都的，他们软件的功能模块很全，有检验、体检、管理、收费、领导查询等，但他们软件的宗旨是将软件做得全而不深。而我们的宗旨是将软件做到既广又深，就检验这一块来说，他们的软件要求录入大量的数据和需要人工计算，他们能实现的功能只是打印，而再看我们的，我们只需要输入少量的原始数据即可，计算和出检验记录全部由计算机完成，这样既方便又快捷。另外，我们的软件也有领导查询和管理功能。在仪器和文档方面我们的软件也在不断改进，不断升级。”

客户：“不行，太贵。”（态度依然强硬）

电话销售：“您看，是这样的，咱们买软件不仅买的是软件的功能，更主要的是软件的售后服务，作为工程类软件，它有许多与通用性软件不同的地方。我们向您承诺，在合同期间我们对软件免费升级、免费培训、免费安装、免费调试等。您知道，我们做的是全国的市场，这期间来往的费用也是很高的，这我们对您也是免费的。另外，在我们的用户中也有像您这样的客户说我们的软件比较贵，但自从他们上了我们的软件以后就不再抱怨了，因为满足了他们的要求，甚至超过了他们的期望。我们的目标是：利用优质的产品和高质量的售后服务来平衡顾客价值与产品价格之间的差距，尽量使我们的客户产生一种用我们的产品产生的价值与为得到这种产品而付出的价格相比有值得的感觉。”

客户：“是这样啊！你们能不能再便宜一点啊？”（态度已经有一点缓和）

电话销售：“抱歉，陈科长你看，我们的软件质量在这儿摆着，确实不错。在10月21号我们参加了在上海举办的上海首届卫生博览会，在会上有很多同行、专家、学者。其中一位检验专家，他对检验、计算机、软件都很在行，他自己历时6年开发了一套软件，并考察了全国的市场，当看到我们的软件介绍和演示以后当场说：‘你们的软件和深圳的在同行中是领先的。’这是一位专家对我们软件的真实评价。我们在各种展示中也获过很多的奖，比如检验质量金奖、检验管理银奖等奖项。”

客户：“哦，是这样啊！看来你们的软件真有一定的优点。那你派一个工程师过来看一下我们这儿的情况，我们准备上你们的系统。”（他已经妥协了）

至此，经过以上几轮谈判和策略安排，销售产品的高价格已被客户接受，销售人员的目标已经实现了。

在与别人谈判的过程中，如何说服你的客户接受你的建议或意见，这其中有很大的学问，特别是在价格的谈判中。以下是价格谈判中的一些技巧和策略。

（1）在谈判过程中尽量列举一些产品的核心优点，并说一些与同行相比略高的特点，尽量避免说一些大众化的功能。

（2）在适当的时候可以与比自己的报价低的产品相比较，可以从以下几方面考虑：

①客户的使用情况（当然你必须对你的和你对手的客户使用情况非常了解——知己知彼）。

②列举一些自己和竞争对手在为取得同一个项目工程，并同时展示产品和价格时，我们的客户的反映情况（当然，这些情况全都是对我们有利的）。

（3）列举一些公司的产品在参加各种各样的会议或博览会时专家、学者或有威望的人员对我们的产品的高度专业评语。

（4）列举一些公司产品获得的荣誉证书或奖杯等。

PART 02
谈判桌上的博弈术

利用“反馈意见”

你知道反馈意见的另一个重要意义吗？机敏的推销人员把它应用到了谈判桌上：“××先生，我很高兴您提出了关于××的问题。这是因为我们在××方面做了调整。因为我们的设计师认为，在经过这样的变化之后，更有××作用，虽然××，但它能够在××方面节约您的成本与开支。”

如果客户说：“你们的××产品定价太高，我们可负荷不了。”这也就是告诉你，“我们的要求其实很低，不需要支付这昂贵的价格。”发生这种事情时，我们没有必要非得强调我们的价格定得多么合理，即使是这样，我们要在能带给他更多的利益上下功夫，让他们觉得这种价格与他们所得到的利益是成正比的，我们必然考虑在每个反对意见背后存在的真实问题，你只有解决这个隐藏着的真实问题，你才能赢得推销，使客户心甘情愿地与你签约。 在谈判过程中，尤其应避免发生口角，因为口角不能解决任何问题，还会伤害你与客户之间的感情，而且可能给你带来许多意想不到的不良影响。我们可以利用其他有利之处来反驳客户，你可以使语气柔和些：“我能理解您此时的感受，××先生，在××公司工作的B先生给我们寄来了感谢信，他说到我们公司的产品的一些优点，如果您需要，我可以给您看一看他给我们的来信。”这时，毕竟客户也处在犹豫不决的时刻，他也希望有成功应用该产品的案例。这种方法可能会比你花费大量时间去反驳客户要好。

在你的手头，保留一些值得客户参考的资料，可以为你的说辞提供强有力的证据。

在谈判过程中，你可以使用各种技巧，使形势转向有利于你的方向，并且要沉稳、自若，绝不要因为无法回答客户的问题而面红耳赤，你应该以一种稳操胜券的姿态来面对你的客户。你要让客户明白他将获得的利益，一切都是在为他服务。这样还用继续谈判下去吗？不用，因为他已成了你真正的客户。

充分挖掘客户的购买潜力

与客户谈判时，将可使用的谈判条件和资源进行充分的拆分与组合，根据对方的各种潜在需求和愿意与之支付的成本进行假设性的探询，并逐渐在对方有肯定性的表示后加以满足，从而不断达到自己所期望的结果。

区域经理："吴老板，你以前仅仅是我们公司在石家庄的客户之一，合同也未签，每年可以销售我公司饮料30万元。假如我们正式授权你为我公司的代理商，享受代理商供货价，你可以完成多少销售额？"

吴老板："在没有窜货的情况下，50万元应该没问题。"

区域经理："我们有统一的市场价格和管控体系，不会发生价格混乱的。关键看同一地区代理商之间的默契，不能搞恶性竞争。"

吴老板："如果我能成为你们在石家庄的独家代理商，市场就不会这么容易乱了。"

区域经理："我知道你的终端客户很多，但我们公司对独家代理商有很高的要求，像石家庄这样的市场，50万元肯定是不行的，而且一旦成为我们的独家代理商主推的必须是我们的产品。"

吴老板："60万元的销量保证，怎么样？"

区域经理："你去年所有饮料销了200多万元，你认为代理我公司产品还有其他哪些因素影响你的销量提升？"

吴老板："由于从你们公司提货必须现款现结，所以不敢多进货，怕压仓库；但有时容易缺货，而丧失了一些机会。"

区域经理："假如你不用担心库存风险，你能增加多少销售额？"

吴老板："7万～8万元应该可以。"

区域经理："行，你最后一批进货所产生库存的70%我们公司承担，但你必须承担退货的运费，你的销售目标就按70万元算，还有其他阻碍因素吗？"

吴老板："饮料的季节性太强，厂家经常调价，如果降价而厂家不补差价我们就遭受损失了。如果厂家能补差价，我们就无后顾之忧了。"

区域经理："但你必须增加5万元的销量，我承诺100%补差价。其他还有什么能增加你销量的办法吗？"

吴老板："我个人能力有限，特别是终端推广方面，如果你们能经常过来指导或帮助我进行终端客户的谈判和管理就好了。"

区域经理："由于你这里是重点市场，我们今年专门派了一名业务经理负责河北地区，以帮助代理商开拓和管理终端客户并做好市场推广工作。但同样，你要增加5万元销量噢！"

吴老板："还有什么优惠条件，都给我算了，最好供货价能再优惠一点。"

区域经理："我们专门针对你这样有潜力的客户拟定了'大户奖励政策'，如果你能销售90万元，年终可以给你返利5000元；达到100万元的返利10000元，再往上每增加10万元，增加返利2000元，上不封顶。"

吴老板："好，那我的目标量就定在100万元了。"

探询式递进谈判是

指在谈判中将可使用的谈判条件和资源进行充分的拆分与组合，根据对方的各种潜在需求和愿意与之支付的成本进行假设性的探询，并逐渐在对方有肯定性的表示后加以满足，从而不断达到自己所期望的结果。由于该方式具有容易掌握、风险性小、使用效果佳等特点而在商务谈判中广为使用。

对于客户购买量或年度销量目标的谈判，如我方原先的市场计划不具扩张性，提供的优惠条件也比较有限（含直接的、间接的，经济或荣誉方面）；而我方有新的更具扩张性的市场计划，并与之配套了相应资源。在这样的客户开发谈判中应遵循以下程序和原则，以充分利用好自己所拥有的资源和条件达到最佳的利益效果：拟订详细且具有吸引力的市场计划（与以前相比有明显的市场扩张性和重视度）并通过召开经销商会、公关活动、谈判时的“夸张性”语气等方式感染客户，以使其对公司有信心；了解客户的背景、销售潜力以及可能影响销售情况的各种关键因素；将能提供的资源和条件加以多层次和多方位地组合，如价格、服务、风险分担、人员帮扶等，以对应影响客户销售情况的各关键因素；让客户先逐一提出影响销量增长的要素，然后针对性地以探询的方式加以假设性满足，如客户的回答是符合自己期望的肯定表达，则给予；如客户无法给予肯定的答复，则中止该方面的试探。（万一客户要求享有该条件，则以不可能或无权决定等方式搪塞过去，因为你只是一种玩笑式的假设。）

按照此方式，一一递进并逐渐抬高目标量，直至对方的可挖掘潜力基本穷尽。

请对方先亮出底牌

不知道对方的底牌时，可以保持沉默，让对方先开口，亮出底牌，最后再采取策略。

理赔员：“先生，我知道您是交涉专家，一向都是针对巨额款项谈判，恐怕我无法承受您的要价。我们公司若是只付100美元的赔偿金，您觉得如何？”

(谈判专家表情严肃，沉默不语。)

理赔员（果然沉不住气）：“抱歉，请勿介意我刚才的提议，再加一些，200美元如何？”

谈判专家（又是一阵长久的沉默）：“抱歉，这个价钱令人无法接受。”

理赔员：“好吧，那么300美元如何？”

（谈判专家沉思良久。）

理赔员（有点慌乱）：“好吧，400美元。”

谈判专家（又是踌躇了好一阵子，才慢慢地说）：“400美元？……喔，我不知道。”

理赔员（痛心疾首）：“就赔500美元吧。”

（谈判专家仍在沉思中。）

理赔员（无奈）：“600美元是最高期限了。”

谈判专家（慢慢地）：“可它好像并不是我想要的那个数。”

理赔员：“如果说750美元还不是你想要的，那我也没有办法了。”

谈判专家（沉思一会儿后）：“看来咱们的谈判无法进行下去了。”

理赔员：“800美元，只能到800美元，否则咱们真的谈不下去了。”

谈判专家：“好吧，我也不想为此事花更多的时间。”

谈判专家只是重复着他良久的沉默，重复着他严肃的表情，重复着说那句不厌的老话。最后，谈判的结果是这件理赔案终于在800美元的条件下达成协议，而谈判专家原来只准备获得300美元的赔偿金。

当我们不知道对方的底牌时，保持沉默是一个不错的主意！

爱迪生在做某公司电气技师时，他的一项发明获得了专利。一天，公司经理派人把他叫到办公室，表示愿意购买爱迪生的专利，并让爱迪生出个价。

爱迪生想了想，回答道：“我的发明对公司有怎样的价值，我不知道，请您先开个价吧。”“那好吧，我出40万美元，怎么样？”经理爽快地先报了价，谈判顺利结束了。

事后，爱迪生满面喜悦地说：“我原来只想把专利卖500美元，因为以后的实验还要用很多钱，所以再便宜些我也是肯卖的。”

让对方先开口，使爱迪生多获得了30多万美元的收益。经理的开价与他预期的价格简直是天壤之别。在这次谈判中，事先未有任何准备、对其发明对公司的价值一无所知的爱迪生如果先报价，肯定会遭受巨大的损失。在这种情况下，最佳的选择就是把报价的主动权让给对方，通过对方的报价，来探查对方的目的、动机，摸清对方的虚实，然后及时调整自己的谈判计划，重新确定报价。

让鱼儿随钩先逃一下

在与客户谈判时，可以考虑使用“推——推——拉”的策略。在谈判中，你对对手有所取，便必须有所舍，即便是形式上、礼貌上的。

爱德：“我公司的机器的品质和可靠性，都远远超过其他竞争的品牌，而且我公司每年都会开拓更大的市场。市场特别重要，因为机器的市场越大、销路越好、公司拥有越多训练有素的技术员，购买这机器的公司获得技术帮助的机会也增多。”

客户：“我知道你说的都是事实。”

爱德：“噢，那您还有什么疑虑？”

客户：“你们的产品确实不错，我是很想要那部机器，问题是太贵了，谁付得起啊！而且我现在的生意实在很糟，如果要这台昂贵机器的话，必须在生意增加时才能办到。”

爱德：“正因为这新机器的特点和便利，它能够利于做生意，能帮您把生意的现状改变过来。”（停顿片刻）

“这些机器必须提早4个月订货。除非您现在订货，不然您在旺季的时候将收不到机器。我告诉您我将怎么处理。现在就向我订货，至少让我把您列入订货名单。如果您改变心意，我保证会归还您的头期款，纵使机器已经送给您也一样算数，您还是可以将其送回，不花您一分钱，如果您决定要的话，那么您在最需要它的时候，它便能发挥最大的功效。”

爱德毫不放松地谈论此机器的优点，让顾客插不上话。不过这只是他销售策略的第一阶段而已。销售策略的结尾不是在“推——推”阶段，而是在“拉”阶段。他问客户是什么让他们迟疑订购的呢？回答的绝大部分是金钱问题。客户解释如果他要买这昂贵机器的话，他必须在生意增加时才能办到。爱德回答说：“正因为这新机器的特点和便利，它能够利于做生意。”他缓和地打出最后一击，然后离开“推”的方向。“这些机器必须早4个月订货。除非您现在订货……”

老练的渔夫懂得如何钓鱼。先抛钓线，鱼儿上钩之后，让鱼儿随钩先逃一下，有点缓冲时间，再加点压力，把鱼钓上来。商业谈判也一样，成功谈判的步调应该是“推——推——拉”，而绝不是硬邦邦的、气势汹汹的。

给成交保留一定余地

当客户进入决策阶段，可能要求销售人员给予进一步的优惠时，要在谈判前，预先保留适当的退让余地。

销售员：“喂？您好，是王总吧！”

客户：“是的，你是？”

销售员：“我是星光俱乐部的周林，那件事您考虑得怎么样啦！”

客户：“什么事？”

销售员：“就是关于您加入我们俱乐部的事。”

客户：“这个事，我就不参加了，会费太贵了。我们企业的效益不好，负担不起你那个什么卡。”

销售员：“王总，您净和我们年轻人开玩笑。草原度假卡还有您意想不到的优惠呢。”

客户：“你指的是什么呢？”

销售员：“我们这个草原度假卡的持卡人，可以在与您合作的全国20家大型宾馆和度假村享受5%～10%的优惠，享受非持卡人所没有的便利。你们当老总的心算肯定没得说，一算就清楚了。就当您每月省两次应酬，每次应酬用800元，一个月下来就节省了接近2000元，一年下来节省的钱也就不言自明了。我的这笔小学算术，王总您给个分，算得对不？”

客户："你这小姑娘的嘴也真是厉害。如果你能再优惠点，我可以重新考虑一下。"

销售员："王总，您过奖了。正像您说的，咱们这个卡不便宜，可省下来的钱也不是个小数目。如果您加入的话，我可以在我的能力范围内给您打九五折。"

客户："好的，为了你的工作，也为了我的身体，我周末去报名。"

销售员："谢谢王总的支持。再见！"

销售时保留一定余地很容易诱导客户成交。客户会觉得自己有很大的主动性，没有被迫接受，这样往往更容易成交。

保留一定的成交余地，也就是要保留一定的退让余地。任何交易的达成都必须经历一番讨价还价，很少有一项交易是按卖主的最初报价成交的。尤其是在买方市场的情况下，所有的交易都是在卖方做出适当让步之后才拍板成交的。上述案例就是在客户提出"如果你能再优惠点，我可以重新考虑一下"的前提下，销售员适时提出"如果您加入的话，我可以在我的能力范围内给您打九五折"而最终达成交易的。

因此，推销员在成交之前如果把所有的优惠条件都一股脑儿地端给顾客，当顾客要你再做些让步才同意成交时，你就没有退让的余地了。所以，为了有效地促成交易，推销员一定要保留适当的退让余地。

12
3
9
31

第七篇

一切为了成交

PART 01 产品介绍中的学问

客户只关注能给自己带来好处的产品

客户只会购买对自己有帮助、能给自己带来利益的商品，推销员在推销的过程中如果能把握住客户的这种心理，那么推销就会顺畅许多。

英国的十大推销高手之一约翰·凡顿的名片与众不同，每一张上面都印着一个大大的25%，下面写的是约翰·凡顿，英国××公司。当他把名片递给客户的时候，所有人的第一反应都是相同的："25%是什么意思？"约翰·凡顿就告诉他们："如果使用我们的机器设备，您的成本就会降低25%。"这一下就引起了客户的兴趣。约翰·凡顿还在名片的背面写了这么一句话："如果您有兴趣，请拨打电话××××××。"然后将这名片装在信封里，寄给全国各地的客户。结果把许多人的好奇心都激发出来了，客户纷纷打电话过来咨询。

你必须确定你所要告诉客户的事情是他感兴趣的，或对他来讲是重要的。所以当你接触客户的时候，你所讲的第一句话，就应该让他知道你的产品和服务最终能给他带来哪些利益，而这些利益也是客户真正需求和感兴趣的。

这就要求推销员在推销过程中，不仅要对自己的利益了如指掌，千方百计地进行维护，更重要的是要清楚自己所提的条件能给对方带来哪些好处、哪些利益，并且尽可能地把己方的条件给对方带来的好处清晰地列出来。如果你只是笼统地说：

“我方产品投入使用后会带来重大的经济效益。”

“我们的产品质量上乘、服务一流、物美价廉。”

像这样苍白无力的话语在推销时是没有分量的。但是如果你把具体的利益罗列出来，向对方明示，那么效果肯定会不一样。例如：

“我们的产品采用××国际质量标准，经国家××质量体系认证，被消费者协会推荐为消费者信得过产品。”

“本公司产品售后服务投诉率为零。”

“该产品投入使用后，经测算，一年即可收回全部投资，第二年即可获利50万元。”

作为买方，则可以把与卖方有竞争能力的一些竞争者的情况告诉卖方，重点说明哪些产品的质量比它好，价格比它低，或哪家提供的优惠条件比它多，而买方所提条件对卖方来说已经具有一定的经济利益了，切不可因贪小利而失大局。

在你明确了己方所提条件对对方的好处和利益后，对方就会更加容易接受你的观点，促进推销达成协议。

当钢琴最初发明的时候，钢琴发明者很渴望打开市场。最初的广告是向客户分析，原来世界上最好的木材，首先拿来做烟斗，然后再选择去制造钢琴。钢琴发明者从木材素质方面来宣传钢琴，当然引不起大家的兴趣。

过了一段时间，钢琴销售商开始经销钢琴，他们不再宣传木材质料，而是向消费者解释，钢琴虽然贵，但物有所值。同时，又提供优惠的分期付款办法。客户研究了分期付款的办法之后，发现的确很便宜，出很少的钱便可将庞大的钢琴搬回家中布置客厅，的确物超所值。不过，客户还是不肯掏腰包。

后来，有个销售商找到一个新的宣传方法，他们的广告很简单：“将您的女儿玛莉训练成贵妇吧！”广告一出，立即引起了轰动。为什么呢？这是营销高手洞悉人性的秘诀。自此之后，钢琴就不愁销路了。

告诉客户你的产品能为他的生活带来哪些好处。告诉他应得的利益，销售就能顺利地进行。

［案例一］

皮特拿起电话向顾客推销一种新上市的电动剃须刀，他仔细地将这种新式电动剃须刀的一切优良性能都做了介绍。

客户：“剃须刀不就是为了刮掉胡须吗？我的那种旧式剃须刀也可以做到这些，我为什么还要买你这个？”（很显然，顾客希望清楚地了解这些产品或者皮特的这种销售主张能够带来什么样的好处）。

皮特：“我的这种剃须刀要比以前的性能优良，而且包装特别精美。”

客户：“你的包装精美跟我有什么关系？包装精美的产品有的是，我为什么要选择你的产品呢？”

皮特“这种剃须刀很容易操作！”

客户：“容易操作对我有什么好处？我并不觉得我原来的很难操作。”（说完后就挂断了电话）

［案例二］

销售人员：“您好，我这里是佳惠车行，我们车行刚调来一批涡轮引擎发动的新型汽车，我想您一定会感兴趣。”

客户：“那么汽车的加速性能如何？”

销售人员：“加速性能？这种引擎可以在开动后10秒钟达到每小时100英里的速度。驾驶这种车不仅可以获得速度上的刺激，而且还可以迅速地摆脱任何尴尬的处境。”

客户：“我问的是加速性能怎样？”

销售人员：“引擎充电后可以加大功率，从安全及机械性能上说，这是最理想的汽车。您难道不认为安全与机械性能良好是当今对汽车的两大要求吗？”

客户：“我现在忙，再见。”

案例中推销人员的失败，就在于他们一味地强调产品的特点，而忽略了产品带给顾客的好处。

从事电话行销工作的人是否曾经思考过，你们销售的是产品，还是产品带给顾客的好处呢？我们通常都认为自己向顾客推销的是产品，衣服、领带、化妆品、广告、软件……却忽略了顾客需要的不是这些产品，顾客真正需要的是产品带给他们的好处。所以，电话行销的关键，是要向客户展示产品能为他们带来哪些好处。

根据对实际的销售行为的观察和统计研究，60%的销售人员经常将特点与好处混为一谈，无法清楚地区分，50%的销售人员在做销售陈述或者说服销售的时候不知道强调产品的好处。销售人员必须清楚地了解特点与好处的区别，这一点在进行销售陈述和说服销售的时候十分重要。

那么推销中强调的好处都有哪些呢？

（1）帮助顾客省钱。

（2）帮助顾客节省时间。效率就是生命，时间就是金钱，如果我们开发一种产品可以帮顾客节省时间，顾客也会非常喜欢。

（3）帮助顾客赚钱。假如我们能提供一套产品帮助顾客赚钱，当顾客真正了解后，他就会购买。

（4）安全感。顾客买航空保险，不是买的那张保单，买的是一种对他的家人、他自己的安全感。

（5）地位的象征。一块百达翡丽的手表拍卖价700万元人民币，从一块手表的功用价值看，实在不值得花费，但还是有顾客选择它，那是因为它独特、稀少，能给人一种地位的象征。

（6）健康。市面上有各种滋补保健的药品，就是抓住了人类害怕病痛死亡的天性，所以当顾客相信你的产品能帮他解决此类问题时，他也就有了此类需求。

（7）方便、舒适。

销售员要想确切地介绍出产品的好处，还要从以下几个方面做起：

（1）清楚认识自己的产品。训练有素的销售人员能够清楚地知道自己的产品究竟在哪些方面具备优良性能，十分熟练地掌握产品的特征可提供的利益。

（2）了解客户的关注点。与客户交往中，最难判断的是他们的关注点或利益点，只有找到他们的关注点才能针对需求进行推销。一个好的推销员应该首先弄清楚客户关注什么。要想清楚明了客户的需求，就需要通过提问、回答反复深入地了解客户的真实想法，从而给出客户最需要的购买建议，完成销售。

（3）主动展示产品的好处。销售人员直接告诉消费者他们接受产品或促销计划所能获得的好处，当好处能满足该客户的需要时，他多半会同意购买产品或接受提议。

（4）运用各种方法强调好处。其中包括品质、味道、包装、颜色、大小、市场占有率、外观、配方、成本、制作程序等，使客户有种豁然开朗的感觉——我就是想要这样的东西，这样，你离成功就只有一步之遥了。

虚拟未来事件，向客户卖“构想”

在推销那些短期内看不出优势的产品时，要向客户卖自己的“构想”，通过对未来的描绘，让客户感知未来的情形，从而达到销售的目的。

电话销售：“经过许多年的苦心研究，本公司终于生产了这批新产品。虽然它还称不上是一流的产品，只能说是二流的，但是，我仍然拜托汪老板，以一流产品的价格来向本公司购买。”

客户：“咦！陈经理，你该没有说错吧？谁愿意以一流产品的价格来买二流的产品呢？二流产品当然应该以二流产品的价格来交易才对啊！你怎么会说出这样的话呢？”

电话销售：“汪老板，您知道，目前灯泡制造行业中可以称得上第一流的，全国只有一家。因此，他们算是垄断了整个市场，即他们任意抬高价格，大家仍然要去购买，是不是？如果有同样优良的产品，但价格便宜一些的话，对您及其他代理商不是一种更好的选择吗？否则，你们仍然不得不按厂商开出的价格去购买。

（停顿了一下）

“就拿拳击比赛来说吧！不可否认，拳王阿里的实力谁也不能忽视。但是，如果没有人和他对抗的话，这场拳击赛就没办法进行了。因此，必须要有个实力相当、身手不凡的对手来和阿里打擂台，这样的拳击才精彩，不是吗？现在，灯泡制造业中就好比只有阿里一个人，如果这个时候出现一位对手的话，就有了互相竞争的机会。换句话说，把优良的新产品以低廉的价格提供给各位，大家一定能得到更多的利润。”

客户：“陈经理，您说得不错，可是，目前并没有另外一个阿里呀！”

电话销售：“我想，另外一位阿里就由我们公司来充当好了。为什么目前本公司只能制造二流的灯泡呢？这是因为本公司资金不足，所以无法在技术上有所突破。如果汪老板你们这些代理商肯帮忙，以一流的产品价格来购买本公司二流的产品，我们就可以筹集到一笔资金，把这笔资金用于技术更新或改造。相信不久的将来，本公司一定可以制造出优良的产品。这样一来，灯泡制造业等于出现了两个阿里，在彼此的竞争之下，毫无疑问，产品质量必然会提高，价格也会降低。到了那个时候，本公司一定好好地谢谢各位。此刻，我只希望你们能够帮助本公司扮演‘阿里的对手’这个角色。但愿你们能不断地支持、帮助本公司渡过难关。因此，我拜托各位能以一流产品的价格来购买本公司的二流产品。”

客户：“以前也有一些人来过这儿，不过从来没有人说过这些话。作为代理商，我们很了解你目前的处境，所以，我决定以一流产品的价格来买你们二流的产品，希望你能赶快成为另一个阿里。”

在销售中，虚拟未来事件其实是在向客户卖自己的“构想”，通过推销员的描绘，让客户感知未来的情形，从而达到销售的目的，这需要推销员具备高超的思维水平。

在这个案例中，我们可以看出，该销售经理就是通过虚拟了一个未来事件才取得谈判的胜利的。

在谈判刚开始时，销售经理一句“拜托汪老板以一流产品的价格来向本公司购买”，这句话引起了客户的好奇心，这正是销售经理的目的所在。接下来，销售经理就充分发挥了自己理性和感性思维的优势，一步步推进自己的计划。

首先，他先分析了灯泡制造业的现状，然后又把行业竞争比喻成拳击比赛，把一流的厂家比喻成拳王阿里，汪老板同意了销售经理的看法，并表示“目前并没有另外一个阿里”时，销售经理抓住了时机：“另外一个阿里就由我来充当好了。”这时，汪老板的思维又从假设中回到了现实，这是真正销售高手的表现。

当销售经理有理有据地分析和设想了当灯泡市场上出现“两个阿里”而最终受益的将是各代理商后，彻底征服了汪老板，因此他得到了订单。

在这里，我们不得不佩服这位销售经理的智慧。其实，只要掌握了向客户卖“构想”的精髓，每个人都可以成为像这位销售经理一样的销售高手。

利用环境的特点成功签单

彼得是一名空调设备的推销员，但是在空调设备安装刚兴起的时候，由于当时空调售价相当高，因此，很少有人问起。要是出去销售空调，那更是难上加难。

彼得想销售一套可供30层办公大楼用的中央空调设备，他进行了很多努力，与公司董事会来回周旋了很长时间，但仍然没有结果。一天，该公司董事会通知彼得，要他到董事会上向全体董事介绍这套空调系统的详细情况，最终由董事会讨论和决定。在此之前，彼得已向他们介绍过多次。这天，在董事会上，他强打精神，把以前讲过很多次的话题又重复了一遍。但在场的董事长反应十分冷淡，提出了一连串问题刁难他，使他疲于应付。

面对这种情景，彼得口干舌燥，心急如焚，眼看着几个月来的辛苦和努力将要付诸东流，他逐渐变得焦虑起来。

在董事们讨论的时

候，他环视了一下房间，突然眼睛一亮，心生一计。在随后董事们提问的阶段，他没有直接回答董事的问题，而是很自然地换了一个话题，说："今天天气很热，请允许我脱掉外衣，好吗？"说着掏出手帕，认真地擦着脑门上的汗珠，这个动作马上引起了在场的全体董事的条件反射，他们顿时觉得闷热难熬，一个接一个地脱下外衣，不停地用手帕擦脸，有的抱怨说："怎么搞的？天气这么热，这房子还不安上空调，闷死人啦！"这时，彼得心里暗暗高兴，觉得时机已到，接着说：

"各位董事，我想贵公司是不想看到来公司洽谈业务的顾客热成像我这个样子的，是吗？如果贵公司安装了空调，它可以为来贵公司洽谈业务的顾客带来一个舒适愉快的感觉，以便成交更多的业务，假如贵公司所有的员工都因为没有空调而感觉天气闷热，穿着不整齐，影响公司的形象，使顾客对贵公司产生不好的感觉，您说这样合适吗？"

听完彼得的这番话，董事们连连点头，董事长也觉得有道理，最后，这笔大生意终于拍板成交。

成功的推销员要善于利用周围的环境，利用得当，会对推销成功起到很大的影响作用。案例中，空调推销员彼得为拿下一座30层办公大楼的中央空调设备的项目进行了很多努力，可依然没有结果。在一次洽谈会上，彼得又向董事们介绍了这套空调系统的详细情况，并回答了董事们一连串刁钻的问题，这种情景让他意识到签单无望了，这个过程中，推销员左脑虽进行了详细的计划与准备，但客户也正在使用左脑进行理性思考，左脑对左脑，推销员显然处于劣势。要想成功签单，推销员必须改变策略。

焦急让彼得倍感燥热，当他环视房间时，突然来了灵感："今天天气很热，请允许我脱掉外衣，好吗？"这句话转移了话题，同时让客户的右脑感知到天气确实很热，使客户的思维从刚才的理性逐渐转移到右脑的感性。达到这个目的后，接下来彼得一番有理有据的分析让客户觉得确实如此，于是在右脑的作用下做出了购买的决策。

在这个案例中，起关键作用的显然是彼得及时抓住了所处环境的特点，发挥了自己右脑的优势，恰到好处地利用了环境提供给他的条件，采用了与周围环境极其适应的语言表达方式，化被动为主动，达到了目的。

PART 02 电话销售成交智慧

最后期限成交法

有些销售员之所以失败，是因为他们根本不知道什么是销售的关键点。其实关键点很简单，就是掌握最后期限成交法。

广告公司业务员小刘与客户马经理已经联系过多次，马经理顾虑重重，始终做不了决定。小刘做了一番准备后，又打电话给马经理。

小刘："喂，马经理您好，我是××公司的小刘。"

马经理："噢！是小刘啊。你上次说的事，我们还没考虑好。"

小刘："马经理，您看还有什么问题？"

马经理："最近两天，又有一家广告公司给我们发来了一份传真，他们的广告牌位置十分好，交通十分便利，我想宣传效果会更好一些。另外，价钱也比较合适，我们正在考虑。"

小刘："马经理，您的产品的市场范围我们是做过一番调查的，而且从您的产品的性质来讲，我们的广告牌所处的地段对您的产品是最适合不过的了。您所说的另外一家广告公司所提供的广告牌位置并不适合您的产品，而且他们的价格也比我们高出了不少，这些因素都是您必须考虑的。您所看中的我们公司的广告牌，今天又有几家客户来看过，他们也有合作的意向，如果您不能做出决定的话，我们就不再等下去了。"

马经理："你说的也有一定的道理。（沉默了一会儿）这样吧，你改天过来，咱们谈谈具体的合作事项。"

从统计数字来看，我们发现，有很多谈判，尤其较复杂的谈判，都是在谈判期限即将截止前才达成协议的。不过，未设定期限的谈判也为数不少。

当谈判的期限越接近，双方的不安与焦虑感便会日益扩大，而这种不安与焦虑，在谈判终止的那一天、那一时刻，将会达到顶点——这也正是运用谈判技巧的最佳时机。

心理学有一个观点："得不到的东西才是最好的。"所以当客户在最后关头还是表现出犹豫不决时，销售员可以运用最后期限成交法，让客户知道如果他不尽快做决定的话，可能会失去这次机会。

在使用这种方法的时候，你要做到下面几点：

（1）告诉客户优惠期限是多久。

（2）告诉客户为什么优惠。

（3）分析优惠期内购买带来的好处。

（4）分析非优惠期内购买带来的损失。

例如，你可以说：

"每年的三、四、五月份都是我们人才市场的旺季，我不知道昨天还剩下的两个摊位是不是已经被预订完了。您稍等一下，我打个电话确认一下，稍后我给您电话。"

"您刚才提到的这款电脑型号，是目前最畅销的品种，几乎每三天我们就要进一批新货，我们仓库里可能没有存货了，我先打个电话查询一下。"

"赵小姐，这是我们这个月活动的最后一天了，过了今天，价格就会上涨1/4，如果需要购买的话，必须马上做决定了。"

"王总，这个月是因为庆祝公司成立20周年，所以才可以享受这么优惠的价格，下个月开始就会调到原来的价格，如果您现在购买就可以节约60元/盒。"

"李先生，如果你们在30号之前报名的话，可以享受8折优惠，今天是29号，过了今、明两天，就不再享有任何折扣了，您看，我先帮您报上名，可以吗？”

这样，给客户限定了一个日期，就会给客户带来一种紧迫感，情急之下就会和你成交的。但是，为了能使谈判的“限期完成”发挥其应有的效果，对于谈判截止前可能发生的一切，销售员都必须负起责任来，这就是“设限”所应具备的前提条件。

有些销售员却明明想用这种方法，但最后却没成。究其原因都是因为自己太“磨蹭”。例如，某一销售员小高在给客户打电话时，他先告诉客户周末，也就是5天后，他们的优惠活动就结束了。结果客户就有意购买他的产品，但是还有点犹豫不决。谈话中，小高又说他可以帮忙向经理说一下，给这位客户适当地延长一下时间。没想到，这一延长把客户给丢了，客户被别家公司抢走了。限定了最后时间，就一定要严格遵守，一旦再给客户留有余地，就会让客户产生怀疑，生意十有八九就谈不成了。所以决定用最后期限成交法就一定要做得彻底，不能给对方留有余地。

妙用激将成交法

使用激将成交法，可以减少顾客异议，缩短整个成交阶段的时间。如果对象选择合适，更易于完成成交工作。合理地激将，不仅不会伤害对方的自尊心，而且还会在购买中满足对方的自尊心。

在电话行销过程中的激将成交法，指销售员采用一定的语言技巧刺激客户的自尊心，使客户在逆反心理作用下完成交易行为的成交技巧。

A国人与B国人做生意，经常围绕对方的自尊心展开研究。如，一个B国人想以3000美元的价钱卖出一辆轿车，A国人来看车子，经过很长一段时间的讨价还价，卖方很不情愿地答应2500美元价格成交。A国人留下100美元的定金给卖主，可是，第二天他所带来的却是一张2300美元的支票，而不是应付的2400美元，并且一再地向对方恳求、解释：他只能筹出2300美元。如果对方不同意，一般A国人会用激将法，如，“B国人一向自诩自己是世界上最慷慨的人，今天我才领教了你们的慷慨。”或者说：“区区100美元都不让步，这样是不是有点太小气了？况且你们B国人在赚钱方面很有一套，还会在意这点？太贬低自己的能力了吧。”这位可怜的B国人肯定认为自尊心受到了挫伤。这时，如果那位A国人再找一个台阶让他下来，买卖就成交了。

又如，日本有名的寿险推销员原一平，有一次电话拜访一位个性孤傲的客户，连续打了几次，可那位客户就是对他不理不睬的，原一平实在沉不住气，就对他说："您真是个傻瓜！"那位客户一听，急了："什么！你敢骂我？"原一平笑着说："别生气，我只不过跟您开个玩笑罢了，千万不能当真，只是我觉得很奇怪，按理说您比某先生更有钱，可是他的身价却比您高，因为他购买了1000万的人寿保险。"最终，这位客户被原一平的激将法给激醒了，购买了2000万的人寿保险。

如果双方的谈判处于胶着状态，迟迟不能成交的话，不妨试一下"激将成交法"。使用激将成交法，可以减少顾客异议，缩短整个成交阶段的时间。如果对象选择合适，更易于完成成交工作。合理的激将，不仅不会伤害对方的自尊心，而且还会在购买中满足对方的自尊心。

例如，一位女士在挑选商品时，如果对某件商品比较中意，但却犹豫不决，销售员可适时说一句："要不征求一下您先生的意见再决定。"这位女士一般会回答："这事不用和他商量。"从而立即做出购买决定。

但是，由于激将成交法的特殊性，使得它在使用时，因时机、语言、方式的微小变化，可能导致顾客的不满、愤怒，甚至危及整个推销工作的进行，因此必须慎用。销售员在使用时一定要注意客户对象和使用的环境，切不可生搬硬套，不加改变地随意使用，否则只会适得其反，带来许多不必要的麻烦。

强调"现在买的好处"，促进成交

在销售过程的前半段，你必须得到准客户相当程度的认同；否则，后半段推销"现在买"是没有多大意义的。

如果销售员在行销过程中都得到"明天再说"、"再考虑看看"的结论的话，这种行销肯定是失败的。行销要做得好，一定要有推销"今天买"的雄心。因为"人是怕做决定的"，所以"拖延决定"是很稀松平常的事。碰到此种状况时，你千万不要气馁，只要你知道是怎么一回事，以及要如何应付，问题就可以迎刃而解了。

“强调现在买的好处”是解决此问题的最好方法，基本上你要有“为什么要现在买”的充分理由或证据。比如说，“今天是优惠价的最后一天”、“名额快要用完了”；在保险商品里面还多一项“风险随时会发生”等，都是推销“现在买”的方式。

在推销储蓄保险时，如果准客户说：“……好好好！我再考虑看看……”

销售人员就可以应用“强调现在买的好处”的技巧：

“……是的，孟小姐，这么重要的事当然要慎重考虑，只是我必须特别说明的是，‘货币’是有时间价值的，当一个人晚于另一个人存钱之后，晚存的人纵使加倍地存入本金，依然无法赶上先存者所累积的金额，这就是‘货币的时间价值’。因此，如果您越晚加入，您就必须存更多的本金才能赶上今天加入所存的金额。所以，孟小姐您打算一个月存4000元还是5000元……”

又如在推销终身保险时，准客户说：“……好好好！我再考虑看看……”

销售人员可应用“强调现在买的好处”的技巧：

“……是的，孟小姐，这么重要的事当然要慎重考虑，只是我必须特别说明的是，如果您‘今天加入’一年只要缴2万元、缴20年、保障终身；如果您等到‘明天加入’一样是一年缴2万元、缴20年、保障终身。但是今天加入的人比下个月加入的人多一个月保障，而且可以累积更多的价值准备金与利息，为什么要等到明天或是下个月加入呢？所以，孟小姐您打算一个月存4000元还是5000元，我明天下午过去拜访您……”

不过必须强调的是，在销售过程的前半段，你必须得到准客户相当程度的认同，否则，后半段推销“现在买”是没有多大意义的。就像是你走在街上，有人跟你推销商品，你根本毫无兴趣，而对方一再强调“只剩下今天一天了”，请问这“只剩一天”的诉求，对你来说会增加任何购买的意愿吗？

所以说，强调“现在买的好处”虽然益处多多，但也要分情况区别对待，不可生搬硬套。

PART 03 想客户所想

3个步骤转移客户的反对意见

推销人员面对的是拒绝的客户。在推销过程中，客户常常提出各种理由拒绝推销人员。他们会对推销人员说“产品没有特色”、“价格太高了”等。据统计，美国百科全书推销人员每达成一笔生意要受到179次拒绝。面对客户的冷淡，推销人员必须正确对待和恰当处理。

推销人员对客户异议要正确理解。客户异议既是成交障碍，也是成交信号。我国有一句经商格言：“褒贬是买主，喝彩是闲人。”即说明了这个道理。异议表明客户对产品的兴趣，包含着成交的希望，推销人员若给客户异议以满意的答复，就有很大可能说服客户购买产品；并且，推销人员还可以通过客户异议了解客户心理，知道他为何不买，从而有助于推销人员按病施方，对症下药。

对推销而言，可怕的不是异议，而是没有异议。不提任何意见的客户常常是最令人担心的客户，因为人们很难了解客户的内心世界。美国的一项调查表明：和气的、好说话的、几乎完全不拒绝的客户只占上门推销成功率的15%。日本一位推销专家说得好：“从事推销活动的人可以说是与异议客户打交道的人，成功解除异议的人，才是推销成功的人。”

推销人员要想比较容易和有效地解除客户异议，就应遵循一定的程序：

（1）认真听取客户的异议。回答客户异议的前提是要弄清客户究竟提出了什么异议。在不清楚客户说些什么的情况下，要回答好客户异议是困难的，因此，推销人员要做到：认真听客户讲；让客户把话讲完，不要打断客户谈话；要带有浓厚兴趣去听。推销人员应避免：打断客户的话，匆匆为自己辩解，竭力证明客户的看法是错误的，这样做会很容易激怒客户，并会演变成一场争论。

（2）回答客户问题之前应有短暂停顿。这会使客户觉得你的话是经过思考后说的，你是负责任的，而不是随意乱侃的。这个停顿会使客户更加认真地听你的意见。

（3）要对客户表现出同情心。这意味着你理解他们的心情，明白他们的观点，但并不意味着你完全赞同他们的观点，而只是了解他们考虑问题的方法和对产品的感觉。客户对产品提出异议，通常带着某种主观感情，所以，要向客户表示你已经了解他们的心情，如对客户说："我明白你的意思"、"很多人这么看"、"很高兴你能提出这个问题"、"我明白了你为什么这么说"，等等。

（4）复述客户提出的问题。为了向客户表明你明白了他的话，可以用你的话把客户提出的问题复述一遍。

（5）回答客户提出的问题。对客户提出的异议，推销人员要回答清楚，这样才能促使推销进入下一步。

现在，让我们讨论如何恰当地处理客户的反对意见。包括3个步骤：反问；表示同意并进行权衡；提供答复。

1.反问

回复反对意见的第一步是，查明客户的意见是否真正反对，彻底搞清楚客户的要求是非常重要的。推销人员要设法了解客户在想什么，以便解决他们的疑虑。

如果有人说价格太高，这可能意味着：

（1）别人的价格更低。

（2）这比客户原来想象的价格要高。

（3）客户买不起。

（4）客户想打折。

（5）这在客户的预算之外。

（6）客户没权力作决定。

（7）客户的目的是争取降低价格。

（8）客户不是真想要。

"价格太高"背后的真实原因可能是上面诸多原因中的任何一种，所以，处理的第一步是反问以下问题：

（1）"太高是多少？"

（2）“我可以问问您为什么这么说吗？”

（3）“我可以知道您为什么认为价格太高吗？”

2.同意和反驳

同意并不意味着说“好吧，我非常同意您的看法”，从而放弃生意；以高人一等的态度说话同样糟糕，这种态度会让你失去生意。两者的结果都是导致生意失败。因此，这里指的是同意客户的思考过程，使得他或她提出反对意见背后的理由。举例说明：

“我能够理解您为什么这么说，派克先生，但是已经证明……”

“施罗德夫人，我过去的想法和您一样，但我后来发现……”

“您这么说很有趣，史密斯先生，一些客户过去也有这样的疑问，但他们后来发现……”

从上面的例子可以看出，推销人员同意的是他们的想法而不是他们的反对意见。推销人员铺垫了前景，同时又没贬低他们。推销人员以经验、结果、实例、成功和评估对他们的反对意见进行了温和的反驳。

对客户的反对意见，如果推销人员直接反驳，会引起客户不快。推销人员可首先承认客户的意见有道理，然后再提出与客户不同的意见。这种方法是间接否定客户意见，比起正面反击要委婉得多。

一位家具推销人员向客户推销各种木制家具，客户提出：“你们的家具很容易扭曲变形。”推销人员解释道：“您说得完全正确，如果与钢铁制品相比，木制家具的确容易发生扭曲变形。但是，我们制作家具的木板已经过特殊处理，扭曲变形系数已降到只有用精密仪器才能测得出的地步。”

在回答客户提出的反对意见时，这是一个普遍应用的方法。它非常简单，也非常有效。具体来说就是：一方面推销人员表示赞许客户的意见，另一方面又详细地解释了客户产生意见的原因及其看法的片面性。

因为许多客户在提出对商品的不同看法时，都是从自己的主观感受出发的，往往带有不同程度的偏见。采用这种方法，可以在不同客户发生争执的情况下，客气地指出客户的看法是不正确的。例如，在一家植物商店里，一位客户正在打量着一株非洲紫罗兰。

他说：“我打算买一株非洲紫罗兰，但是我又听说要使紫罗兰开花不是一件容易的事，我的朋友就从来没看到过他的紫罗兰开过花。”

这位营业员马上说："是的，您说得很正确，很多人的紫罗兰开不了花。但是，如果您按照规定的要求去做，它肯定会开花的。这个说明书将告诉您怎样照管紫罗兰，请按照要求精心管理，如果它仍然开不了花，可以退回商店。"

这位营业员用一个"是的"对客户的话表示同意，用一个"但是"阐明了紫罗兰不开花的原因，这种方法可以让客户心情愉快地纠正对商品的错误理解。

3.提供答复

转移客户的反对意见的第三步是给客户满意的答复。记住一点：他们渴望信服。如果你处于他们的位置，也同样渴望信服。

每个人都有自己的想法和立场，在推销说服的过程中，若想使客户放弃所有的想法和立场，完全接受你的意见，会使对方觉得很没面子。特别是一些关系到个人主观喜好的立场，例如颜色、外观、样式，你千万不能将你的意志强加于客户。

要让客户接受你的意见又感到有面子的方法有两种：

一是让客户觉得一些决定都是由他自己做出的；

二是在小的地方让步，让客户觉得他的意见及想法是正确的，同时也接受你的意见及想法，觉得实在应该改正。

成功的推销人员从不会想到要说赢客户，他们只会建议客户，在使客户感受到尊重的情况下，进行推销工作。

一位从事专业寿险推销的朋友，他的业绩永远第一，他曾说："当客户提出反对看法的时候，这些反对的看法不会影响最终合约或只要修改一些合约内容时，我会告诉客户'您的看法很好'或'这个想法很有见解'等赞成客户意见的说辞，我就是在赞成客户的状况下，进行我的推销工作。当客户对他先前提出的反对意见很在意的时候，他必定会再次地提出，如果不是真正重大的反对意见，当我们讨论合约上的一些重要事项时，客户通常对先前提出的反对意见已不再提出。我就是用这种方法进行我的推销工作，客户签约时，他们都会觉得是在自己的意志下决定寿险合约内容的！"

推销的最终目的在于成交，说赢客户不但不等于成交，反而会引起客户的反感，所以为了使推销工作顺利地进行，不妨尽量表达对客户意见的肯定看法，让客户感到有面子。千万记住，逆风行进时，只有降低抵抗，才能行得迅速、不费力。

一定注意要尊重客户的看法、想法，让客户充分感觉到他才是决策者，要让客户觉得自己是赢家，客户有了这些感觉，你进行推销犹如顺势而为；反之，逆势操作，将使你在推销的过程中倍感艰难。

巧用"添物减价"四字诀，不让客户吃亏

有一家杂货店的生意异常火爆，同行羡慕不已，纷纷请教其中"奥秘"。

老板是个爽快人，并没有将这个当作商业机密讳莫如深。面对同行的请教，他说："其实，我家的货和你们的货的质量都差不多。但就是在称量上与你们不同。拿瓜子来说吧，我们家的瓜子除了味道独特以外，在称量时，你们可能都是先抓一大把，发现超过斤两了再拿掉；而我则是先估计差不多，然后再添一点。"

原来如此，这个"添一点"的动作看似细微，却符合众多客户的购物心理，许多人都害怕短斤少两，"拿掉"的动作更增加了这一顾虑，而"添一点"则让人感到分量给足了，心里踏实。因此，"添"这一动作的价值远远超过了那增加的"一点"产品的价值。

推销员在推销过程中也可以借鉴这种"添"的行为，当然，除了"添"物，"减"价也是一种很好的吸引客户的办法。

有位推销员与客户谈判时，在价格上非常坚持，可一旦客户有了购买的意向，或者已经达成订单，他就会变得很"大度"，把那些零头都会轻描淡写地抹去，虽然可能只是区区几十元甚至几元，但由于有了之前的对比，他的这种"减价"行为赢得了众多客户，而且很多都是二次客户。

无论是"添物"还是"减价"，本质都一样：你必须让客户觉得自己占了"便宜"。因为每个人都喜欢占"便宜"，这是人的本性。了解了这个本性，就能在推销过程中用一把"小钥匙"开启一笔大订单。

售楼先生凯恩斯喜欢牧羊犬，他常常在出售房屋时带着他的小狗。有一天，凯恩斯遇到

一对中年夫妇，他们正在考虑一栋价值248000美元的房子。他们喜欢那栋房子及周围的风景，但是价格太高了，这对夫妇不打算出那么多钱。此外，也有一些方面——如房间的设计、洗手间的空间等，并不能完全令他们满意。看来销售成功的希望很渺茫，就在凯恩斯要放弃的时候，那位太太看见了凯恩斯带的那只牧羊犬，问道："这只狗会包括在房子里吗？"凯恩斯回答："当然了。没有这么可爱的小狗，这房子怎么能算完整呢？"

这位太太说他们最好是买。丈夫看见妻子这么喜欢，也就表示同意了，于是这笔交易就达成了。

这栋价值248000美元的房子的成交关键竟是一只小牧羊犬。

凯恩斯用一只温顺的、会摇尾巴的小狗促成了一笔248000美元的大交易，客户的心理有时就是因为一些微不足道的小"便宜"而发生改变，最终促成订单成交。灵活运用这些小"技巧"，将会为你的销售工作带来意外的惊喜。

一次示范胜过一千句话

一次示范胜过一千句话。向客户演示产品的功能和优点，告诉客户你给他们带来的利润，给客户一个直接的冲击，这非常有利于推销成功。

百闻不如一见。在推销事业中也是一样，实证比巧言更具 有说服力，所以我们常看见有的餐厅前设置了菜肴的展示橱窗；服饰的销售方面，则衣裙洋装等也务必穿在人体模特身上；建筑公司也都陈列着样品房，正在别墅区建房子的公司，为了达到促销的目标，常招待大家到现场参观。口说无凭，如果放弃任何销售用具（说明书、样品、示范用具等），你绝无成功的希望。

一家铸砂厂的推销员为了重新打进已多年未曾来往的一家铸铁厂，多次前往拜访该厂采购科长。但是采购科长却始终避而不见，在推销员紧缠不放的情况下，那位采购科长迫不得已给他5分钟时间见面，希望这位推销员能够知难而退。但这位推销员却胸有成竹，在科长面前一声不响地摊开一张报纸，然后从皮包里取出一袋砂，突然将砂倒在报纸上，顿时砂尘飞扬，几乎令人窒息。科长咳了几声，大吼起来："你在干什么？"这时推销员才不慌不忙地开口说话："这是贵公司目前所采用的砂，是上星期我从你们的生产现场向领班取来的样品。"说着他又另铺一张报纸，又从皮包里取出一砂袋倒在报纸上，这时却不见砂尘飞扬，令科长十分惊异。紧接着又取出两个样品，性能、硬度和外观都截然不同，使那位科长惊叹不已。就是在这场戏剧性的演示中，推销员成功地接近了客户，并顺利地赢得了一家大客户。

推销员正是利用精彩的演示接近了客户，并取得了成功。艺术的语言配以形象的表演，常常会给你带来惊人的效果。

在示范时要注意以下几点：

1.重点示范客户的兴趣集中点

在发现了面前客户的兴趣集中点后可以重点示范给他们看，以证明你的产品可以解决他们的问题，符合他们的要求。

2.让客户参与示范过程

如果在示范过程中能邀请客户加入，则效果更佳，这样给客户留下的印象会更深刻。

3.用新奇的动作引起客户的兴趣

在示范过程中，推销员的新奇动作也会有助于引起客户的兴趣。

4.示范要有针对性

如果你所推销的商品具有特殊的性质，那么你的示范动作就应该一下子把这种特殊性表现出来。

5.示范动作要熟练

在示范过程中，推销员一定要做到动作熟练、自然，给客户留下利落、能干的印象，同时也会对自己的产品有信心。

6.示范时要心境平和，从容不迫

在整个示范过程中，推销员要心境平和，从容不迫。尤其遇到示范出现意外时，不要急躁，更不要拼命去解释，否则容易给客户造成强词夺理的印象，前面的一切努力也就付诸东流了。

如果你能用示范很好地将商品介绍给客户并且能引起顾客的兴趣，你的销售就成功了一半。

12
3
9
31

第八篇

收尾

PART 01 捕捉“收网”信号

主动出击，提出成交请求

有位推销员多次前往一家公司推销。一天该公司采购部经理拿出一份早已签好字的合同，推销员愣住了，问客户为何在过了这么长时间以后才决定购买，客户的回答竟是：“今天是你第一次要求我们订货。”

成交是销售的关键环节，即使客户主动购买，而推销员不主动提出成交要求，买卖也难以成交。因此，如何掌握成交的主动权，积极促成交易，是推销员必须面临的一个重要问题。

“你也看到了，从各方面来看，我们的产品都比你原来使用的产品好得多。再说，你也试用过了，你感觉如何呢？”推销员鲁恩试图让他的客户提出购买。

“你的产品确实不错，但我还是要考虑一下。”客户说。

“那么你再考虑一下吧。”鲁恩没精打采地说道。

当他走出这位客户的门口后，恰巧遇到了他的同事贝斯。

“不要进去了，我对他不抱什么希望了。”

“怎么能这样，我们不应该说没希望了。”

“那么你去试试好了。”

贝斯满怀信心地进去了，没有几分钟时间，他就拿着签好的合同出来了。面对惊异的鲁恩，贝斯说：“其实，他已经跟你说了他对你的产品很满意，你只要能掌握主动权，让他按照我们的思路行动就行了。”

在客户说他对商品很满意时，就说明他很想购买产品，此时鲁恩如果能再进一步，掌握成交主动权，主动提出成交请求，就能积极促成交易。面对这样的客户，销售人员不要等到客户先开口，而应该主动提出成交要求。

要想顺利成交，销售人员要做到以下几点。

首先，业务员要主动提出成交请求。许多业务员失败的原因仅仅是因为没有开口请求客户订货。据调查，有71%的推销员未能适时地提出成交要求。美国施乐公司前董事长彼得·麦克说："推销员失败的主要原因是不要求签单，不向客户提出成交要求，就好像瞄准了目标却没有扣动扳机一样。"

一些推销员害怕提出成交要求后遭到客户的拒绝。这种因担心失败而不敢提出成交要求的心理，使其一开始就失败了。如果推销员不能学会接受"不"这个答案，那么他们将无所作为。

推销员在推销商谈中若出现以下3种情况时可以直接向客户提出成交请求：

1.商谈中客户未提出异议

如果商谈中客户只是询问了产品的各种性能和服务方法，推销员都一一回答后，对方也表示满意，但却没有明确表示是否购买，这时推销员就可以认为客户心理上已认可了产品，应适时主动地向客户提出成交。比如："李厂长，您看若没有什么问题，我们就签合同吧。"

2.客户的担心被消除之后

商谈过程中，客户对商品表现出很大的兴趣，只是还有所顾虑，当通过解释解除其顾虑，取得其认同时，就可以迅速提出成交请求。如："王经理，现在我们的问题都解决了，您打算订多少货？"

3.客户已有意购买，只是拖延时间，不愿先开口

此时为了增强客户的购买信心，可以巧妙地利用请求成交法适当施加压力，达到交易的目的。如："先生，这批货物美价廉，库存已不多，趁早买吧，包您会满意的。”

其次，向客户提出成交要求一定要充满自信。美国十大推销高手之一谢飞洛说：“自信具有传染性，业务员有信心，会使客户自己也觉得有信心。客户有了信心，自然能迅速做出购买决策。如果业务员没有信心，就会使客户产生疑虑，犹豫不决。”

最后，要坚持多次向客户提出成交要求。美国一位超级推销员根据自己的经验指出，一次成交成功率为10%左右，他总是期待着通过两次、3次、4次、5次的努力来达成交易。据调查，推销员每获得一份订单平均需要向客户提出46次成交要求。

成交没有捷径，推销员首先要主动出击，引导成交的意向，不要寄希望于客户主动提出成交。

善于运用暗示成交

销售员不仅可以通过语言来销售，也可通过动作引导和暗示对方，从而获得成功。

就其本质而言，如果得到恰当的运用，暗示是非常微妙的。能够非常熟练地使用暗示的销售员，能够影响客户的心理，且不会让对方感到自己正在被施加影响。要让客户觉得是他自己想买东西，而不是你向他推销东西。

销售人员除了要善于利用暗示诱导客户以外，还要能从对方的暗示中捕捉信息。一个有经验的销售人员会通过客户的行为、举止，判断对方是否具有购买意愿，从不放过任何销售良机，并且会同时加大销售力度。

（1）谈过正式交易话题后，对方的态度忽然改变，对你有明显亲热的表示。

（2）客户忽然间请销售员喝茶或拿食物来招待。

（3）客户的视线忽然间开始移至商品目录，或样品，销售员的脸上，表情认真严肃。

（4）客户的表情有些紧张。

（5）对方有些出神、发呆。

（6）客户忽然间热烈地回应销售员。

（7）客户的身体微往前倾。

（8）客户的声音忽然变大或变小。

（9）客户忽然间说“糟了”、“怎么办”等一类话。

（10）客户视线置于面前某地方，默默不语陷入沉思（此时他正盘算着产品的利益及价格）。

（11）客户开始询问朋友或同仁诸如“你认为怎么样？”

（12）客户开始批评或否定自己。

以上这些暗示说明客户已有购买意愿，此时销售人员应加大推销力度，抓住时机，乘胜追击。

总而言之，人内心的真实感觉往往会在言行举止等方面表现出某些征兆或流露出某些迹象。一个优秀的销售员应该从客户的外在表情、动作言谈等方面判断出是否是销售的最佳时机并加以把握、利用。

欲擒故纵，锁定成交

有一个女推销员推销价格相当高的百科全书，业绩惊人。同行们向她请教成功秘诀，她说：“我选择夫妻在家的时候上门推销。手捧全书先对那位丈夫说明来意，进行推销。讲解结束后，总要当着妻子的面对丈夫说：‘你们不用急着做决定，我下次再来。’这时候，妻子一般都会做出积极反应。”

相信搞过推销的人都有同感：让对方下定决心，是最困难的一件事情。特别是要让对方掏钱买东西，简直难于上青天。半路离开推销这一行的人，十有八九是因为始终未能掌握好促使对方下决心掏钱的功夫。在推销术语中，这就是所谓的“促成”关。有句话说得好，“穷寇莫追”，通俗点讲就是：“兔子急了也会咬人。”在对方仍有一定实力时，逼得太急，只会引起对方全力反扑，危及自己。因此，高明的军事家会使对手消耗实力，丧失警惕，松懈斗志，然后一举擒住对手。以“纵”的方法，更顺利地达到“擒”的目的，效果自然极佳，但若没有绝对取胜的把握，绝不能纵敌。猫抓老鼠，经常玩“欲擒故纵”的把戏，就是因为猫有必胜的能力。人和电脑不同，人是由感情支配的，一般人在做出某种决定前，会再三考虑，犹豫不决。尤其是如果这个决定需要掏腰包，他或她更是踌躇再三。这种时候，就要其他人给他或她提供足够的信息，促使其下决心，推销员就要充当这样的角色。要想顺利成交还需要推销员积极促成。不过，人都有自尊心，不喜欢被别人逼，不愿意“迫不得已”就范，“欲擒故纵”，就是针对这种心理设计的。

当对方难以做出抉择，或者提出一个堂皇的理由拒绝时，该怎么办？

“这件艺术品很珍贵，我不想让它落到附庸风雅、不懂装懂的人手里。对那些只有一堆钞票的人，我根本不感兴趣。只有那些真正有品位、热爱艺术、懂得欣赏的人，才有资格拥有这么出色的艺术珍品。我想……”

“我们准备只挑出一家打交道，不知道您够不够资格……”

“这座房子对您来说可能大了一点，也许该带您去别的地方，看一看面积小一点的房子。那样，您可能感觉满意一点。”

具体促成时的方法更是数不胜数。在恰当时机，轻轻地把对方爱不释手的商品取回来，造成对方的“失落感”，就是一个典型的欲擒故纵的例子。还有，让对方离开尚未看完的房子、车子，都是欲擒故纵。采用这一类动作时，掌握分寸最为关键，千万不能给人以粗暴无礼的印象。

适时地表示“信任”也是一种极好的方法。

“挺好的，可惜我没带钱。”

“你没带钱？没关系，这种事情很正常嘛。其实，你不必带什么钱，对我来说，你的一个承诺比钱更可靠。在这儿签名就行了。我看过的人多了，我知道，能给我留下这么好印象的人，绝不会让我失望的。签个名，先拿去吧。”

美国超级推销员乔·吉拉德擅长制造成就感。

“我知道，你们不想被人逼着买东西，但是我更希望你们走的时候带着成就感。你们好好商量一下吧。我在旁边办公室，有什么问题，随时叫我。”

你也可以显示对对方的高度信任，尊重对方的选择，让对方无法翻脸，并帮助对方获得成就感。表面上的“赊账成交”即属于此。

“拿100元买个东西，却只想试一试？对你来说可能太过分了。既然你对这种商品的效用有点疑虑，那么我劝您别要这么贵的。您看，这是50元的，分量减半，一样能试出效果，也没白跑一趟。反正我的商品不怕试不怕比。”

勇敢地提出反对意见，也许客户反而更容易接受。

推销员快速成交的8种技巧

1.二选其一

当准客户一再发出购买信号，却又犹豫不决拿不定主意时，可采用“二选其一”的技巧。譬如，你可对准客户说：“请问您要那部浅灰色的车还是银白色的呢？”或是说：“请问是星期二还是星期三送到您府上？”此种“二选其一”的问话技巧，只要准客户选中一个，其实就是你帮他拿主意，让其下决心购买了。

2.帮助准客户挑选

许多准客户即使有意购买，也不喜欢迅速签下订单，他总要东挑西拣，在产品颜色、规格、式样、交货日期上不停地打转。这时，聪明的推销员就要改变策略，暂时不谈订单的问题，转而热情地帮对方挑选颜色、规格、式样、交货日期等，一旦上述问题解决，订单也就落实了。

3.利用“怕买不到”的心理

东西越是得不到、买不到，人们越想得到它、买到它。推销员可利用客户这种“怕买不到”的心理，促成订单。比如，推销员可对准客户说：“这种产品只剩最后一个了，短期内不再进货，您不买就没有了。”或者，“今天是优惠价的截止日，请把握良机，明天就没有这种折扣价了。”

4.买一次试用看看

准客户想要买产品，可又对产品没有信心时，可建议他先买一点试用看看。虽然刚开始订单数量有限，但对方试用满意之后，就可能给你大订单了。这一“试用看看”的技巧也可帮准客户下决心购买。

5.欲擒故纵

有些准客户天生优柔寡断，他虽然对你的产品有兴趣，可是拖拖拉拉，迟迟不做决定。这时，你不妨故意收拾东西，表现出要离开的样子。这种假装告辞的举动，有时会促使对方下决心。

6.反问式的回答

所谓反问式的回答，就是当准客户问到某种产品，不巧正好没有时，就得运用反问来促成订单。举例来说，准客户问：“你们有银白色电冰箱吗？”这时，推销员不可回答没有，而应该反问道：“抱歉！我们没有生产银白色电冰箱，不过我们有白色、棕色、粉红色的，在这几种颜色里，您比较喜欢哪一种呢？”

7.快刀斩乱麻

在尝试上述几种技巧都没能打动对方时，你就得使出撒手锏，快刀斩乱麻，直接要求准客户签订单。譬如，取出笔放在他手上，然后直截了当地对他说：“如果您想赚钱的话，就快签字吧！”

8.拜师学艺，态度谦虚

在你费尽口舌，使出浑身解数都无效，眼看这笔生意做不成时，不妨试试这个方法。譬如说：“×经理，虽然我知道我们的产品绝对适合您，可我的能力太差了，无法说服您，我认输了。不过，在告辞之前，请您指出我的不足，让我有一个改进的机会好吗？”

像这种谦卑的话语，不但很容易满足对方的虚荣心，而且会消除彼此之间的对抗情绪。他会一边指点你，一边鼓励你，为了给你打气，有时甚至会给你一张意料之外的订单。

美国推销员汤姆·霍普金斯说：“推销成功就是达成并扩大交易。‘达成交易’，是做一个推销员的起码条件；能否‘扩大交易’，才能体现出你是否是一个一流的推销员。当然，一个推销员如果没有成功心态，即便是掌握了良好的推销技巧也无法成功。”

PART 02
漂亮收尾意味着下次成交

暴单后要有平常心

一次不成交没有关系，重要的是每次都不成交，徒劳无获。而屡不成交的根本原因就是推销失败后未能认真反省、吸取教训、调整对策、总结提高，这才是销售人员的大敌。

在电话行销过程中，无论对方决策人是业务一开始就表示异议，还是在销售将要结束时拒绝成交，销售人员都不应过早地放弃销售的努力。暴单应该是最后的失败，销售人员不要把暴单和决策人的拒绝等同起来。

销售人员应当努力做到以下几点。

1.自我激励

许多销售员缺乏自信，总是在电话中说交易达不成也没关系。事实上，进行电话行销的首要目的就是达成交易。

2.把销售坚持到最后

电话行销有人失败、有人成功，但不可能永远成功，因此，当销售人员打电话行销失败时，请不要放弃，下面的例子可以帮助你，让你相信自己也会坚持到最后。

某年轻发明家带着他的创意到20家公司促销，其中包括一些全国性大公司。可是他的创意并没有被这20家公司接受。而到了1947年，受尽冷遇的发明家终于找到了一家公司，这家公司愿意出高价购买他根据静电原理发明的影印技术。后来，这家公司赚取了巨大的财富。

3.积极反省，直接向客户请教

如果销售人员已努力完成电话销售而对方依然说：“我想再考虑一下”或“对不起”！此时，销售人员需要知道对方不购买的理由。通过询问对方，可以巧妙地追究掩藏在深处的原因到底是什么。

“什么使您决定不买这个产品？”

“您有什么顾虑？”

“什么原因使您这么犹豫不决？”

在得知某个原因后，销售人员还要问：

“有没有其他困扰您的事情呢？”

“有没有其他使您犹豫不决的事情呢？”

4.调整策略，迅速改正错误

当知道了客户不购买的真正原因后，销售人员应调整策略，迅速改正错误。尤其要注意以下几方面的策略：

（1）避免使用“我知道您为什么那样想”，这样的话会使客户产生抵触心理，因为他们会在心里想：“你根本不知道我怎么想的。”

（2）不要与潜在客户争论，即使他们给你提的意见不正确。不要用“是的，但是……”展开答复，因为这会使其客户的推理大打折扣，并且很容易引起争论。

随着市场竞争的日趋激烈，电话行销的难度将越来越大。从总体上看，商品推销总有达成交易的和达不成交易的，若单从某次推销活动来看，不成交的可能性要大得多。从这个意义上讲，不成交也是很正常的事。假如销售人员因推销不成功就灰心丧气，甚至一蹶不振，就不正常了，而且也是幼稚、不成熟的表现。

销售人员必须明确认识，在每次推销失败中都孕育着某方面的成功，并以此增强自我激励的信心。

失败不可怕，可怕的是不知道为什么失败。

一次不成交没有关系，重要的是每次都不成交、徒劳无获。而屡不成交的根本原因就是推销失败后未能认真反省、吸取教训、调整对策、总结提高，这才是销售人员的大敌。

一般来说，如果确认暴单，接下来应该耐心做好后续工作。

首先，要检讨下列问题并记录下来：

（1）决策人说了哪些观点，即他要些什么？

（2）对方的电话性格是怎样的？

（3）对方态度的变化及原因。

（4）下次打电话我还能再做些什么？

（5）现在已经达到了什么目的。

再次，也要认真做好如下工作：

（1）自身业务检讨。

（2）自我认识分析。

（3）与客户保持经常的联系。

不因未成交而放弃赠送小礼品

一名成熟的销售员绝不会因为客户未与之成交而唉声叹气、抱怨连天，他会想办法与这些未成交的客户保持联系。赠送小礼品就是个不错的办法。

现在谈送礼好像有点儿逆时而动，因为一提到送礼，就让人联想到行贿受贿。但送礼与行贿是有本质区别的，两种行为的动机不一样。行贿的目的是要牟取私利，为了达到不可告人的目的，而采取的不正当的竞争手段；送礼是一种礼尚往来，并不需要任何回报的一种正当的社交形式。

所以，这里有个关键，就是销售员在送客户礼物时的动机是怎样的，内心是怎么想的，这点很重要。如果销售员心里总是牵挂着“我送礼物给你，你就得照顾我的生意”的话，那么你不会成功，你也得不到客户手里的业务。可能很多人会想，客户是看不见我们心里怎么想的，我只要假装不需要任何回报的样子就可以了，但是客户虽然看不到我们的内心世界，但可以感应得到。如果销售员不是出于一种健康的动机，则他的眼睛、语音和语调等都会出卖他的思想。

“身正不怕影子斜”，如果销售员出于正当的礼尚往来而送一些小礼物给客户，其实是一种和客户保持良好关系的技巧。

礼品并无轻重之分，有时候一张小小的卡片就会让客户感到非常高兴。

世界上有名的汽车推销大王乔·吉拉德连续12年保持每天平均销售6辆汽车的世界纪录。他在与全世界各地的推销员分享自己的成功经验时，谈到一个细节，那就是每逢节假日，他都要风雨无阻地向他的客户派发几万张问候卡片，他自己一个人忙不过来，就雇用好几个临时帮手来帮忙。他这样做的目的只有一个：“告诉我的所有客户和朋友：‘嗨！你们好吗？我吉拉德还记挂着你们呐！’”

然而，随着社会的进步，人们生活节奏的加快，这种老式的寄贺卡的方式反而被大家逐渐遗忘了。

可是，大家都不用的方法你拿来用，有时会收到意想不到的效果。在使用卡片时，最好用自己手写的祝福语，那些打印好的千篇一律的卡片是没有生命力的。因为，当客户收到你的祝福卡片，打开一看是打印的，知道这只不过是一种形式而已，说明你并不在乎他。手写卡片要花费很多时间和精力，甚至要针对不同的客户思考不同的问候方式，而这恰恰就是手写卡片的魅力所在，因为它凝聚了你对客户的诚意，只有来自心灵的东西才能打动另一颗心灵。

及时追踪产品售后问题

每一个小小的服务都可能给你赢得声誉，带来大量的客户资源，售后的一个电话不仅能够帮助客户解决维修的问题，而且能够树立一种良好的售后服务的口碑，给你带来大量客户。

一般销售员都会认为成交就意味着结束，因此很少再去与客户联系。一方面是因为觉得与这个客户的合作已经结束了，再跟进已经没有多少价值；另一方面是因为销售员对自己提供的产品或服务很不自信，害怕会听到客户的不满和抱怨。其实这种“一次交易”的心态，从根本上影响着整个电话行销行业的发展。因为如果只为了与客户进行一次合作，那么开发完一个客户后，就不得不接着去开发下一个客户。而对前一个客户不注意维护的话，势必会流失，这样迟早有一天客户会被开发尽。而且，如果每个人都不注意维护客户的话，那么最终的结果将是任何一位客户都会越来越难以开发。这样的话，电话行销行业将会越来越难做。而有些销售员则非常自信，喜欢大胆地让客户提建议，从而不断地提升自己，更好地满足客户的期望。这样一来，客户就会觉得这个销售员非常真诚和谦虚，即使真的对这次合作不满意，他们也会考虑再给一次机会给他！而对这次合作满意的话，他们就会乐意为这名销售员转介绍更多的客户。这就是为什么有些销售员的客户越来越少，而有些销售员却忙得不可开交的原因。

总之，做到善始善终既可以展示你的信心，同时也是你个人内在修养的一种表现。因此，做好电话拜访的跟踪服务工作，致力于与客户建立长期合作关系，就成为电话拜访工作的一个重要立足点。

李文是C公司的一名汽车销售员，她的销售业绩连续5年保持全公司第一，平均每天销售5辆汽车。别人问她为什么能够创造如此骄人的业绩，她回答：“我能够创造现在这种业绩纯属偶然。大概是6年前春天的一个周末的下午，这天下午顾客特别少，我随手拿起桌子上一本近期汽车销售记录本，看看一周来销售情况，看完后突然心血来潮，想打电话问问客户汽车行驶情况，仅仅只是想问问客户所买的汽车好不好用，并没有其他目的。然而，第一个客户告诉我，汽车买回家装载货物时，汽车后挡玻璃除雾器的一个部件脱落，下雨天行驶时后挡玻璃除雾器便不能正常工作。当时，我就对客户说待会儿我就会通知公司维修部门，请他们派人上门维修。后来，我又打了十几个电话发现又有一位客户出现同样的问题，于是我向公司汇报了此事，建议公司对近期销售的汽车来个全部查询。

通过查询发现当月卖出的400部汽车中有20部出现同样的问题，公司一一上门为他们维修了。此后不久，一位客户来公司买车，指名道姓的要求我为他服务，我在接待他时，问他：‘我并不认识你，你是怎么知道我的名字的？’他说：‘是朋友介绍的，朋友说你的售后服务好。他的汽车买后不到一周，你就主动打电话询问汽车行驶情况，汽车后挡玻璃除雾器一个小部件出故障，你都特意安排修理部门派人上门维修。他说找你买车放心，于是我就来找你了。’这件事对我启发很大，此后，我便将客户回访作为销售工作的一个重要组成部分，列了一个详尽的客户回访计划，定期给客户打回访电话，于是我的售后服务在客户中的口碑非常好，通过客户的介绍给我带来了大量的客户资源。”

这个例子告诉我们，每一个小小的服务都可能给你赢得声誉，带来大量的客户资源，售后的一个电话不仅能够帮助客户解决维修的问题，而且能够树立一种良好的售后服务的口碑，给你带来大量客户。

既然产品售后服务这么重要，那就要先了解电话行销过程中需要做好哪些售后服务追踪，主要有以下几点：

1.送货服务

电话拜访客户的主要目的是为了向客户销售产品或服务，既然这样，向客户销售了产品或服务之后就必然有一些售后工作要做。如果销售的是较为笨重、体积庞大的产品，或一次购买量很多，自行携带不便的客户，均需要提供送货服务。在送货的过程中，一定要准时、安全地将货物送达到客户手中。

2.“三包”服务

“三包”服务主要是指对售出产品实行包修、包换和包退的服务。对服务来讲，也应当有相应的服务保证。电话拜访客户既要对自己所属的公司负责，又要对广大客户负责，从而保证产品或服务价值的实现。

3.安装服务

安装服务主要是针对具体的产品而言的。比如向客户销售的是空调设备、电脑设备等，都需要提供相应的上门安装服务，而且这些安装服务一般情况下都应当是免费的。

4.其他跟踪服务形式

主要是指在产品或服务的使用过程中，及时电话跟踪客户，询问有关产品或服务的使用情况，及时解决使用过程中发生的问题。另外，还可以听取客户的使用意见和建议，及时对产品设计或服务形式加以改进，从而更好地为客户服务。

Hi
说话技巧

第九篇

留住客户

PART 01 好服务赢得下一次成交

客服人员必知的说话术

客户管理工作很多时候就是和客户沟通说话的艺术。

投诉是客户的特权，甚至有时也是客户的爱好。即使服务非常到位，客户也免不了会投诉。其实，客户的投诉是件好事，它表示客户愿意跟我们来往，愿意跟我们做生意。而我们也可以通过客户投诉来改进产品或服务的质量，从而使我们更能赢得市场。相反，不投诉的客户才是真正的隐患。所以，我们应当以一种平和的心态，去应对客户的投诉。作为一名客服人员更是要以一种积极的态度来面对客户的挑剔。

世界一流的销售培训师汤姆·霍普金斯说过："客户的投诉是登上销售成功的阶梯。它是销售流程中很重要的一部分，而你的回应方式也将决定销售的成败。"所以，有效地处理客户投诉的说话技巧是非常重要的。

如何应对挑刺儿的客户，没有统一的套路，但可从以下几点学习一下原则、方向。

1.客户："你们的产品质量太差了，你让我怎么使用呢？"

客服人员："××先生（女士），您好，对于您的遭遇我深表歉意，我也非常愿意为您提供优质的产品。遗憾的是，我们已把产品卖给您了，给您带来了一些麻烦，真是不好意思。××先生（女士），您看我是给您换产品还是退钱给您呢？"

2.客户："你们做事的效率太差了。"

客服人员："是的，是的。您的心情我非常了解。我们也不想这样。我非常抱歉今天带给您的不愉快。我想以先生（女士）您的做事风格来说，一定可以原谅我们的。感谢您给我们提个醒，我们一定会改进，谢谢您。”

3.客户：“你们给我的价格太高了，宰人啊？”

客服人员：“××先生（女士），我非常赞同您的说法，一开始我也和您一样觉得价格太高了，可是，在我使用一段时间之后，我发觉我买了一件非常值的东西。××先生（女士），价格不是您考虑的唯一因素，您说是吗？毕竟一分价钱一分货。价值是价格的交换基础，对吧？”

4.客户：“你的电话老没人接。叫我怎么相信你？”

客服人员：“××先生（女士），打电话过来没人接，您一定会非常恼火，我非常抱歉，我没有向您介绍我们的工作时间和工作状况。也许，您打电话过来，我们正好没上班，况且，您是相信我们的、相信我们的服务精神和服务品质的，您说是吗？”

总之，无论怎么回答客户的问题，作为客服人员，我们都应本着不和客户争论的原则。俗话说，规章是死的，人是活的，我们还要根据具体情况来分析具体对策，绝不能生搬硬套。如果是一位来访客户，我们最好请他到一个安静的处所说话，否则容易影响别的客户和潜在客户。

优质的服务最关键

客户都是一群目光犀利的人，他们能看到我们服务的缺陷，也能看到我们服务的优势。全球闻名的联邦快递公司，就是一个以优质的服务成为该领域大赢家的绝佳事例。因为它所保证的跨地区或跨国界的准确、快速投递，顾客们都愿意付出比一般平邮高出几十倍的快递费。从中我们看出大多数人还是比较欣赏优质、可靠的服务的。

一份调查报告显示，尽管一些注重服务的公司要收取产品价格的10%作为服务费，他们的市场占有量也能每年增加6%，而那些服务不佳的公司每年要损失两个百分点。由此可见：提供优质服务能够得到好的回报。优质的服务才是客户管理工作的关键。

彼得森是苹果公司的一名业务代表，他有个习惯：每个月总要抽出一天时间走访一定的客户。有时并不是他的客户，但只要被他看见对方的桌上放着苹果电脑，他准会热情地问问对方使用情况如何，是否需要帮助等。一次当他拜访到一位名叫艾丽斯的妇女家中时，艾丽斯正在发牢骚，抱怨她的机器又出现无故重启现象。彼得森耐心地将机器修好，艾丽斯当然很开心，她说彼得森与其他业务代表就是不同。其实，那是因为彼得森长期坚持在做的结果，只要他拜访客户就一定会做这4件事：

（1）第一时间让客户看到他们的新产品。

（2）在机器上贴上留有他姓名电话的标签，同时也在客户个人的电话簿上写下他的姓名电话。

（3）请客户推荐新客户给他。

（4）定期和客户交流意见。

“只要我在这里，”彼得森说，“就让我看看你的机器。”

然后他将标签贴在机器上说：“如果

你有任何问题或需要配件等，请你一定要打电话给我。”艾丽斯十分满意地接受了。

最后彼得森还为艾丽斯展示了苹果的新产品，艾丽斯为彼得森提供了3名邻居与3名亲戚的名字，之后这6个人都向彼得森买了东西。这位妇女在教会里也十分活跃，因此她也提供给彼得森一长串的教友名字。结果是，在以后的交往过程中，彼得森又多了许多位忠实的客户。

客户服务工作如果做好了，客户就会满意、感激企业的服务。而这一群满意的客户，他们多半会将满意带给他们的亲朋好友。也就是说，我们在面对每一次服务的客户时，都不妨想象我们其实是在对一群潜在的客户服务。

所以，提供出优质的明星服务才是客户满意的关键因素。优质的服务是整体的同一水平，必须保证所有客服人员的服务品质。

用过硬的专业知识解答客户难题

一个销售员对自己产品的相关知识都不了解的话，一定没有哪个客户信任他。无论在销售过程中，还是售后的服务中，一个出色的销售人员应具备过硬的专业知识。

如果你是一位电脑公司的客户管理人员，当客户有不懂的专业知识询问你时，你的表现就决定了客户对你的产品和企业的印象。

一家车行的销售经理正在打电话销售一种用涡轮引擎发动的新型汽车。在交谈过程中，他热情激昂地向他的客户介绍这种涡轮引擎发动机的优越性。

他说：“在市场上还没有可以与我们这种发动机媲美的，它一上市就受到了人们的欢迎。先生，你为什么不试一试呢？”

对方提出了一个问题：“请问汽车的加速性能如何？”

他一下子就愣住了，因为他对这一点非常不了解。

理所当然，他的销售也失败了。

试想，一个销售化妆品的人对护肤的知识一点都不了解，他只是想一心卖出他的产品，那结果注定是失败。

房地产经纪人不必去炫耀自己比别的任何经纪人都更熟悉市区地形。事实上，当他带着客户从一个地段到另一个地段到处看房的时候，他的行动已经表明了他对地形的熟悉。当他对一处住宅做详细介绍时，客户就能认识到销售经理本人绝不是第一次光临那处房屋。同时，当讨论到抵押问题时，他所具备的财会专业知识也会使客户相信自己能够获得优质的服务。前面的那位销售经理就是因为没有丰富的知识使自己表现得没有可信性，才使他的推销失败，而想要得到回报，你必须努力使自己成为本行业各个业务方面的行家。

那些定期登门拜访客户的销售经理一旦被认为是该领域的专家，那他们的销售额就会大幅度增加。比如，医生依赖于经验丰富的医疗设备推销代表，而这些能够赢得他们信任的代表正是在本行业中成功的人士。

不管你推销什么，人们都尊重专家型的销售经理。在当今的市场上，每个人都愿意和专业人士打交道。一旦你做到了，客户会耐心地坐下来听你说那些想说的话。这也许就是创造销售条件、掌握销售控制权最好的方法。

除了对自己的产品有专业知识的把握，有时我们甚至要对客户的行业也有大致了解。

销售经理在拜访客户以前，对客户的行业有所了解，这样，才能以客户的语言和客户交谈，拉近与客户的距离，使客户的困难或需要立刻被觉察而有所解决，这是一种帮助客户解决问题的推销方式。例如，IBM的业务代表在准备出发拜访某一客户前，一定先阅读有关这个客户的资料，以便了解客户的营运状况，增加拜访成功的机会。

莫妮卡是伦敦的房地产经纪人，由于任何一处待售的房地产可以有好几个经纪人，所以，莫妮卡如果想出人头地的话，只有凭着丰富的房地产知识和服务客户的热诚。莫妮卡认为：“我始终掌握着市场的趋势，市场上有哪些待售的房地产，我了如指掌。在带领客户察看房地产以前，我一定把房地产的有关资料准备齐全并研究清楚。”

莫妮卡认为，今天的房地产经纪人还必须对“贷款”有所了解。“知道什么样的房地产可以获得什么样的贷款是一件很重要的事，所以，房地

产经纪人要随时注意金融市场的变化，才能为客户提供适当的融资建议。”

当我们能够充满自信地站在客户面前，无论他有不懂的专业知识要咨询，还是想知道市场上同类产品的性能，我们都能圆满解答时，我们才算具备了过硬的专业知识。在向客户提供专业方面的帮助时，切记不要炫耀自己的知识。

缩短客户等待的时间

客户多等待一分钟，抱怨与愤怒就会多出一分，最终客户将会考虑是否还要再次合作的问题。鲁迅先生说：“浪费时间等于慢性自杀，浪费别人的时间是谋财害命。”每个人的时间都非常宝贵，浪费不得。用那种慢条斯理的态度来面对客户早已过时。当代生活是快节奏的，长时间的等待是所有人都忍受不了的。

在很多公司里都能看到一种现象：客户坐在那里等待。当然，不可能要求所有的服务都不让客户等待，但我们必须树立为客户省时的观念。我们强调的是，尽量缩短客户等待的时间。

追求卓越的公司从很多方面进行努力，力求缩短客户的等待时间，例如，禁止任何毫无意义的闲聊。客户在排队等待，办事人员却在闲聊，是绝对不能容忍的。放下手头的任何事情，去服务正在等待的客户，这体现了客户的绝对优先权。例如，酒店经理路过大堂，恰好来了一大群客户，经理便不忙着回办公室处理事务，而是帮着接待客户。

如果营销人员显得很繁忙，却让客户在那里等待，客观上表现出一种令人愤慨的不公平：营销人员的时间是宝贵的，而客户的时间是可以任意耗费的。其实只要稍微细想一下就会看到这样一个结果：让客户等待的时间越长，营销人员能和客户待在一起的时间也就越短。

世界快餐业霸主麦当劳，每天有数家分店在全世界成立。为什么？关键是麦当劳有一套优良的产品复制系统、服务复制系统——你在全世界任何一个麦当劳所享用的汉堡和服务都基本上是一样的。绝大多数的顾客可能并不知晓，麦当劳规定员工必须在两分钟内为顾客取好餐，否则任何顾客都可以投诉该员工。

与此相反的是在日本国内的旅馆，每到上午退房时段，经常是大排长龙。因为大部分的房客都以现金支付，所以每间退房处理时间很长，非常耗费时间。美国的旅馆在上午的退房时段同样也是忙碌异常，但结果却大不相同。

被视为美国“服务第一”的万豪饭店，是第一个运用快速退房系统的饭店。

清早5点，当房客还在睡梦中的时候，一份封皮写着“提供您便利的服务——快速退房”文件夹放入房门底下，文件夹里头有一张结账单，内容如下：

您指示我们预定于本日退房，为了您的方便，请进行如下步骤之后就可以完成退房手续。

（1）这是一份截至本日上午12点的结账单（附上收款收据或是发票）。

（2）上午12点以后所发生的费用，请当场支付，或者是向柜台领取最新结账单，或者是在24小时内本旅馆会自动寄给您最新的结账单。

（3）请在正午以前电话通知柜台为您准备快速退房服务。

（4）房间钥匙请留在房内或者投入柜台的钥匙箱。

非常感谢您的光临。我们希望能够在最短的时间内再次为您提供服务。

以上是大致内容。此外，文件夹里除了结账单之外，同时还附有一张空白纸，上面写着："请写下您对我们所提供的服务的评价及建议。您宝贵的建议将有助于我们为您的下次住宿提供最佳的服务。"

试想，如此为客户着想的公司，还怕客户不买它的账吗？

尽力为客户缩短等待时间本是件好事，但切莫因此而降低了服务的质量，顾此失彼的事情划不来。

上门服务注意事项

上门服务比起其他形式的服务更便利于客户，随着出现的次数越发频繁，我们也就越要注意上门服务的工作细节。客户有时会打电话来要求我们上门服务，这是展现自己难得的机会，如此近距离地接近客户是求之不得的。

无论是上门安装、维修，还是销售商品，都要把它看作是一次非常重要的锻炼机会。由于和客户需要面对面地交谈，而且是在客户家中，因此每一个细节都应作为必修课来修炼。

（1）约会不要迟到，哪怕是一分钟。第一印象非常重要，按时赴约，以便开个好头。如果你被拦住了，或者不得不耽误一下，事先给客户打个电话，表示歉意，另约时间。

（2）不要把车停在"专用"车位上，因为它可能属于某个特殊人物。如果你不知道停哪里好，问一下管理人员或你可以停在车场的一侧，远离楼房（一般说来，重要人的车都停在离楼房较近的地方）。

（3）资料都放在车里，空手与客户会面，如果你随身携带宣传材料、样品和设备，不但空不出手与对方寒暄，而且显得不亲切，有急于将货卖出之感。想一想，如果你推开一家裁缝店的门，伙计说声“你好”，然后就开始量尺寸，你会感觉如何?

因此，应该在同客户打过招呼后，说声“对不起”，然后再回头取东西。

（4）与客户会面时，先同他们握手，你应当一开始就让他们习惯这种方式。

（5）进入客户房间时，注意将鞋擦干净。客户会注意到这种尊重的举动，对你满口热情。

（6）不要主动落座。记住，一个人的家就是他的城堡。如果你应邀进入他的城堡，你就是客人，所以要像客人一样，不要像个入侵者。

（7）不要单刀直入，不要进屋就开始推销。相反，你应当把包放下，创造一种和谐的气氛。

（8）如果你同客户不属于同一个种族或文化背景，对客户提供的食品和饮料也要接受。这样会使客户感到自如，表明你没有歧视行为，并深感亲切，这样更容易获得他的好感。

（9）环顾客户房间，你会发现一些照片、字画、证书、奖杯、书籍、植物、唱片、小猫、小狗、飞机模型、乐器等。这些对客户来说都是有纪念意义的东西，或客户喜欢的东西，所以，要提一提，认真询问，客户会欢迎的。

（10）不要忽略客户的孩子。让他们坐在你身边，他们会成为你最好的同盟。

（11）未经请求，不要将你的东西放到客户的桌子上。同样，未经请求也不要在客户的家具和地板（地毯）上放置东西，特别是涉及玻璃、杯子或盘子时。

（12）要让客户参与销售过程，不仅仅是口头参与，还要有身体参与。例如让客户帮你安好展示装置，让他比较颜色是否协调，或让他帮你量大小。

（13）当你在客户家或办公室里时，你不可能控制

一些外来事件，如被家庭其他成员打断，或有人敲门，或电话铃响了起来。当发生这些情况时，应停止展示，说些比较随便的话题，直到事件结束，然后，慢慢回到主题上来。

（14）免收费用。为客户提供安装服务，是一项应尽的义务，因此不应收取任何费用。有关经办人员在上门进行安装时，也不得以任何方式加收费用或者进行变相收费。

（15）烟酒不沾。安装人员上门进行服务时，应当做到“两袖清风”，不拿客户的“一针一线”。切勿在客户家中吃喝。

（16）符合标准。为客户进行的安装服务，不但要由专业技术人员负责，而且在其进行具体操作时，也必严守国家的有关标准。不合标准而随意安装，或是进行安装时偷工减料，都是不允许的。

（17）当场调试。安装完毕之后，有关人员应当场进行调试，并向客户具体说明使用过程中的注意事项，认真答复对方为此而进行的询问。当调试无误后，应由对方进行签收。

（18）定期访查。对于本公司负责安装的商品，服务部门本着对客户负责到底的精神，应在事后定期访查，以便为客户减少后顾之忧，并及时为其排忧解难。

上门服务的细节很多，需用心领悟。同时，还应注意到自己的态度和语言。

PART 02 客户的忠诚度需要呵护

总结客户流失的原因

只看到客户流失却不去深究事情背后的原因，肯定做不好客户维护工作。对于那些已停止购买或转向另一个供应商的客户，应该与他们接触以了解发生这种情况的原因。客户流失的原因，有些是公司无能为力的，如客户离开了当地，或者改行了、破产了，除此之外，其他的因素有：他们发现了更好的产品；供应商的问题或产品没有吸引力；服务差、产品次、价格太高等，这些是可以改进的。对客户流失原因的总结也就显得尤为重要。

部分企业会认为，客户流失无所谓，旧的不去，新的不来。面对单个客户的流失，更是不以为然，不知道流失一个客户企业要损失多少。一个企业如果每年降低5%的客户流失率，利润每年可增加25%～85%，因此对客户进行成本分析是必要的。

蜂窝电话的经营者每年为失去的25%的客户支付20亿～40亿美元的成本。据资料记载，美国一家大型的运输公司对其流失的客户进行了成本分析。该公司有64000个客户，今年由于服务质量问题，该公司丧失了5%的客户，也就是有3200（64000×5%）个客户流失。平均每流失一个客户，营业收入就损失40000美元，相当于公司一共损失了128000000（3200×40000）美元的营业收入。假如公司的盈利率为10%，那这一年公司就损失了12800000（128000000×10%）美元的利润，并且随着时间的推移，公司的损失会更大。

著名的营销专家乔·吉拉德曾写过一本书《如何将任何东西卖给任何

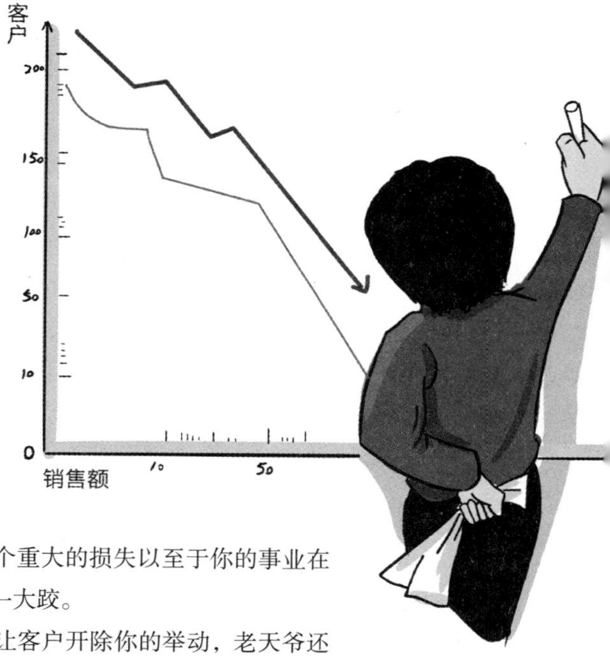

人》，书中写道，你所遇到的每一个人都有可能为你带来至少250个潜在的顾客。这对想开展自己事业的人们可是个再好不过的消息了。不过，根据吉拉德的理论，从反面来看，当一个顾客由于不满意离你而去时，你失去的就不仅仅是一个顾客而已——你将切断与至少250个潜在顾客和客户的联系，并有可能导致一个重大的损失以至于你的事业在刚刚走上轨道的时候就跌了一大跤。

也许，虽然你做了足以让客户开除你的举动，老天爷还是站在你这边，你运气挺好地做成了交易。可是那些跟你做生意的客户，后来会怎样呢？其中：

91%的客户从此与你老死不相往来。

96%不会告诉你他不再和你做生意的真正原因。

80%会再度和你做生意，如果他们的事情可以获得迅速的解决，并完全符合他们的期望。

当事件发生，而且情况颇为严重时，他们便不再与你做生意了，该事件发生的始末及其造成的影响将会被传播数年之久。

客户流失原因的总结，有助于找出我们的“软肋”。比如，是客户服务中的态度、方法不好，还是产品的质量差，使用不便呢？原因可能多种多样，异常复杂，但细细总结下来就会发现是哪一个部门的差错，甚至是个别员工的责任。这样对客户维护就会有一个对症下药的快速、有效方法。总结客户流失的原因时一定要全面、具体。比如，客户对售后服务中的反馈不及时感到不满意，我们就要记下一个很大的概念——对售后服务不满意。

不同类型的客户，采取不同的跟进策略

针对不同的客户，我们应采取的策略是不同的。

1.新客户

新客户就是那些与你达成协议的那些人。这些客户或许已经做过一些承诺，但是他们仍然在对你所在的公司评估。假如你们之间的联系没有像他想的那样发展，你猜会发生什么事情?

你在为其他的供货商提供良好的机会！许多新客户会认为你们之间的商务关系还处在“试用”期，而不管你们是否已经讨论了商务交易的具体条款。换句话说，如果你不能证明给这些客户看，让他们感觉你们是值得合作下去的，那么，这类客户除了与你有一些初始的承诺外，还不能算做你真正意义上的客户。

毋庸置疑，与新客户交易的初始经验极其重要。甚至一些微不足道的客户服务和履行合约时的一些小问题都可能对你们的商务关系产生负面影响。因此，你与这类客户交易的目标就是让他们在与你的交易过程中感到舒服，你需要不时与客户沟通，询问服务是否到位，他们是否满意，有哪些地方需要改进。这就不仅仅是“使他们开始与你有交易意向”。有些人认为，所有的客户都把交易过程看成交易试用期。这个观点虽然不一定正确，但是与新客户的商务关系是维系下去还是中途夭折，很大程度上取决于新客户在与一个新的供货商交易初期的感觉。因此，高度重视交易的初始阶段，洽谈后继续努力直到让客户100%满意，这些都是一个专业人员应该做的工作。对电话营销人员来说尤其如此，因为在通常情况下，与新客户的交易夭折之后，对销售人员来说，是不可能再有机会与他们有商务交易的。

当你与一位客户正式开始交易时，你可以考虑制定一个进度表，这可以精确地记录接下来发生的事情，以及你是怎么亲自监控与新客户交易的开始阶段。这将有助于你稳定工作情绪。

这样做的目的是了解以下两方面情况：第一，何时会有服务、账单以及处理争议等问题发生；第二，只要客户使用了你们的产品，你将会协助解决所有的问题。准确地谈论当人们使用你们的产品后可能会出现的问题，简要地概述一下你计划何时以及如何核查工作的关键点，然后执行你的工作计划。

2.近期有希望下订单的客户

对于这类客户，重点是争取让客户下订单给我们。通过前面与客户的接触，我们发现这类客户对我们的产品及服务有明确的需求，但还没到他们下订单的时候。这类客户在客户决策周期中处于哪个阶段呢？在这一个阶段的客户，他们在做什么工作呢？这些情况都需要公司人员与对方进行电话沟通时仔细探询客户需求，才能得知。在这一阶段，客户那里都会发生什么事情呢？

客户处在分析、调查、论证阶段。

客户在决策。

我们对客户的需求有误解。

客户可能在欺骗我们。

对于这些客户，从整体上来讲，分为3种情况：

第一种是客户确实有需求，而且也愿意提供销售机会。

第二种是客户本来有需求，他们从内心深处根本就不想给我们机会，但在表面上给予我们还有机会的假象。

第三种是客户没有需求，只不过是我们误解或者是一厢情愿认为客户有这种需求。在这一阶段，分析判断客户是属于哪一种情况就变得极为重要，如果我们判断错误的话，对我们制定销售策略将产生不利的影响。

3.近期内没有希望下订单的客户

对于近期内没有合作可能性的客户，也应该通过电子邮件、直邮等形式与客户保持联系，同时，每3个月同客户通一次电话。这样，可以让客户感受到你的存在，当他产生需求的时候，能主动找到你。这样，可以用最少的时间来建立最有效的客户关系。

4.初期客户

初期客户是指那些已经和我们建立了商务关系，但他们只是给了我们极小的一部分商业份额。也许这些客户将是你的长期买主，只是你还没有在某些重点上打动他们。也许你提供的服务还不足以让客户特别满意；或者，这些客户只是抱着“试试看”的观点，给我们提供有预算中的小部分商业份额；或者，对方只是选择我们作为候选供货商。不管是什么情况，这些客户已经与我们有一段时间的交易往来——但是没有采取任何措施向前推进我们的交易合作关系。因此，与这些客户交易，我们的目标是增加我们总的商业交易额。我们需要了解所有可以了解的方面，在过去成功的经验之上，证明我们的交易关系是值得进一步推进的。这时，频繁的商务电话攻势就显得非常必要。

什么时候你才可以和你的初期客户正式洽谈新业务呢？只有当你了解了为什么你的这位客户没有给你更大的商业交易份额的原因时，你才有可能在你们的合作关系上获得大的进展。在结束交易时做一些看似毫无意义的工作——多问一些问题，这些问题将会让你更好地理解客户的做法。当前你是否在某些方面还做得不够呢？你能不能修补过来或者重新向这一方面努力呢？如果你已经确定了你要怎么做，你是否能够适当突出你的新行动计划或者开展实际上已经制定过的行动计划呢？

5.长期客户

建立长期客户关系是针对那些我们已经与其有一段时间的稳固合作关系，并且已经成功地推进了合作关系的客户。与其他两类客户相比较，这需要双方的彼此信赖。与这类客户的联系可以提高我们工作的连续性。巩固我们的地位，使我们成为这些客户的主要或者全部供货者。最后，成为这些客户的战略伙伴（记住，战略伙伴阶段是指客户已经把我们也列为其商业计划发展的一部分）。要把我们与大多数客户的合作关系建立成长期客户关系，我们必须理解、支持和协助完成组织中的大多数重大发展计划。没有长期的商务电话沟通这是不可能实现的。

成交之后需跟踪联系、回访

做客户生意绝不能做一锤子买卖，不要因为签单了就从此不再想起客户。生意谈妥之后，销售员往往因松了一大口气而忽略了下面的工作，倘若准备只做一次生意的客户，这种做法还没有问题，如果想保住长期往来的客户，第二步工作做不好，常常在接了一个订单后，就像断了线的风筝，不知去向。

对于有出货期限以及分批出货的商品，销售员亦应与公司各有关部门保持紧密联系，追踪工作进行的状况，这样才能避免造成双方的摩擦与对商品的抱怨。销售员无论什么时候都要向客户负责到底。

销售员常常被客户抱怨："接了订单之后，就未再见到你的踪影，就连一个电话也舍不得打，未免太无情了吧！"事实上，有许多销售员接完订单后就消失得无影无踪，到了要销售产品时，又如客户公司的职员，每天都去报到，这种销售员是不合格的，是会遭人排斥的。至少平常去个电话拜访、问候，不但能增进双方的感情交流，这也是连接下一个订单或是获得新情报的最好时机。

在跟踪回访方面，我们可以看一下阿迪达斯的做法。

阿迪达斯运动鞋在世界上已经具有良好的声誉，然而它的制作者在名誉面前，不曾有丝毫的懈怠。阿迪终生都在不断试验各种新工艺、新材料，以确保阿迪达斯产品始终都处于领先地位。他试验过有棘刺的鲨鱼皮，还试用过大袋鼠皮等。在鞋底上也动了许多脑筋，最初的是4钉跑鞋，后来是尼龙底钉鞋，还有既可插入又可拔出的活动钉鞋。仅鞋钉排列组合，阿迪就拟订出30多种样式，用来适应运动员在室内、室外跑道、天然地面或人工地面的多种需要。

阿迪达斯严格控制生产量，每年所提供的28万双足球鞋均为公司制造，其赫尔佐根奥拉赫的公司只生产特种型号的球鞋，并为世界球星定制球鞋，这更增加了阿迪达斯的神秘感和权威性。

每逢重大的赛事，赛场上、旅馆里总有不少阿迪达斯的工作人员，他们亲切而友好地观赛，同时他们总不忘向脚穿阿迪达斯的人们打个招呼，随后做出相关的记录，根据这些记录的信息最后再决定如何改进它的工艺、设计。

客户管理重要的工作之一是进行售后的回访和跟踪。可分为"定期巡回拜访”和“不定期拜访”两种。“定期巡回拜访”多半适用于技术方面的维护服务，如家电业及信息产业等，公司通常会定期派专员做维修保养方面的服务。“不定期拜访”也称为“问候访问”，这是公司必做的工作。这种售后的访问，通常是销售员一面问候客户，一面询问客户产品的使用情况。

公司最好在事前拟定好访问计划，定期而有计划地做好回访跟踪。销售成交后，真正的回访和跟踪也就开始了。在回访的最初阶段，公司的销售员一般都会采用“一三七”法则。“一”即是在售出产品后的第一天，销售员就应同客户及时联系并询问客户是否使用了该产品。如已经使用，则应以关怀的口吻询问他是如何使用的、有无错误使用。这时“适当的称赞和鼓励”有助于提高客户的自尊心和成就感。如没有使用，则应弄清楚原因，并有针对性地消除他的疑虑，助其坚定信心。

“三”是指成交隔3天后再与客户联系。一般来讲，使用产品后的3天左右，有些人已对这一产品产生了某种感觉和体验，销售称之为“适应期”。这时如果销售员能打个电话给他，帮他体验和分析适应期所出现的问题并找出原因，对客户无疑是一种安慰。

“七”是指隔7天后与客户联系。在销售员和客户成交后的7天左右，销售员应该对客户进行当面拜访，并尽可能带上另一套产品。当销售员与客户见面时，销售员应以兴奋、肯定的口吻称赞客户，诚恳而热情地表达客户使用该产品后的变化。在这个过程中，无中生有、露骨的奉承是不可取的，而适当的、恰到好处的称赞，消费者一般都能愉快地接受。若状况较佳，销售员则可以顺利推出带来的另一套产品。

在售后服务中，售后跟踪回访的重要性已经众所周知，但如何做好这个工作，每个企业、个人可根据自己和客户的特殊情况制订一个系统的工作方案。

小恩小惠留客户

付出总有回报，抛出去一些免费的“砖”可引来高贵的“玉”。

刘先生有这样一次经历：刘先生同朋友去日本有名的鸣门大桥游览。

天公不作美，细雨连绵，刘先生等人一边在小商店前避雨，一面观赏着秀丽的海边景色。忽然不知是谁发现了小商店前有两位身着日本和服的男女，仔细一看才知是两个模型，头部是空的，游人可以探进头去照相。正当他们为不知照一次相要多少钱而犹豫时，店主人走过来，和蔼地说这两个模型是属于他们店的，不收任何费用，请客人随便使用。刘先生等人高高兴兴地留了影。这时，只见店主人手端一个茶盘热情地邀请几位来客尝尝当地的特产——纯金茶，同时，他还绘声绘色地介绍起纯金茶来。

由于主人的殷勤再加上茶的香味及合理的价格，临走时他们每人都买了一盒纯金茶。这时才恍然大悟：这都是该店推销产品的手段。

相对于纯金茶，那个免费的和服模型就是主人抛出去的砖块。人们的天性中都有爱占小便宜的弱点，商家给的小恩小惠往往最能抓住客户的弱项，一不留神就会心甘情愿地跳进他们预设的棋局。

当然，在这一点点小小的恩惠中也能使客户感受到商家的热心与关怀。

刘玉铭是一名北京高校的学生。一次他和同学一行5人去东直门附近的一家餐馆吃饭。不巧的是该餐馆人满为患，他们正打算要离开时，经理走了过来。热心地告诉他们在200米外，还有一家是他们的分店，如果他们愿意可打车过去，并掏出了20元给他们做路费。就这样，凭借着“20元”该餐馆多了5位忠实的顾客，同时又拓展了更多的顾客。

事情虽小，但却有温暖人心的力量。因此，无论何时何地都不可小瞧这些小恩小惠。现代市场竞争越来越激烈，谁都在竞争有限的客户资源。有了客户，才有企业的存活。于是，我们会看到越来越多的厂商给客户更多的体贴、照顾。比如，每一位走进××眼镜店的人，不用担心你是否消费，你总能得到一杯浓浓的香茶，还有服务人员温暖的微笑。如果细想一下，就算这次我们不买，但等到我们需要一副眼镜的时候，会不会立刻就想到了这家店呢？

需要注意的是在向客户提供小恩小惠的时候要显示出诚挚，而非做作或不情愿，别让客户有亏欠的感觉最重要。

Call

第十篇

巧妙处理投诉

PART 01 客户投诉处理细节

客户抱怨针对性处理诀窍

针对引发客户抱怨的不同原因，可以采用不同的处理方法。如下是处理不同原因客户抱怨中实用的一些技巧：

1.商品质量问题处理诀窍

商品质量存在问题，表明企业在质量管理上不够严格规范或未能尽到商品管理的责任。遇到这种情况时，基本的处理方法是真诚地向客户道歉，并换以质量完好的新商品。

如果客户因该商品质量不良而承受了额外的损失，企业应主动承担起这方面的责任，对客户的各种损失（包括精神损失）给予适当的赔偿与安慰。

2.商品使用不当的处理诀窍

如果企业业务人员在销售商品时未能明确说明商品的使用方法等内容，或者卖出了不符合客户使用需求的商品（如弄错了灯泡的瓦数），而造成商品使用中的破损，则企业方面应当承担起相应的责任。

处理的方式是首先向客户诚恳致歉。在查证主要责任确实在企业方面的情况下，要以新的商品换回旧的商品。对客户的其他损失，也应酌情加以补偿。

3.当场无法解决问题时的抱怨处理诀窍

对于客户抱怨，有些能够由业务人员在现场就能予以解决，但也有一些问题是在现场无法解决的。这种问题通常涉及金额较大、影响面较广或取证复杂。

这类问题，恰当的处理方式是首先展开详细的调查，明确双方的责任，然后客观地把公司所能做到的补偿方法一一告诉客户，供客户选择其最满意的解

决方法。

4.服务问题处理技巧诀窍

客户的抱怨有时是因业务人员的服务而起。这类抱怨不像商品报怨那样事实明确，责任清晰。由于服务是无形的，发生问题时只能依靠听取双方的叙述，在取证上较为困难。

而且，在责任的判断上缺乏明确的标准。例如对于“业务员口气不好、用词不当”、“以嘲弄的态度对待客户”、“强迫客户购买”、“一味地与别人谈笑，不理客户的反应”这类客户意见，其判断的标准是很难掌握的。原因在于，不同的人对同样的事物也会有不同的感受，客户心目中认为服务“好”与“不好”的尺度是不同的。

当遇到此类抱怨的时候，企业处理中应切实体现“客户就是上帝”这一箴言。企业方面需首先向客户致歉，具体方式可以采取：

上司仔细听取客户的不满，向客户保证今后一定加强员工教育，不让类似情形再度发生。同时把发生的记录下来，作为今后在教育员工时基本的教材。

上司与有关业务人员一起向客户道歉，以获得客户谅解。当然，最根本的解决方法仍是业务人员在处理客户关系方面经验的积累和技巧上的提高。如果业务人员能够在遣词造句和态度上应对得体，则通常会大大降低这类抱怨案件发生的概率。

从客户抱怨中发掘商机

有研究表明，一个客户的抱怨代表着另外25位没说出口的客户的心声。从服务营销组合要素“客户推荐”角度看，处理好客户抱怨，有利于保护品牌的口碑，提高品牌忠诚度。美国TRAP公司调查发现，当客户的可能损失在

1～5美元时，提出抱怨并对经营者的处理感到满意的人再度购买率达70%，而那些有抱怨却未采取任何行动的人重复购买率为36.8%。当客户的可能损失在100美元以上时，提出抱怨并对经营者的处理感到满意的人再度购买率为54.3%，而那些有抱怨却未采取任何行动的人重复购买率只有9.5%。

这一研究成果一方面反映了对客户抱怨的正确处理可以提高客户的忠诚度，保护乃至增加经营者的利益；另一方面也折射出这样一个道理：要留住客户，必须妥善地化解客户的抱怨。因此，接受客户的抱怨，听取客户的意见，对改进经营，吸引客户有很大帮助。

松下幸之助曾说过："客户的抱怨，经常是我们反败为胜的良机。我们常常在诚恳地处理客户的抱怨中，与客户建立了更深一层的关系，因而意外地获得了新的生意。所以，对于抱怨的客户，我实在非常感谢。"

从松下幸之助的这段话中，我们可以深深地感受到，客户的抱怨对企业而言是非常重要的，企业应当学会如何从客户的抱怨中发现商机。

对销售者而言，听客户喋喋不休的抱怨，绝非是一件乐事，甚至有不少人一听客户抱怨，便采取充耳不闻、敷衍了事的态度。其实，客户如果对销售者的商品或服务有所抱怨，就充分说明客户对销售者所代表的企业还抱有某种期待和信赖。

美国宾州有一家公司叫"新猪公司"，名字很土，但成长很快。创办人毕佛说他喜欢听客户抱怨，他说："你应该喜欢抱怨，抱怨比赞美好。抱怨是别人要你知道，你还没有满足他们。"

毕佛认为，每一个客户的抱怨都使他有机会拉开跟其他企业的差距，有时可能是细小的差距，帮助他做一些他的对手还没有做的事。例如，曾有些客户抱怨新猪公司的"猪"一旦碰上酸性物质或是其他溶剂就会变成一摊烂泥。其实毕佛大可对这些抱怨者说："谁叫你不看标签说明？这个产品的设计本来就不是用来处理酸性物质的。"但是他没这么说，反而跟一个客户共同开发出高价位的"有害物质专用猪"。毕佛还根据另外一个客户的抱怨，开发出可浮在水面并且能吸油的"脱脂猪"。

许多企业认为他们的客户是爱挑剔且难讨好的人，满嘴的"我、我、我”只表露出他们的不识货，这种态度是危险的。美国华盛顿技术协助研究计划机构的研究结果表明，很多客户会因为对一家企业不满意，而改向其对手企业买东西，但其中只有4%会开口告诉你。也就是说，在每35个不满意的客户中，只有一个会开口抱怨。

在不满意也不吭气的客户中，有65%～90%的人不再上门。他们觉得这些企业对不起他们后，只会默默地走开，如果连这种看起来“温柔”而不抱怨的客人都得罪光的话，企业的生意就会垮得让你浑然不觉，而且难以挽救。

另一方面，一些优秀经理人已经揣摩出对策。他们在抱怨者身上投资，解决这些抱怨。根据“旅行者保险”的研究，鼓励客户发牢骚，事实上可能是一记妙招。不抱怨的客户中只有9%会再光顾，但是在提出抱怨而问题获得迅速解决的客人中，有82%的人会继续上门。更何况企业从抱怨中得到了宝贵的情报，还能促进企业生产新产品。因此，懂得经营之道的企业能从客户的抱怨中获利。

美国南加州大学的薛斯教授估计，开发一个新客户的成本是保留一个老客户成本的5倍。听不到客户声音的企业每年要花大笔的营销费用来开发新客源以弥补流失的客户，而且它们对企业运营发生什么问题都毫无警觉。

不妥善处理客户抱怨的企业会丧失比所想象的还要多的客户，一项研究表明，平均而言，一个不满意的客户会将自己的不满分别传达给另外11个人，而他们每个人又会将这种不满分别传达给另外55个人。于是就有1+11+55=67个人在说企业的坏话，大多数的企业都由于这种非常糟糕的广告效应而受损。实际上，客户的抱怨正是企业的商机，它反映了客户的需求没有被满足，聪明的商家都会利用这点。

处理电话抱怨时要掌握好措辞和语调

客户在电话中更容易出言不逊，因为咨询人员是企业的一个看不到面孔的代表。由于没有面对面的接触，通过电话进行沟通会表现出一些特殊的挑战性。咨询人员只能通过语调（例如音调、音高、音量等）和词汇的选择来传达其对客户的关心。据有关专家估计，倾听者通过电话所理解的信息，其中80%是来自于咨询人员的语调，20%来自他的用语。

可以看出，和悦的、关注的、耐心的、明快的、在意的语调是非常重要的。当一个客户无法看到咨询人员关注的面孔时，他就需要从咨询人员的语调中听到关注。咨询人员应使自己的声音在电话中听起来更加深沉，这有助于沟通。

要知道咨询人员的语调是否恰当，可以采取从他的老板或同事那里听取反馈意见的方法。这个人必须说实话，而又愿意提供反馈意见。咨询人员也可以把自己的声音录下来，即使录音带上的声音听起来与自己想象的有所不同，这却是一个很好的方法来听到自己的声音。

有时即使咨询人员的声音是和悦的，也仍然可能使客户恼怒。咨询人员也许具有令人不快的习惯，诸如嚼口香糖、吃东西、堵上话筒与同事交谈，或者让客户在电话上等的时间过长。

咨询人员在打电话时有事需要离开，应当问问客户能否过会儿再打或者在电话上等一会儿。假如可以过会儿再打，那就告诉对方，到一个确定的时间自己会再打过去，并询问这样做是否可以接受。假如客户宁愿在电话上等一会，那就对他说明，也许要等上几分钟才能得到所需的信息。为了防备客户在等的过程中决定挂机，需要以后再打电话，咨询人员应当把姓名告诉他。同样，为了防备自己的电话被别人挂断，也应当要一个他的电话号码。这种服务会向客户表明，他的确很重要。

PART 02 处理投诉态度要积极

耐心应对暴跳如雷的投诉者

与客户争吵的结果可能是，电话销售人员心里很舒畅，但他（她）却从此失去了这个客户，同时，也失去了未来人际关系中很重要的一部分。仔细想想，其实得不偿失。

销售人员在发生客户投诉时，应认真分析客户抱怨的原因：是产品质量问题，还是服务跟不上？回想一下你最近一次接到过的怒气冲天的电话，或者你给这样的人打电话时的情景。他对你发火了吗？是你不走运偶然接了这么个电话？对方发火可能不是针对你个人，也不是针对公司，而是某种外因引发了他的怒火。打电话者有时迁怒于你，因此你需要学习一些平息对方愤怒的有效方法。

下面的几个技巧可以让你控制自己，掌握局面。

1.让他发泄，表明你的理解

平息打电话者的愤怒情绪，最快的方法是让他把气“撒出来”。不要打断他，让他讲，让他把胸中的怒气发泄出来。记住，一个巴掌拍不响。如果你对细节表示不同看法，那么就会引起争吵。

然后对客户所经历的不便事实进行道歉和承认。一句简单的道歉话，丢不了什么面子，但这是留住客户的第一步。自我道歉语言要比机械式的标准道歉语更有效。学会倾听，生气的客户经常会寻找一位对其遭遇表示出真实情感的好听众。

你耐心地倾听，并且向他表明你听明白了，这会给对方留下好的印象，那你就容易让他平静下来，不过只有在他觉得你已经听清了他的委屈之后。所以等他不说了，你要反馈给对方，表明你已经听清了他说的话。你不必非得附和对方，或者一定要支持对方的牢骚，只要总结一下就行。

2.向客户询问有关事件的经过，弄清客户想得到什么结果

不与客户产生大的冲突，力求保持关系，常见的不满如产品质量、送货不及时、不遵守合同、产品款式不满意、价格不合理、售后服务不到位等，形式千变万化。了解客户投诉的内容后，要判定客户投诉的理由是否充分，投诉要求是否合理。如果投诉不能成立，即可以用婉转的方式答复客户，取得客户的谅解，消除误会。

3.做出职业性回答

记住，关键是不要以个人情感对待顾客的怒气，而要从职业的角度处理这种问题。要承认打电话者的忧虑也许合情合理。他们或许对问题的反应过于激烈，不过不要让对方的举动影响你客观地评价问题与解决问题的办法。例如，你可以这样说：

“琼斯先生，我们对我们的疏忽大意表示道歉。”当你或公司有错时才道歉。

“我们会尽我们所能为您排忧解难。”这并不是强迫你按对方要求的去做。

“谢谢您让我们注意到了这个问题。我们之所以能够改进服务，正是靠了您这样的顾客的指正帮助。”

4.对投诉的事件进行归纳和总结，并得到投诉客户的确认

对投诉处理过程进行总结，吸取经验教训，提高客户服务质量和服务水平，降

低投诉率。告诉客户其意见对我们的企业很重要，不妨留下客户的联系方式，再寄上一封感谢信，这样的成本付出最多不过几十元，却能够在一定的区域内获得良好的口碑。

这种暴跳如雷的客户，也许是由于性格使然，很难与别人融合在一起。但是作为一名销售员每时每刻都有可能面临这样的客户的投诉。但是不管是什么原因造成的这种情况，与客户争吵总是一件不对的事情。与客户争吵的结果可能是，电话销售人员心里很舒畅，但他（她）却从此失去了这个客户，同时，也失去了未来人际关系中很重要的一部分。仔细想想，其实得不偿失。

从对销售员的研究来看，销售员普遍应该锻炼和提高的是耐心。销售员在销售和服务的过程当中，有时候需要回答客户所提出来的各种问题。当问题增多的时候，有不少销售员会变得缺乏耐心，言语之中已经自觉不自觉地流露出不耐烦的情绪。例如，有些销售员可能这样说："我不是都已经告诉过你了吗，你怎么还……"而正是这不自觉的不耐烦，造成的结果是，要么使客户的不满情绪扩大，要么使客户马上挂掉电话转而奔向公司的竞争对手。尤其在面对那些脾气暴躁的投诉者时，更应该有耐心。

与暴跳如雷的投诉者谈话是可采用以下几种方式：

（1）鼓励他们说出事情原委。

（2）表达你的认同心。

（3）表示歉意。

（4）提供解决办法。

控制情绪不是强忍不发作，而是从内心觉得没必要

作为一名客服人员，如果没有很高的情商，不懂得控制自己的情绪，那会和投诉而来的客户发生不愉快的交锋。

面对一个已经怒发冲冠的客户，客服人员首先要懂得的不是和他怎么理

论，而是学会自控。只有一个善于自控的人才能实现他控。

“二战”时期美国著名将领巴顿就是因为不善于控制自己的情绪而失去了一次晋升的机会。巴顿是个性格暴躁的人，在战场上，面对敌人的时候，暴躁的性格还可以视为勇猛无畏的表现，对待敌人“就像冬天般严酷”。从这一点上来说，巴顿是个不折不扣的猛将。

但是，如果对待自己的部下还不分青红皂白的话，就会被认为不爱惜部下。巴顿并不是不懂这个道理，而是在面对下属的时候，总是动不动就把情绪发泄出来。

1943年，巴顿在去战地医院探访时，发现一名士兵蹲在帐篷附近的一个箱子上，显然没有受伤，巴顿问他为什么住院，他回答说：“我觉得受不了了。”

医生解释说他得了“急躁型中度精神病”，这是第三次住院了。巴顿听罢大怒，多少天积累起来的火气一下子发泄出来，他痛骂了那个士兵，用手套打他的脸，并大吼道：“我绝不允许这样的胆小鬼躲藏在这里，他的行为已经损坏了我们的声誉！”巴顿气愤地离开了。

第二次来，又见一名未受伤的士兵住在医院里，巴顿顿时变脸，劈头盖脸地问：“什么病？”士兵哆嗦着答道：“我有精神病，能听到炮弹飞过，但听不到它爆炸。”（炸弹休克症，就是听到炮弹飞来就会昏厥。）

“你个胆小鬼！”巴顿勃然大怒，对士兵骂道，接着又打了他一个耳光，抽出手枪在他眼前晃动，“你是集团军的耻辱，你要马上回去参加战斗，但这太便宜你了，你应该被枪毙。” 很快巴顿的行为被人报告给顶头上司、参谋长联席会主席艾森豪威尔，他说：“看来巴顿已经达到顶峰了……”虽然艾森豪威尔与巴顿的私交非常深，但是也不敢公然袒护这位手下爱将。狂躁易怒的性格，使本有前途的巴顿无法再进一步，面对有心理障碍的士兵，不是认真了解情况，加以鼓励，而是大打出手，完全失去了一个指挥官应有的风度修养，破坏了他在士兵心目中的形象，因此失去了晋升的机会，这似乎也是情理之中的事情。

我们作为客服人员经常要遇到愤怒和抱怨的客户，有时他们是对我们的产品不满意，有时他们是对我们的服务不满意，但不管是哪种情况，我们都要学会平心静气。让我们来看一个失败的销售案例。

销售员："我看，这款手机满足了您所有的需求，它真的很适合您。"

顾客："可是它太贵了。"

销售员："什么？太贵了？您怎么不早说呢？我们有便宜的呀！这一款就便宜得多，只不过没有上网功能。"

顾客："要是没有上网功能我为什么要换一部新的手机呢？"

销售员："那您就买那款带上网功能的吧！"

顾客："可是那款实在太贵了呀！"

销售员："一分价钱一分货啊！"

顾客："贵的我买不起呀！"

销售员（非常愤怒）："那您到底买不买？"

客户是给我们送利润的上帝，我们不论遇到怎样的情况都不能这样对待客户。这等于是将财富拱手让人。

因此，做好客户管理工作首先要懂得控制自己的情绪，这是工作成败的关键。

控制情绪不是要强忍着不发作，而是从内心就觉得有必要，在平时的工作中努力学习这种能力，把它当作一种必备的修养来学习。

表示歉意后再解释

当你接到这样的抱怨声，该如何解决：

"您的电话怎么那么难打，我打了很长时间才打进来。"

"我凭什么要告诉你我如何使用，我只想问你们该怎么办。"

"你们是怎么服务的，你说过要打电话给我，但从来没人打过。"

要让"对不起"真正发挥作用，就要告诉顾客：企业在管理方面还不到位，请包涵。你有什么事可以直接找我，只要能做到，我一定尽力。我们是朋友，凡事都好商量。顺便说一下，恳请他们再次惠顾也是个好办法。

很多时候，客户抱怨其实是因为客户对公司、产品或是对你有所误会引起的。因此你必须向客户说明原委，化解误会。但是请注意！这样的说明切勿太早出现，因为大部分的客户是很难在一开始就接受你的解释的，所以“化解误会”必须放在认同、道歉之后再做。

另一方面，“化解误会”可以避免客户得寸进尺，或是误以为你的公司或是你真的很差。假如误会没有解决，客户对你或公司可能会失去信心，进而取消订单，抵消了你前面的所有努力，这是非常可惜的！

一般来说，误解是由于客户对公司不了解，本来公司可以做到的，客户却认为公司做不到。他们会说：

“你们没有办法帮我送货上门。”

“你们没有金属外壳的笔记本电脑。”

而面对这种不满的客户，唯有诚心诚意全力补救才能化解彼此之间的敌意。

对于这样的客户，如果让他们觉得“这个公司很不诚实”、“我感觉不到他们的诚意及热忱”那就完了。所谓“完了”就是指自此以后不用再交涉了，因为结果多半是通过法律途径解决纠纷。许多原告正是因为“感觉不到对方的诚意”而不再期望有什么交涉结果。

然而，“诚意”说来简单，做起来就不那么容易了，它要求你不但要有超强的意志，还要不惜牺牲自身的利益，总之，竭尽所能，去重新争取客户的信任与好感。

有一点必须注意，企业在客户抱怨方面的工作必须落到实处，一味标榜是极伤害客户情绪的，比如：

当一家公司不无骄傲地向人们宣布他们为客户设计的热线电话咨询、求助、投诉专线是多么的快速和热情后，许多客户受到媒体宣传的影响和一些口碑的鼓励，决定亲身来体验这一切时，却意外地出现一遍又一遍的“话务员正忙，请稍候”的声音，然后就是一阵又一阵的单调的音乐；或者刚刚接通电话还没有说完，就意外断线了，然后费了半天劲也没有拨通电话而对方也未打回电话。

这也正如当你到一家连锁店购买了一些日用品，却意外地发现了一些日用品的质量问题，然后你得知这家连锁店有很宽松的退货处理时，你是怀着很兴奋的心情去的，结果在退货处理柜台前，这些处理退货的人员都板着一张脸，好像对消费者的退货行为怀恨在心一样，而且在处理过程中，一会又放下，去管一下其他的事情，更令你气愤的是，他们对其他的不是办理退货的人一脸微笑，转过头对你时，又是“横眉冷对千夫指”的做派时，愤怒自不必说，对企业的信任将被破坏无疑。

如果目的只是要解决顾客的投诉，那么可以就事论事地解决问题，这种方式也许奏效。但如果想让难缠的顾客成为伙伴，就必须用真诚表现出人情化的一面。

这种时候如果要向顾客道歉，态度一定要真诚。顾客经常觉得对方的致歉毫无诚意，不过是应付他们，这是一种自我防御的本能。

请记住：无论什么时候，只有真诚才能化解误会，平息客户的抱怨与不满。当你献出真诚时，必定能让事情圆满解决。

PART 03 处理投诉行动要迅速

处理信函投诉技巧

现在客户向企业提出投诉的方式多种多样，其中以信函的方式最为传统，我们需要花费的精力也非常巨大。

利用信函提出投诉的客户通常较为理性，很少感情用事。对企业而言，信函投诉的处理成本通常较高。

根据信函投诉的特点，企业客服人员在处理时应该注意以下要点：

1.要及时反馈

当收到客户利用信函所提出的投诉时，就要立即通知客户已收到，这样做不但使客户安心，还给人以比较亲切的感觉。

2.要提供方便

在信函往来中，企业客服人员不要怕给自己添麻烦，应把印好本企业的地址、邮编、收信人或机构的不粘胶贴纸附于信函内，便利客户的回函。如果客户的地址、电话不很清楚，那么不要忘记在给客户的回函中请客户详细列明通讯地址及电话号码，以确保回函能准确送达对方。

3.要清晰、准确地表达

在信函内容及表达方式上，通常要求浅显易懂，因为对方可能是位文化程度不高的客户。措辞上要亲切、关注，让对方有亲近感。尽量少用法律术语、专用名词、外来语及圈内人士的行话，尽量使用结构简单的短句，形式要灵活多变，使对方一目了然，容易把握重点。

4.要充分讨论

由于书面信函具有确定性、证据性，所以在寄送前，切勿由个人草率决断，应与负责人就其内容充分讨论。必要时可以与企业的顾问、律师等有关专家进行沟通。

5.要正式回复

企业客服人员在与客户之间的信函最好是打印出来的，这样可以避免手写的笔误和因笔画连贯而造成的误认，而且给人感觉比较庄重、正式。

IBM公司顾问阿门·克博迪安在《客户永远是对的》一书中阐述了IBM公司的核心服务理念，那就是：第一条，客户永远是对的，第二条，如果有任何疑问，请参考第一条。IBM公司把这两句话挂在公司大厅里、车间及公司员工可以看到的地方。在书中克博迪安还提出了：如果你根据客户的意愿解决了客户的问题，有70%的人会跟你有业务往来。解决客户问题速度越快，客户成为回头客的可能性就越大。

为客户写好抱怨回函是解决客户问题的第一步。首先要让客户明白，他的抱怨并没有被草率处置，他的问题会马上解决并告诉他解决问题的方法。这样客户就会慢慢平息他的抱怨和怒气。

为客户写投诉回函是IBM公司惯用的手法。

最快的答复客户意见的方式就是使用E-mail。快速反馈给人一种你已在采取行动、你在关心他们的感觉，它能缓和客户的不满情绪。

写回复函时有几点需要注意：

（1）承认自己的错误，并向客户道歉。

（2）提出解决问题的方法。

（3）尊重客户的抱怨，承认客户是对的。

（4）引起客户愉快的回忆，或者描绘美好的未来。

（5）向客户致谢，感谢客户的抱怨。

如有条件，企业应该统一用一种较为理想的回复方式。这样既节约人力，又节约财力。

为了使客户感受到被重视与尊重，可在每封回函上签上主管人员的姓名。

立即回复50%的顾客投诉

研究表明：良好投诉处理与赔偿制度能带来额外的销售额，并能提高公司形象。这种投资可能产生50%~400%的投资收益，而其他投资则难以达到这个数字。

最佳的商机不是取决那些已传达到高层管理者耳朵中的5%的顾客投诉，而是取决于曾在公司一定部门投诉过而又放弃的50%的顾客。因此，最佳的回复制度应是一个使顾客的投诉能迅速得到处理的制度，也就是要立即回复50%的顾客投诉的制度，而且在第一次顾客同公司的交往中体现出来。正是认识到了这一点，迪士尼公司为此建立了一种对顾客投诉“马上解决”的体系，这要求所有的员工在与顾客打交道时，公司授予他们一定的权力，并且让他们依情况决定该怎样做。在英国航空公司，所有员工都被赋予这样的权力：可以自行处理价值500美元以内的投诉案，并且有一个包括了12种可供挑选礼物的清单。

赋予一线所有人员以相同的权利去快速应对是一个重要的尝试，为实现这一目标，许多公司已经采取了许多方法。

1. 充分授权

Grand vision是一家光学与冲印摄影制品的公司，在15个国家拥有800间零售店。宣称员工十大权力的一部分是“无论什么，只要让顾客满意你都有权去做”。一些公司经常担心这样的政策会导致滥用职权、判断错误和过度消耗一线人员的精力。事实上，为解决这个问题，每天首席执行官和高层管理人员都会比一线人员更加“慷慨”地同顾客打交道。一线人员是相当理智的，顾客在他们心中也是如此。因此在不存在滥用职权的情况下去尝试这么做是明智之举，这也是大多数企业的做法。

2.部分限权

在联邦速递，假如出现问题，服务部门的代表将花费500美元找到一个迅速有效的解决办法。举个例子来说，经办员工也许会派计程车去追回那些由电信系统已发送的错误类别的包裹、资料、录像带等，一旦超过500美元就必须由上级批准。

在Ritz Carlton连锁饭店，最高限值是2000美元。在迪士尼宾馆中的服务人员拥有一个预先制订的物品清单，告诉他们能做什么，从奖赏一顿免费餐到分发一份礼物都罗列得很清楚。

这样的政策对于那些服务一线的成交量十分可观的大公司来说，最宜运用。

上面的方法同样适用于做电话行销的公司，决策部门应该多方调查，制定出适合自己公司的办法，保证尽快回复50%的顾客投诉。

大部分销售人员都知道：投诉是免费而又真实可靠的反馈信息，那些投诉的顾客能够帮助提高服务质量。尽管如此，但很少有公司对于建立理想的投诉制度而做出必要的投入。许多企业对顾客的投诉总是抱有一种敌视的态度，视之为“洪水猛兽”，更别说立即回复50%的顾客投诉了。这其实是一种非常不明智的做法，将无形之中导致很多顾客流失。因此，企业要重视顾客的投诉，并立即回复50%的顾客投诉，这样才能赢得顾客青睐，重塑企业形象，并在成功的道路上越走越远。

处理电话投诉技巧

别以为你躲在电话后面就可以十分随意，要知道客户仍可凭借你的声音来判断你的表现。

电话的普及运用，让客户和企业同时感受到了便利，与此同时，电话投诉也变得越来越频繁。

对于客户而言，再没有比通过电话向企业提出投诉更快捷的手段了。而且目前多数企业都设有免费电话，给客户的电话投诉提供了很大的便利，因而过去以信函为主的投诉方式，现在已变为以电话为主。

因此，要求企业客服人员能熟练应对，面对看不见表情和身体动作的客户，企业客服人员的应对必须是亲切和有礼貌的，一定要注意以下几点：

（1）要提防自己在声音上给人以不礼貌印象的细节，如压抑着的笑声、带有感情色彩的鼻音或出气声，这些都可能会引起客户的误解而使问题变得更加难以处理。

（2）除了自己的声音外，也要注意避免在电话周围的其他声音，如谈话声和笑声传入电话里，使客户产生不愉快的感觉。

（3）要学会站在客户的立场来想问题，无论客户怎样感情用事，都不要有失礼的举动，千万不能和客户发生争执。

（4）无论是处理投诉还是提供令客户满意的服务，都需要努力剖析客户心理。

在通过电话处理客户投诉时，唯一的线索就是客户的声音，如何通过这有限的声音信息来把握客户心态，是一项重要而不易做到的工作，因此要求企业客服人员一定要努力通过客户的语气语调来分析客户心理，以赢得客户对企业的信赖。

一个人的心情如何其实是完全可以通过电话来判断的，比如说话的内容、语速、声调、停顿，等等，无一不是在向我们诉说他的心情故事。

因此，客服人员必须经过特殊培训才可上岗，否则问题解决不了还会引起更大的矛盾。

客服人员在接每一个投诉电话时都必须做好相关的记录，以便查询问题的进展和了解问题的集中性。

处理问题迅速及时

对于客户的投诉请求，如果采取三拖四延的做法，势必会令企业陷于万劫不复的境地。

史密斯·霍肯是园艺用品邮购公司的负责人，他发现，处理纠纷的时间太长，会破坏该公司善意的退费制度。有时候，要解决纠纷，需和顾客往返好几次信件。于是该公司便着手改善。他要求电话服务人员在电话里即时为顾客解决问题，虽然电话费增加了，但整体的支出却减少了，因为纸上作业流程得以精简。顾客则表示很满意史密斯·霍肯处理投诉的新方式，员工能立刻解决顾客的问题，也觉得很有成就感。

为了快速回应顾客需求，组织必须尽量扁平化，并将权力下放。3个层级比5个层级更能令顾客满足。同时运用一定的教育方式，教育的技巧必须更恰当，让员工能依据公司的基本原则，自行做出最佳判断。这就好比运动教练无法控制球员的行动一样。一旦球赛开始，球场上的情势不断演变，只能期待球员了解全盘策略，成功地运用。因此，对投诉顾客也是相同的道理。

在充分授权的环境中，管理者必须有效运用下列3项管理技巧：一是提出示范，希望员工做到什么；二是情况发生时加以了解和掌握；三是奖励表现适当的员工。管理者可以在会议上进行一对一的模拟训练，然后游走其间，面授机宜。最重要的是，管理者必须示范良好的投诉处理方式，让员工了解，公司期望他们如何对待顾客。

服务业直接面对顾客的投诉，其管理方式必须与制造业不同。哈佛商学院教授李讷·史蓝辛格表示："以往的习惯很难抹灭，许多服务业公司都继承制造业管理方式最糟的部分，过度监督、过度控管。"

顾客也好，客户也罢，他们通常提出问题时急需我们的回答，没有一个愤怒的客户愿意坐在那儿傻等。随着时间的流逝，越晚解决投诉问题的越危险，客户随时做好走掉的准备，并且他会向几乎所有人宣扬这件恶劣的事件。

美国著名的销售员乔·吉拉德根据个人的观察，提出了"250法则"。他认为：人总是爱在别人面前炫耀自己。当人们购买一种产品得到满足时，都喜欢在别人面前宣传这种产品的优点以显示自己的眼力；当他得不到满足时又会极力贬低产品，以衬托自己有见地。因此，假定每周有两个客户对你销售时的服务或对其所购买的产品不满，一年到头便有约104个客户不满，这104人中每人又影响了250人，结果就可能有26000人对你的销售不满。

所以我们必须重视每一位客户的投诉，努力处理好每一份投诉电话、信函。

第十一篇

销售精英要懂经济学

PART 01

4大关键词，奠定销售员经济学销售基础

抓住理性消费者的感性软肋

“我们每天所需要的食物和饮料，不是出自屠户、酿酒师和面包师的恩惠，而是出于他们自利的打算。”

这是西方经济学之父亚当·斯密的代表著作《国富论》中的一句话。他认为，经济学中人和人之间是一种交换关系，能获得食物和饮料，是因为商家自己要获得最大的利益。这便是经济学对于人性的假设。

销售员认识经济学的第一步，就是认识经济学的人性假设，即将所有人都看作是利己的理性经济人，力图以最小的经济代价去追逐和获得最大化的经济利益。

经济学家认为，经济人假设是经济学最根本的假设。整个经济学大厦都是建立在这一假设基础上的。如果否认这个假设，就等于取消了经济学本身。

或许你会有疑问：如果人人都是理性经济人，都是理性且自利的，那么，每个人在追求自身利益最大化的动机下，势必导致销售者盲目抬价，消费者拼命压价，那么，社会秩序不会变得混乱，买卖双方能够实现互利共赢吗？

其实，每一个人都希望用最小的投入获得自身利益的最大化。但同时，我们不可否认的是，再理性的消费者也是一个有血有肉的感性的人，他们的行为可能受某些因素的影响，造成非理性的冲动消费。

楚国有一个商人把珍珠装在木兰树制作的盒子里，用桂椒熏盒子，用精美的珠玉点缀其上，用翠鸟的羽毛装饰盒子。有个郑国人看到这么精美的盒子爱不释手，花重金买下珍珠，却把里面的珍珠还给楚国人，自己拿着这个精美的盒子走了。

在“买椟还珠”的故事中，郑国人如果是一名理性经济人，要么会与楚国商人讨价还价，要求商人只对盒子出价，而减去珠宝的价格；要么在买下珍珠后自己转手将珍珠卖了，怎么也不该以全价买下珍珠与盒子，并将珍珠还给楚国人。

然而，出于对盒子的爱不释手，这名郑国人已无暇顾及其他，只是急切地将精美的盒子买下，而将珍珠的价值完全忘在了脑后。事实上，消费者消费过程常常受到情感因素的制约，容易受商品的外观和广告宣传的影响。尤其是女性消费者，当她们面对某些时尚商品或是促销商品时，大多情况下很难确定其是否符合经济学的相关假设，她们的行为往往受外界干扰变得十分不理智，做出非理性的消费行为。

据有关专家对京沪粤三地18～35岁青年女性的调查显示：因受打折优惠影响而购买不需要物品的女性超过50%；因受广告影响购买无用商品或不当消费的女性超过20%；因店内的时尚气氛和现场展销而消费的女性超过40%；因受到促销人员诱导而不当消费的女性超过50%。

女性的情绪性消费或许是感性消费中的典型代表。事实上，每一个理性消费者都有其非理性的一面。人都有七情六欲、情绪波动，有些人可能因为一时的心情不好，把购物当成发泄的方式，也可能因一时的好奇心而购买看起来很好的东西；或者临时起意，在逛商场的时候，看到漂亮的衣服就买下；或是为了炫耀自己的财富、地位或者攀比而购买一些奢侈品。这些消费行为并不符合消费者作为理性经济人的初衷和根本利益，但他们还是会一而再再而三地重蹈非理性购物的覆辙。

作为销售员，你本身也是本着追求业绩最大化和利润最大化原则的理性经济人。但你更应当认识到的是，你的每一名客户都是理性经济人，都希望能够买到最为“物美价廉”的物品。你的销售过程，实际上也就是一个如何平衡自己追求的利益最大化和消费者追求的利益最大化之间的难题——当然，聪明的销售员并不认为这是一个难题。因为在多数情况下，我们的长期利益回报正是来源于消费者对我们“物美价廉”的产品的长期信任与忠诚购买。

因此，出色的销售员一方面能够充分理解消费者的理性经济行为，客观地告诉消费者他买这项东西可以获得什么实惠，我们的产品相对于同类商品具有什么优点和便利，等等，帮助顾客进行理性的购买决策。另一方面，优秀的销售员更善于利用说服的技巧、出彩的包装，营造促销的氛围来等诱导消费者进行感性消费。

捕捉市场信号释放出的产品供求机会

有一个笑话：如果能够教会鹦鹉说“需求”和“供给”这两个词，这只鹦鹉就能够成为经济学家了。

这句话带着玩笑的成分，从这句玩笑话中，我们也能够看出需求与供给在经济学中的地位。

需求与供给间的相互作用被称作供求运动。其实，从本质上来讲，之所以会产生供与求之间的运动，正是我们前面提到的资源稀缺性的存在。

供求运动的经济学原理是西方经济学家在近代才提出来的，但中国古人早就明白了这个道理。“物以稀为贵”、“洛阳纸贵”这些流传至今的说法，都包含供求运动的规律。

作为销售员，不需要像经济学家一样以专业化的模型、曲线等对供求关系与市场变化进行精准的计算，但我们的销售活动必须建立在了解基本供求关系，准确把握市场需求的基础上，才能提供合理的供给，满足该市场上消费者的需求。

鸦片战争以后，英国商人为能打开中国这个广阔的市场而欣喜若狂。当时英国棉纺织业中心曼彻斯特的商人估计，中国人口众多，假如其中有1亿人晚上戴睡帽，每人每年用两顶，整个曼彻斯特的棉纺厂日夜加班也不够，何况还要做衣服呢！于是他们把大量洋布运到中国。

结果与他们的梦想相反，中国当时仍然处于一种自给自足的封建经济，在此基础上形成了保守、封闭甚至排外的社会习俗。鸦片战争打开了中国的大门，但没有改变中国人的消费习惯。当时，上层人士穿丝绸，一般老百姓穿自家织的土布，中国人晚上没有戴睡帽的习惯，洋布根本卖不出去。

英国的洋布之所以没卖出去，正是因为错误地估计了中国消费者的需求，盲目供给货物，最终只能独自品尝供求失衡的苦果。

了解供求关系及其作用，能够更好地指导销售员的销售活动。经济学家认为，供求机制能对市场产生直接的作用，其具体表现为：

（1）保持供求总量平衡。物以稀为贵，当商品供不应求时，价格上涨，从而吸收更多的投资，供过于求时，导致企业压缩或退出生产。因此，销售员可以通过市场供求变化预测商品的价格走势，从而指导自己在销售过程中灵活定价和进货退货。尤其是一些市场走势十分敏感的商品，如猪肉、粮油、汽油、黄金等随着政治、经济大环境发生明显供求变化的行业，更应该对供求与价格变化保持高度的敏感。

（2）紧抓地区之间的平衡信息。不同地区的生产资源不相同，消费者的消费习惯也有很大差异，造成各地的供求很不均衡，因此，商品在不同的地方有不同的价格。这就给我们提供了利润的空间。例如，如果天

津的某商品比北京的便宜，而从天津运一批该商品的运费要远远低于这批商品在天津与北京间的差价。那么，该商品市场的销售员一定会选择从天津进货而非北京。

（3）利用调节商品在时间上的平衡。它促使部分劳动者从事跨季节、跨时令的生产经营活动（如温室种植、跨季节仓储等），在一定程度上满足了市场需求，缓解了供求矛盾。这一表现在销售过程中也很常见。我们进行换季打折、限时抢购等促销活动时，无不是在调节不同时间的供求平衡。

为了不重蹈英国商人在中国开拓睡帽市场的失败覆辙，优秀的销售员首先必须成为市场供求行情的侦察员，对市场供求发生变化的每一个信号保持高度敏感，从而更科学地指导自己的销售活动。

一个真理：人人有需求，人人是顾客

我们都明白，销售员在进行商品买卖中，必须密切关注市场需求，随着需求的变化调整商品的供给。但是，销售员不一定都是被动地满足市场中的已有需求，可以通过对市场的敏锐洞察，挖掘和创造消费者的新需求。

有一个公司在招聘销售员时给求职者出了这样一个难题：向和尚卖梳子，卖得越多越好。

所有人在初听到这一命题时都表示怀疑：把梳子卖给和尚？这怎么可能呢？和尚没有头发，根本就用不着梳子。面对根本没有需求的市场，许多人都打了退堂鼓，但还是有甲、乙、丙3个人勇敢地接受了挑战。

一个星期的期限到了，3人回公司汇报各自的销售成果，甲先生卖出1把，乙先生卖出10把，丙先生居然卖出了1000把。

甲先生说，他跑了3座寺院，受到了无数的臭骂和追打，但仍然不屈不挠，终于在下山时碰到了一个小和尚因为头皮痒在挠头，在他百般游说下，小和尚买了一把梳子。

乙先生去了一座名山古寺，由于山高风大，把前来进香的人的头发都吹乱了。乙先生找到住持，说：“蓬头垢面对佛是不敬的，应在每座香案前放把木梳，供善男信女梳头。”住持认为有理。那庙共有10座香案，于是住持买下10把梳子。

丙先生来到一座香火极旺的深山宝刹，对住持说：“凡来进香者，多有一颗虔诚之心，宝刹应有回赠，保佑平安吉祥，鼓励多行善事。我有一批梳子，您的书法超群，可刻上‘积善梳’三字，作为赠品。”住持听罢大喜，立刻买下1000把梳子。

对于和尚和寺庙而言，完全没有需求的梳子市场，却被丙开拓出来崭新的市场。事实上，创造需求的过程就是一个对与潜在需求进行深入挖掘和捕捉的过程。

销售员在销售过程中每天都面对形形色色的“顾客”，这些顾客基本上可以分为两类：显著型顾客和潜在型顾客。我们通常意义上的顾客就是显著型顾客，具有以下4个特征：

（1）具有足够的消费能力。

（2）对某种商品具有明确的购买需求。

（3）了解商品的信息和购买的渠道。

（4）可以为从业者带来直接的收入。

只要顾客已经将商品买下来，他就成为我们的显著型顾客。显著型顾客的需求是明显的、可预测的，这一类顾客，我们可以较容易地凭经验掌握与需求相应的供给。

另一类是潜在型顾客。除了显著型顾客外，几乎所有的人都是我们的潜在型顾客。潜在型顾客具备以下4个特征：

（1）目前预算不足或不具备消费能力。

（2）可能拥有消费能力，但没有购买商品的需求。

（3）可能具有消费能力，也可能具有购买商品的需求，但缺乏商品信息和购买渠道。

（4）随着环境、个人条件或需要的变化而成为显著型顾客。

潜在型顾客是一个巨大的消费群体，包括社会中各类人群。销售员应挖掘商品的潜在消费群体，创造他们的消费需求，将潜在的消费群体诱导成为显著的消费群体。

销售员："您好，请问，××先生在吗？"

顾客："我就是，您是哪位？"

销售员："我是××公司打印机客户服务部销售员，我这里有您的资料记录，你们公司去年购买的××公司打印机，对吗？"

顾客："哦，是，对呀！"

销售员："保修期已经过去了7个月，不知道现在打印机使用的情况如何？"

顾客："没有问题。"

销售员："太好。我给您打电话的目的是，这个型号的机器已经不再生产了，以后的配件也比较昂贵，提醒您在使用时要尽量按照操作规程，您在使用时阅读过使用手册吗？"

顾客："没有呀，还要阅读使用手册？"

销售员："是有必要的，实在不阅读也是可以的，但寿命就会降低。"

顾客："我们也没有指望用一辈子，不过，如果坏了怎么办呢？"

销售员："没有关系，我们是会上门维修的，虽然收取一定的费用，但比购买一台全新的还是便宜的。"

顾客："对了，现在再买一台全新的打印机什么价格？"

销售员："要看您要什么型号的，您现在使用的是××公司的3330，后续的升级的产品是4100，不过完全要看一个月大约打印多少正常的A4纸张。"

顾客："最近的量开始大起来了，有的时候超过10000张了。"

销售员："要是这样，我还真要建议您考虑4100了，4100的建议使用量是15000张一个月的A4正常纸张，而3330的建议月纸张是10000张，如果超过了会严重影响打印机的寿命。"

顾客："你能否给我留一个电话，年底我可能考虑再买一台，也许就是后续产品。"

销售员："我的电话号码是××××××。对了，您是老客户，年底还有一些特殊的照顾，不知道您何时可以确定要购买，也许我可以将一些好政策给您保留。"

顾客："什么照顾？"

销售员："购买的话，可以按照8折来处理或者赠送一些您需要的外设，主要看您的具体需要。这样吧，您考虑一下，然后再联系我。"

顾客："等一下，我计算一下，我在另外一个地方的办公室添加一台打印机，是你送货还是我们来取？"

销售员："都可以，如果您不方便，还是我们过来吧，送到哪里，什么时间好？"

后面的对话就是具体的落实交货的地点、时间等事宜了。

上例中的推销员巧妙地利用了新产品推出的契机，激发了原本对打印机完全没有兴趣的男主人的潜在需求。其实现实中这样的例子并不鲜见，许多节日商品、礼品促销，其瞄准的目标客户并不是原本对这些商品有显著需求的顾客，而是让原本对该商品没有消费欲望的消费者，培养成了直接消费群体，这也不失为一种创造需求的好方法。聪明的销售员应当善于观察与发现，挖掘每一种有需求的"商机"。

了解顾客偏好，才能投其所好

我们常在生活中听到说“萝卜白菜，各有所爱”，事实上，这句日常俗语包含着一个经济学概念——偏好。

在经济学中，偏好是指消费者按照自己的意愿对可供选择的商品组合进行排列。每个人在一生中，由于受各种因素的影响，其偏好并不是固定不变的，随着时间的变迁，可能受原有习惯、身体条件、工作环境与社会环境等的影响而发生改变。而同一种商品，也可能随着时间的不同，消费者对其的偏好不同。

一个小伙子细心经营着一个很大的玫瑰园，他几乎倾注了所有的精力，科学地按时浇水，定期施肥。因此，玫瑰园的玫瑰长势很好，玫瑰品种齐全，五颜六色，煞是好看。小伙子定期到集市上去卖玫瑰，喜欢玫瑰的人都喜欢在这里买，因为他的玫瑰不仅鲜艳漂亮，而且从不漫天要价，每株玫瑰的价格在1～2元之间。

令人惊诧的是，不知什么时候，小伙子的玫瑰园里竟然长出了一些黑玫瑰，小伙子发现了这些黑玫瑰，差点慌了神，这下肯定没人买它，谁会要黑玫瑰呢！但是小伙子还是舍不得毁掉，想着让黑玫瑰在玫瑰园里点缀一下，也是一个特色。

后来，一位植物学家听说了小伙子的黑玫瑰，惊喜地叫起来：“黑玫瑰！这是旷世稀有的品种！”植物学家为了研究黑玫瑰，保存和繁衍这个珍贵品种，愿意高价购买小伙子的黑玫瑰。植物学家出价10元/株订购小伙子的黑玫瑰，小伙子自然欣然接受，他没想到，黑玫瑰竟然给他带来了意想不到的财富，远远超过了他的预期收入。

后来，当人们知道了黑玫瑰是旷世稀品后，争相购买，小伙子种的黑玫瑰渐渐比其他玫瑰还要多，占了玫瑰园的一半。

最初小伙认为黑玫瑰颜色不合人们的偏好，因而没有将黑玫瑰作为自己的赢利产品。但是，当植物学家发现黑玫瑰的稀有价值后，黑玫瑰的身价也随之一路飙升，人们对各色玫瑰的偏好也发生了改变。

这个故事说明，人的偏好会发生改变，同时，消费者的偏好对于市场和商品有很大的决定作用。聪明的销售员应当敏锐地捕捉到消费者的偏好变化，将最受欢迎的产品作为自己的主打，最大限度地获得利润。反过来看，黑玫瑰引发了新的流行，告诉我们，要主动引入新产品，创造消费者的偏好。

销售就是对消费者“投其所好”的过程。销售员必须知道目标消费人群的偏好，同时紧密关注他们的偏好变化。通常来说，影响人的偏好改变的因素主要有以下几项：

1.原有的偏好习惯

由于消费者行为方式的定型化，经常消费某种商品，会习惯性地采取某种消费方式，就会使消费者心理产生一种定向的结果。这在经济学上被称为“路径依赖”。

2.身体条件的变化

一个人身体条件的改变将直接影响其效用偏好结构的改变，如有的人得了肝病，则原来饮酒、吸烟的偏好将会随之改变。

3.工作环境的变化

不同的行业必然具有不同的环境和作息习惯，一个人的效用偏好结构也会随之变化，以适应新情况。如常常加夜班的白领可能会偏好咖啡、方便面，而从事较为轻松的公务员可能不会对此有偏好。

4.社会环境影响

主要指一个人所处的社会环境及社会潮流、主流文化对一个人效用偏好结构的改变所产生的作用。例如一个广州人到哈尔滨定居，其效用偏好结构肯定会发生变化。同样，由于社会潮流不断变化，即使一个人处在同一城市中，他也会为了适应形势和潮流而不断改变自己的效用偏好结构。

认识到不同消费者的偏好变化后，销售人员可以科学地指导自己的销售工作，使所售物品更好地满足消费者的偏好需求，从而赢得消费市场。

PART 02

定攻略，寻找隐藏的利润区

完美的定价系统，利润藏在缝隙里

很多商家都希望所有的价格都是为每位顾客量身定做，以保证对能承受高价位的消费者收取最高的价格，对只能承受低价位的消费者实行最适合的售价。

美国电力企业的管理者们希望建立一个根据需求的变化而随时变化的定价系统。有效地利用电价对消费者的用电积极性进行激励，在电力充足的时候鼓励人们用电，而在高峰期降低人们的消费。

1999年，美国的佐治亚电力公司实现了这个定价系统，他们为每个用户安装一种特殊的电表，并给每个用户分配了基准用电量，采用实时计价的方法，使得每时每刻电价都不同。实时的电价取决于电力生产企业的信号，当电力的需求接近装机容量时，就会提高电价来刺激用户减少用电，并且在电力供应不足的时候对超出基准部分收取较高的电价。这套系统成功地将电力需求减少了750兆瓦，某些大型用户更是削减了60%的用电量，事实上，现在美国大约有1600万用户都在使用这种计价方式。

这是一种比较隐性的针对不同需求时段所制定的定价方式，我们熟知的沃尔玛也用了类似的定价系统，比如“天天平价”。

沃尔玛口号是“天天平价，始终如一”，这就是沃尔玛驰骋全球零售业沙场的营销策略，这也是沃尔玛成功经营的核心法宝。

如果你问沃尔玛的员工，沃尔玛成功的经营秘诀何在？他们大都回答：“便宜。”在沃尔玛，5元钱进货的商品以3元钱的价格卖，怎会有这样的事情呢？

其实，并不是所有商品都如此打折。在沃尔玛，只有部分商品如此打折，而且是轮流打折——今天是日用品，明天是调料，这周是烟酒，下周是食品。而其他商品的价格与别的超市的价格则没有区别。

这是一种非常有智慧的定价方式，其好处在于：

首先对消费者有利。那些知道沃尔玛打折商品价格的消费者显然愿意去购物。但去超市是要花车费和时间的，既然已花了车费和时间，哪能只购买打折商品呢？总要购买一些其他商品的。虽然不知道具体打折的是些什么商品，但总是有打折商品的，而不打折的商品又不比别处的超市贵，为何不奔着沃尔玛去呢？

其次对于厂家有利。“天天平价”虽然使商品的平均单价降低了，由于吸引了消费者，提高了销售量，总利润不减反增。为了吸引即使知道打折也不购买打折商品的消费者，沃尔玛不会让所有人事先都知道具体的打折商品，只让一部分人知道，一部分人不知道。

当然，对部分销售员来讲，不可能有如美国的佐治亚电力公司和沃尔玛这样成熟而科学的定价系统，但我们可以以此为借鉴，制定属于自己特色的定价，将实惠落到实处，让顾客看得清清楚楚，明明白白，同时让我们的利润隐藏在角落里，在促销活动中让顾客看得到实惠，又让自己的营业额上升，让利润最大化。

炫耀性消费就是你的天然好机会

对于很多顾客来讲，大多数时，钱好像是糊里糊涂就花出去了，不计较得失，花得高兴，只要自己愿意。例如对于某小资女人来讲，将攒下来的半年工资买了LV限量版手袋而不是攒钱买房。

你或许会说她虚荣，但很多时候，我们买一样东西，看中的并不完全是它的使用价值，而是希望通过这样东西显示自己的财富、地位或者其他方面，所以，有些东西往往是越贵越有人追捧，比如一辆高档轿车、一部昂贵的手机、一栋超大的房子、一场高尔夫球、一顿天价年夜饭……制度经济学派的开山鼻祖凡勃伦将此称之为炫耀性消费。

来自偏远山区的刘先生登上了天安门城楼。刘先生上次登城楼是10年前，现在重新看一下，觉得似乎没什么变化，只是多了一处出售“天安门城楼游览证书”的柜台，出于好奇心，刘先生留意了这个新柜台，有两台计算机和打印机，游览证书早已打印好（只要再打印上游客的名字和日期即可），做得很精美，印有天安门的图片，正中有金色的大字“天安门城楼游览证书”，像大学录取通知书，只要交10元钱就能获得证书。刘先生觉得自己难得有机会到北京，他想：“以前总在电视上看到国家领导人在天安门城楼上，特别威风，

现在我也有一种君临天下的感觉。一定要办个证书作纪念，回去也好炫耀炫耀。”于是，他便掏了10元钱办了张天安门城楼游览证书。

由此可以看出，在炫耀性消费里，消费者能从中得到虚荣效用。这种虚荣效用并不能带给消费者任何物质上的满足，它的存在实质上造成了商品相对价格及资源配置的扭曲，因为一个人从炫耀性商品中所得的虚荣效用正是另一人所失去的效用。

但在金钱文化的主导下，炫耀性消费遍及社会的每个角落，其表现形式林林总总、无所不包。炫耀性消费与商品的竞争相结合，一种是自我消费，另一种是代理消费。

自我消费，是通过对财产的浪费来显示其对财产的占有。例如，人们在服装上的好奇斗胜和极力奢侈，以说明他们借此夸耀自己的财富，表现自己的浪费性消费。

代理消费，是炫耀性消费的另一种重要表现形式。可分为两大群体：一种是拥有穿特制衣服，住宽敞公寓的奴仆；另一种是在饮食、衣着、住宅和家具等方面浪费的主妇和家庭的其余成员。这些消费行为只是为了证明其主人具有足够强的支付能力，依此为增添荣誉。

由此可知，通过炫耀，财富获得不断积累，而且一个人对拥有财富的满足才能折射到另外一个人的梦想中，并转化为一群人追求财富的动力。也就是说，一个人通过炫耀获得了“追求财富并得到财富”的成就感；从客观上讲，另一群人在这个人的炫耀性消费的刺激下获得追求财富的动力。

而对于我们从事销售的人员来讲，认识并熟悉这些拥有炫耀性消费的人群，对我们制定价格有着很重要的借鉴意义。因为随着中国人群财富的逐渐增多，人们追逐名牌、奢侈品等的速度也在飞快发展，抓住这个机会，准确识别人们的炫耀性消费心理，将产品推向名牌，将名牌推向品牌，从卖产品为主逐渐推广为卖服务为主，让顾客在销售过程中享受到更优质的服务价值，才能争取到更大的销售额和更有购买力的顾客。

链接1：奢侈品的市场份额呈几何级数增长

亚洲——奢侈品最大的目标市场。

亚洲是世界上最大的奢侈品市场，其销售量比任何其他地区，包括欧洲和美国都要多。例如，每年80亿美元的瑞士表有一半出口到亚洲。作为世界上最大的奢侈品公司法国LVMH，宣称他们全球40%的销售额在亚洲，而它的竞争对手古琦，这一数字则更高，达到了45%。

中国——奢侈品消费总额世界第三，占全球消费总额的12%。

据高盛投资银行统计，中国在2004年的奢侈品销售总额（除去私人飞机和游艇）达到了60亿美元，占全球奢侈品消费总额的12%。据称，中国已经是全球第三大奢侈品消费国，其奢侈品消费总额仅仅低于日本的41%和美国的17%。高盛预测，一直到2008年，中国的奢侈品消费额的年增长率将在20%左右，直到2015年其年增长率将约为10%，到那时中国的奢侈品消费总额有望超过115亿美元。

链接2：中国奢侈品市场飞速发展的主要因素

（1）中国的富人阶层在人数和财富上都在飞速增长。

在1999年，总资产均达到600万美元即可进入由《福布斯》杂志评选出来的中国财富榜中前50名，而在2005年你需要1.4亿美元才能够进入财富榜前100名。2006年，据报道，中国13亿的人口当中有大约30万财富超过100万美元的富翁。

（2）中国新兴的中产阶级认为，奢侈品是一种能够代表他们成功的标志。

TNS的调查显示，中国中产阶层对购买奢侈品的态度是非常正面和积极的。例如，绝大多数被调查者认为，拥有奢侈品意味着成功和高品位。超过一半的被调查者表示他们渴望拥有奢侈品。

（3）其他有利因素，如税收等。

依据中国加入世界贸易组织的协定，自2005年起，中国对奢侈品进口所征收的关税逐步降低，这极大地促进了奢侈品的销售。例如，2004年底之前，进口手表的关税是28%~40%，现在已经降低到12.5%，2006年年底税率则进一步降低至11%。

（4）展望。

高盛投资银行预测，中国在2015年将超过日本成为全球最大的奢侈品消费市场，其消费总额将占全球的29%，届时将超过日本的28%。高盛公司同时还预测，自2006年至2010年，中国对奢侈品的需求量将以年25%的水平增长。

给部分人优待：享受8分钱的机票

越剧《何文秀》中有个段子：有个算命先生有段唱词："大户人家算命收五两银；中等人家算命，待茶待饭收点点心就好；贫穷人家算命，不要银子，倘若家中有小儿，我还要送礼金，倒贴铜钱二十四文，送与小儿买糕饼。"

当然，即使算命先生的话被大户人家听到，大户人家还可能找他算命，只要能提供与价格相符的服务。因此，这种对不同人家的不同定价策略，并不影响"生意"。

精明的商家们从算命先生的定价策略中得到了一定的启示，于是出现了"价格歧视"。

价格歧视，实质上是一种价格差异，通常指商品或服务的提供者在向不同的接受者提供相同等级、相同质量的商品或服务时，实行不同的销售价格或收费标准。

价格歧视的前提是市场分割。如果不能分割市场，就只能实行一个价格。如果能够分割市场，区别顾客，这样企业就可以对不同的群体实行不同的商品价格，尽可能实现企业较高的商业利润。

实行价格歧视的目的是为了获得较多的利润。如果以较高的价格能把商品卖出去，就可以多赚一些钱，但如果把商品价格定得太高了，又会失

去低消费能力的顾客，从而导致利润下降。如果可以两全其美，既以较高价格赚得富人的钱，又以较低价格赚穷人的钱，这就是价格歧视产生的根本动因。

中国留学生小朱在欧洲旅行时，准备从巴黎乘飞机回伦敦。如果按正常航班来买票，票价是181英镑，这对不太富裕的小朱来说显然有点贵了。于是他仔细搜寻报纸信息，希望能买到最便宜的机票。结果他做到了。他仅用了6.3英镑！但这还不算最便宜的机票，有一次他从比利时飞回伦敦，竟然只花了0.01欧元，合人民币8分钱！

为什么能这么便宜？这就是价格歧视现象。航空公司根据各种标准，将乘客加以甄别，制定完全不同的价格，从而在不同类别的乘客身上分别实现收益的最大化。

而这些“甄别”或“歧视”的线索，可以是顾客自己声明的，比如开口就要头等舱，显然他愿意为了双脚伸得稍微长一点，或者为了在那十来个小时里独占一个电视屏幕，或者为了在旅途中喝点好酒而多付很多钱。

请注意！这些尊贵的享受本身，并不足以说明超出的价格。

实际上，这些额外的享受本身是次要的，航空公司提供这些服务的目的，是为了以此将那些对价格上涨不敏感的人甄别出来，索取更高的价格。

还有一些“线索”是顾客不由自主表现出来的，比如愿意花更多的时间在报纸和旅行社之间搜寻，愿意提前两个星期甚至半年预订机票，愿意耐心填写“里程奖励计划”的表格并随时留意各种优惠活动，等等。航空公司根据这些线索，把时间的成本较低的乘客甄别出来，用低得多的价格吸引他们，从而创造本来不会发生的营业额，增加公司的总收益。

所以，即使卖8分钱的机票，航空公司也不会亏本；相反，敢卖8分钱的机票，正证明了航空公司的精明。

现在我们就很容易理解，为什么在超级市场，出示会员卡或积分券，便能买到便宜货；提前半年通过旅行社预订的机票价格，与即买即走的机票价格相比，可以相差好几倍；日本汽车远销到美国，比在日本本土的售价还要低廉；餐厅里同样的一桌饭菜，如果是常客，就可以打8折；两个学生成绩相当，但贫穷学生可以得到助学金，实际上是缴了较低的学费。

这是价格歧视，也是“让利”、“优惠”、“补贴”、“扶持”，体现在定价上，价格如果定得过高，虽然每件产品所赚取的利润大，可是能卖出的产品总数很少，总的利润并不高；反过来，价格如果定得过低，虽然能卖出大量的产品，但由于每件产品所赚取的利润小，总的利润也还是低。

李强是一位保险业的销售员。在接触准客户时，常会听到这句话：“你们的保单怎么比人家贵那么多？”李强会回答他们：“贵的东西有贵的理由，便宜的东西也有便宜的原因。”

“每一家保险公司都有会计师，所有会计师所用的理论都是共通的，保险单绝对不可能贵得离谱或是便宜到令人不可置信的地步。保单不能就价格论，而是要以同类型的保单来看，长期、短期、分期提取的合约都不一样。”

如果客户在面对保险行销人员时，以“我要和会计师商量”当作借口，此时，李强会马上问对方原因，并告诉他：“您的会计师是精通会计，并不是精通保险，和他商量未必有用。”

如果客户仍然执意要跟会计师谈，李强会进一步要求客户给他该会计师的电话，并说：“我会把计划书亲自送给您的会计师，当面回答他所有的问题。这样可以更好地节省时间，您说是吗？”

按照此种方法，李强总能拿到更多的签约和业绩。因为对顾客讲得清楚，他们对保单的每一个单价细项也都很明白，真诚沟通，就会有收获。

因此可见，销售时，要根据顾客的需求特点、对产品价格的敏感程度，探索一个恰当的价格，使总利润达到最大，要让顾客明白自己所花的每一分钱都有所值，才会心甘情愿地掏钱。否则，价格高，未必赚；客人多，也未必赚。

价格与价值如何才能均衡

世界上没有什么东西能比水更有用了，可一吨水才几块钱，而钻石除了能让人炫耀他的财富外，几乎没有什么用途。但为什么水的用途大而价格低，钻石的用途小而价值高呢?

这就是著名的钻石与水悖论，也就是价值悖论。价值悖论，指某些物品虽然实用价值大，但是廉价，而另一些物品虽然实用价值不大，但很昂贵。

对于销售人员来讲，了解了价值悖论，在定价时就要考虑到价格与价值必须相符，也就能制定出均衡价格。

均衡价格是指商品需求量与供给量相等时的价格。

均衡价格是在市场上供求双方竞争过程中自发形成的。需要强调的是，均衡价格的形成完全是在市场上供求双方的竞争过程中自发形成的，有外力干预的价格不是均衡价格。

在市场上，均衡是暂时的、相对的，而不均衡是经常的，所以供不应求或供过于求经常发生。

当供过于求时，市场价格下降，从而导致供给量减少而需求量增加，当供不应求时，市场价格会上升，从而导致供给量增加而需求量减少。供给与需求相互作用最终会使商品的需求量和供给量在某一价格水平上正好相等。这时既没有过剩（供过于求），也没有短缺（供不应求），市场正好均衡。这个价格就是均衡价格，市场只有在这个价格水平上才能达到均衡。

使需求量和供给量相等，从而使该商品市场达到一种均衡状态。销售中的均衡价格情况是很少出现的，大多数情况下，都是供大于求或者供小于求，所以，让顾客明白你所销售的产品是物超所值的，才会提高你的业绩。

在美丽的德国莱茵河畔，有一家装饰得非常雅致的小酒店。这家酒店所使用的餐巾纸上印着这样一则广告："在我们缴纳过酒类零售许可税、娱乐税、增值税、所得税、基本财产税、营业资本税、营业收益税、工资总额税、教堂税、养犬税和资本收益税后，支付过医疗储蓄金、管理费、残疾人保险金、职员保险金、失业保险金、人身保险金、火灾保险金、防盗保险金、事故保险金和赔偿保险金，并在扣除电费、煤气费、暖气费、垃圾费、打扫烟囱费、电话费、报刊费、广播费、电视费外加音乐演出和作品复制费等之后，本月我们仅剩下这点广告费。因此，我们愿意请您经常光顾以扶持本店。"顾客看到这则广告，大动恻隐之心，进店就餐者频频而来。

由此可见，通过宣传，把市场价格推向均衡价格。一旦达到其均衡价格，所有买者和卖者都得到满足。销售员应知道，不同市场达到均衡的快慢是不同的，这取决于价格调整的快慢。市场上过剩与短缺都只是暂时的。实际上，这种现象如此普遍存在，以至于有时被称为供求规律——任何一种物品价格的调整都会使该物品的供给与需求达到平衡。

PART 03

商品卖得好，全靠促销做得好

消费边际效应，多买我就更便宜

有一个饥肠辘辘的人，一口气吃了三张大饼，当吃完第三张饼后感到饱了，并心满意足。但仔细思量，他发现自己犯了一个“愚蠢”的错误，那就是，早知第三张饼就能吃饱，前两张饼实在不该吃。

听了这个故事的人都会哈哈大笑，笑那个人愚蠢得可笑、可爱。然而，如果从经济学的角度来看，这个故事说明了西方经济学的一个重要原理，即“边际效用递减规律”。

边际效用递减规律是指同一物品对同一个消费者来说，因占有的秩序不同，所带来的满足程度或效用也不同。

我们都知道，对于吃饼的人来说，第一张饼的效用最大，在十分饥饿的状态下，他会以较高的价格去购买一张在平时看来价格昂贵得多的饼。然而，当第一张饼下肚后，即使没有填饱肚子，对饼需求的迫切程度也会远远低于第一张饼。以此类推，每增加一张饼所带来的满足程度，都会低于前一张饼所带来的满足程度；当吃得很饱时，总的满足程度最大，然而最后增加的那一张饼的效用，即带来的满足程度，几乎等于零。这时，如果吃饼人再继续吃下去，并且导致胃痛或呕吐，那这最后吃下去的一张饼，即“边际饼”的效用就是负，因此也会带来总效用水平的下降。

将这个吃饼的故事引申到商品的销售中来，我们可以据此分析出消费者的心理。一般来说，当一个人想在同一个商家手中购买两个以上的同一物品时，总爱与卖家讨价："我一次买两个，你便宜一点儿吧。"其实，这就是"边际效用递减规律"的生动实例。同一物品，对于消费者来说，第二件的边际效用低于第一件，而第三件又会低于第二件。如果同一件商品一次买上成百上千件，自然也就会获得远远低于"零售价"的"批发价"。

销售员的业绩是通过销量来体现的。因此，为了尽可能地扩大销量，我们都希望顾客能一次性购买尽可能多的产品。然而，考虑到他们的"边际效用递减心理"，我们在销售中必须注意实施"多买少算"的销售策略。

在销售过程实施"多买少算"、"有买有送"的市场交易规则，就是"边际效用递减规律"最生动的体现。对于消费者的"多买少算"心理深入了解后，销售员既给消费者造成更"实惠"的感觉，又能为自己促进销量，这不正是我们所追求的"完美促销"！

我们在商场中常常见到，酸奶、方便面的销售员将产品捆绑成5连包、10连包，吆喝着"有买有送买×赠一"、"加量不加价"的口号，让消费者觉得自己占了便宜，将自己原本并不打算买的第二包、第三包甚至第八包、第十包方便面都放进了购物车。

还有许多消费用品推出的"实惠装"、"家庭装"，将一般为200毫升、400毫升的洗发水升级至1L、1.5L包装，消费者原本并不想一次买上那么多，但还是觉得买大包装划算，同样也是考虑到了消费者购买商品具有"边际效用递减"的心理。

更典型的例子还有健身房、游泳馆、游乐场以及美容会所等服务场所和娱乐场馆提供的季卡、年卡。消费者在办理年卡后，往往在头

两次享受服务或进行娱乐后，便没有了新鲜感，之后的消费实际上都是边际效用递减的，即便你不限消费次数，消费者也不会真的每天都来。

因此，销售员在促销时注意考虑到消费者的“边际效用递减心理”，在促销时通过批量销售或是办理年卡，以理性的或感性的说服技巧告诉消费者将长期享受的优惠。

免费赠送：有赠品他才愿意买

在美国，人们购买一台新电脑，一定会发现硬盘上不只装着最新版本的操作系统，还包括最新版本的文字处理、电子表格、幻灯片、电子邮件、音乐和照片软件，当然还有最新版本的病毒防护软件。为什么厂商要免费附赠这么多软件呢?

软件用户很在意产品的兼容性。试想，要是科学家或者历史学家合作开展一个项目，倘若他们都使用同一个文字处理程序，任务会简单得多。同样，要是企业主管跟会计使用同一套财务软件，那么报税也会便利得多。

另一个相关考虑是，很多程序，比方说微软的Word，掌握起来有些麻烦。用熟了这套软件的人，往往不愿再学别的同类软件，哪怕后者从客观上来看更好用。

这就意味着，拥有并使用特定软件的好处，会随着使用者人数的增多而提高。这一不同寻常的关系，给最流行的程序厂商带来了难以估量的巨大优势，使得其他厂商的产品很难打入市场。

这就是促销手段中“惠赠”的效果。“惠赠促销”也可称为“赠品促销”，是指对目标顾客在购买产品时所给予一种优惠待遇。惠赠既能使消费者在消费过程中觉得获得了免费的“实惠”，同时也使得产品通过免费的惠赠打开了销路。尤其在新产品上市时，通过免费的赠送试用，有利于产品在上市之初获得广泛的客户群，正如上例中提到的软件公司，通过惠赠给顾客进行免费使用，从而有效地打开销路，培养忠诚的客户群体。

当然，我们为顾客提供免费的赠品也不能随意送，而应当送对东西，送出对我们的主打产品销售有利的赠品。酒吧赠送“花生米”的惠赠促销可以说是深谙送对东西的意义。

不少酒吧一杯清水卖4块钱，免费的咸花生却供顾客随意索要。花生的生产成本显然比水要高，为什么酒吧不送便宜的开水却要送成本更高的花生米呢？

要知道，酒吧的一切促销行为都是为了促进酒吧的核心产品的销售。而花生与水最大的不同就在于，咸花生和酒是互补的。酒客花生吃得越多，要点的啤酒或饮料也就越多。所以，酒吧愿意免费供应花生以提高利润。

反之，水和酒是不相容的。酒客喝水喝得越多，点的酒自然也就越少了。所以，即便水相对廉价，酒吧还是要给它定个高价，打消顾客的消费积极性。

这就是“惠赠”的秘诀。凡是对我们的核心产品销售有利的，我们都可以对消费者大方地赠送；凡是不利于我们产品销售的，无论多么廉价，我们都不愿意提供给消费者免费使用。

事实上，我们给顾客进行免费的赠送与试用看似免费，但从经济学角度来说，客户付出的时间与注意力都不是免费的，反而是稀缺得无价的宝贵资源。我们所获得的是比短期性利益回报更稀缺的消费者的时间与注意力的回报。消费者因为我们的免费赠送而对我们的产品感兴趣，同时愿意花时间来试用和了解我们的产品，并且在之后进行同类型商品的选择时会想到我们的产品。同时，在免费使用的过程中培养了顾客对我们的产品的使用习惯，当我们不再免费赠送或是开发出与试用品相关的后续产品时，就不愁没有忠诚客户了。

PART 04 亦敌亦友的竞争对手

无商战，不竞争

沙丁鱼是欧洲人非常喜欢的一道美味。但是长期以来，由于沙丁鱼在运输中经常莫名其妙地死去，使很多贩运沙丁鱼的商人蒙受了巨大的损失，也使人们的餐桌上很难见到新鲜的沙丁鱼。

一次，一位商人意外发现了一个绝妙的解决方法。

在运输过程中，由于商人准备的鱼槽不足，商人只好将鲇鱼和沙丁鱼混装在一个鱼槽中。结果，到达目的地的时候，商人意外地发现，沙丁鱼竟然一条也没有死。

原来，这都是鲇鱼的功劳。由于鲇鱼非常好动，在水中总是不停地东游西窜，使水槽不再是死水一潭。沙丁鱼本来很懒惰，但是鲇鱼的到来使它们非常恐惧，使它们改变了好静的习性，也跟着鲇鱼快速地游动起来。一舱的水被鲇鱼搞活了。船到岸边的时候，这些沙丁鱼便一个个活蹦乱跳的。

自然界就是在这种竞争和选择中发展的，正是因为这种竞争和选择，使我们赖以生存的世界呈现出如此瑰丽多姿的色彩。其实，在经济领域也是如此。没有竞争，就没有琳琅满目的商品，就没有绚丽多彩的生活。

销售人员总是在竞争激烈的市场中生存。在销售中，竞争对手主要有以下几类：

（1）直接竞争者。这就是狭义所指的竞争者，通常是本行业内现有的与我们销售同类商品的其他销售商家，对我们造成直接威胁，通常将他们作为直接竞争者，时刻关注他们的动态与发展。

（2）潜在竞争者。当某一产品前景乐观、有利可图时，会引来新的竞争者，要重新瓜分市场份额和主要资源，可能导致产品价格下降，利润减少。

（3）替代品竞争者。与某一产品具有相同功能、能满足同一需求的不同性质的其他产品，属于替代品。随着科学技术的发展，替代品将越来越多。可以说，每一行业的所有产品都将面临与生产替代品的其他行业进行竞争。

对竞争者进行科学定位能够指导我们区分谁是竞争者，谁即将成为竞争者，以及谁可能影响着产品的销量。我们就是在这些众多的竞争者的不断激励下，不断地完善自我，才能在激烈的竞争中不被淘汰。

过去的中国电信市场是一家垄断，当时政府想方设法进行通信设备的投资、改造，又开展各种服务竞赛活动……但都收效甚微，通信费用始终居高不下，服务质量低劣，购买电话要交装机费，交电话费押金，还要托关系走后门，安装一部下来甚至要花5000多元，还要排队等候三五个月。

中国电信被拆分后，拆分的几个公司仿佛水槽中的鲇鱼和沙丁鱼，水被搞活了，每一个公司都不可能再待在一潭死水之中坐享其成了。中国网通、中国电信、中国铁通、中国移动都纷纷行动，你推出长途优惠服务，我推出假日半费优惠；你赠送话费，我赠送话机；你邮寄话费清单，我就亲自送话费清单……就像驼鹿和狼，你在前面跑，我就在后面追。新鲜的招数层出不穷，越来越方便实惠的业务使得原本不愿办理该业务的消费者也都在铺天盖地的优惠活动中争先办理，销售者自然也获得了更多的利润。

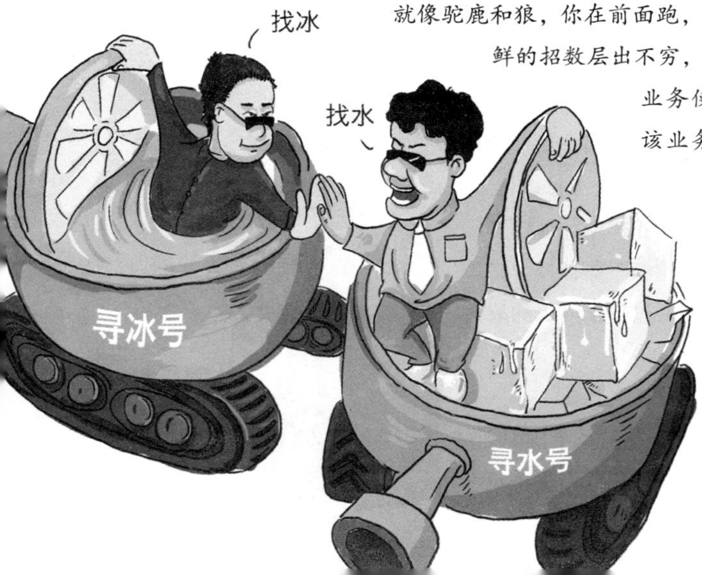

竞争的作用就是这么奇妙。

销售员在市

场中销售产品时，必然也将面临众多同类产品销售的竞争。我们的销量不仅与我们自身的产品和服务相关，同时也是在与竞争对手争夺客户的过程中取得的。要想在竞争中制胜，每一名销售员首先要做到的应当是正视竞争而不是逃避竞争，正是竞争对手激励我们不断改善销售与服务，提高销量的。

不要对“价格同盟”存在任何幻想

多年来，国内家电企业一直在硝烟四起地拼杀价格大战。以彩电业为例，1995年，当时的行业巨头长虹率先发起价格战，此举在当时成功地击退了跨国公司。但在此后长虹谋求一家独大的价格战中，国内其他企业的彩电价格也被迫跟着长虹“跳楼”，甚至在全国多个地方还出现了“论斤卖彩电”的奇异的促销手段。

此起彼伏的价格大战给整个彩电行业带来了大面积亏损。2000年，全国彩电首次出现全行业亏损，价格战为整个行业带来的损失达到200亿元。

在产能过剩、产品同质化的市场格局下，每个企业都希望通过降价占领市场份额，结果谁都没有从中获利。于是，行业的寡头厂商和销售商试图采用“价格自律联盟”的手段，以求弱化竞争，维持稳定利润。然而，价格联盟的结果往往不攻自破，总有个别企业迫不及待地使出降价损招，于是联盟迅速瓦解，行业再一次陷入价格战的泥潭。

价格联盟的瓦解正是因为经济学中的“纳什均衡”失去了作用。1994年，美国著名的经济学家约翰·纳什因定义了博弈论中的“纳什均衡”而被授予诺贝尔经济学奖。我们通过一个简单的故事认识“纳什均衡”。

有一天，一位富翁在家中被杀，财物被盗。警方抓到两个犯罪嫌疑人斯卡尔菲丝和那库尔斯，并从他们的住处搜出被害人家中丢失的财物。但是，他们矢口否认曾杀过人，辩称先发现富翁被杀，然后顺手牵羊偷了点儿东西。

于是警方决定将两人隔离，分别关在不同的房间审讯。检察官说：“由于你们的偷盗罪已有确凿的证据，所以你们将被判1年刑期。如果你单独坦白杀人的罪行，我只判你3个月监禁，而你的同伙将被判10年徒刑。如果你拒不坦白，而被同伙检举，被判10年的是你，他只判3个月。如果你们两人都坦白交代，那么，你们各判5年刑。”

显然，对于他们二人来说，最好的策略是双方都抵赖，结果是大家都只被判1年。但是由于两人处于隔离的情况下无法串供，所以，两个人都是从经济学利己的目的出发，选择坦白交代成了最佳策略。因为坦白交代可以期望得到很短的监禁——3个月，但前提是同伙抵赖，显然要比自己抵赖而坐10年牢好。即使两人同时坦白，至多也只判5年，还是比被判10年好。所以，两人合理的选择是坦白，原本对双方都有利的策略（抵赖）和结局（被判1年刑）最终不会出现。

这就是博弈论中经典的“囚徒困境”，两名囚犯最终选择的不合作策略便是“纳什均衡”。

在与竞争对手的价格博弈中，各商家都希望追求自身利益的最大化，于是采取“不合作”的策略，导致价格战和促销战，其结果是谁都没钱赚。对消费者可能是有利的，但对销售方而言却是灾难性的。因为这一均衡策略的最终结果，是没有谁可以分到更大一块“蛋糕”，每个人拥有的市场份额还是和降价之前差不多，从而形成了更糟的“均衡”——大家的利润都下降了。于是，“价格同盟”也被当作一种权宜之计应运而生。

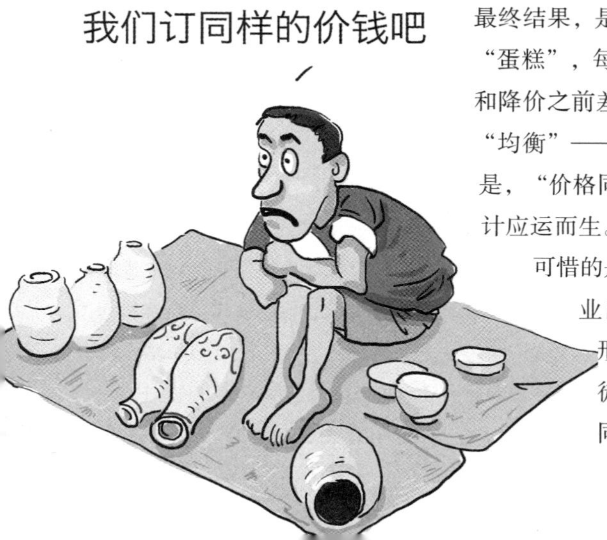

可惜的是，价格同盟无论是采取行业自律的形式，还是禁折令的形式，最后还是会陷入“囚徒困境”的迷局里。当大家同意确定了行业自律价时，

每个销售者都会想，别人都遵守自律价时，我降价，会占领更大市场，我不降价，市场份额仍不变，两者相比还是降价有利。每家企业都按同样的推理做出选择降价的决策，自律价或禁折令就成一纸空文了。

其实，各行各业都存在无奈的“价格困境”。在商品促销过程中，价格战被许多销售员作为是最具杀伤力的撒手锏。以“满×就送”为例，从“满100送20”、“满200送50”逐渐演绎到的“满200送200”、“满400送400”，为了比竞争对手更优惠，我们是“送”得越来越大方，各种花样迭出的促销手段也是无所不用其极。我们使出价格战的撒手锏的原因，一方面可能是由于销售员面临短期考核压力，有时不得不以牺牲利润为代价拼命做大销售额；另一方面是谁都不保证对手会不会先采取优惠活动，与其等对手开打被动受制，不如抢先出击把握主动。

参与价格大战时，或许都带着些“不得不这样做”的无奈。合理的促销能为我们扩大销路，而丧失理智的价格大战却最终只能导致两败俱伤。懂得“纳什均衡”的销售员应当对价格战保持清醒的认识，如果你无法避免恶性的价格大战，那么，至少不要相信价格同盟。

对手也能成为合作伙伴

很多人都听过“龟兔赛跑”的寓言故事。故事很简单，说的是兔子骄傲，半路上睡着了，于是乌龟跑了第一。

可是，龟兔之间的竞赛并不止一次。

第一次乌龟赢了，兔子不服气，要求再赛第二次。

第二次赛跑兔子吸取经验了，一口气跑到了终点，兔子赢了。

乌龟又不服了，对兔子说，咱们跑第三次吧，前两次都是按你指定的路线跑，第三次该按我指定的路线跑。兔子想，反正我跑得比你快，你怎么指定我都同意，于是就按照乌龟指定的路线跑，又是一兔当先。快到终点时，一条河挡住路，兔子过不去了。乌龟慢慢爬到河边，一游就游过去了，这次是乌龟得了第一。

当龟兔商量再赛一次的时候，它们突然改变了主意，何必这么竞争呢，咱们合作吧！陆地上兔子驮着乌龟跑，很快跑到河边；到了河里，乌龟驮着兔子游，两人从竞争转向了合作，以他人所长补己所短，最终实现了共赢。

乌龟和兔子本来是要一决高下的竞争对手，但是，它们最终没有较量出输赢，而是选择了“共赢”。

我们常常将市场竞争看作是乌龟、兔子齐发力的赛跑游戏，在严格竞争下，一方的收益必然意味着另一方的损失，结果是一方吃掉另一方，博弈各方的收益和损失相加总和永远为“零”，也就是1+（-1）=0的结果。

市场竞争的确是一个弱肉强食的零和游戏。选择竞争还是合作也成了一道博弈的难题。强大的竞争对手是争夺利益市场的死敌，也是激励我们不断进取的队友，甚至某些时候，还可能是同一战壕的战友。正如蒙牛董事长牛根生所言：“竞争伙伴不能称之为对手，应称为竞争队友。以伊利为例，我们不希望伊利有问题，因为草原乳业是一块大牌子。”

将对手视为“队友”，以合作求共赢，就是博弈论中的“正和博弈”。

正和博弈，与零和博弈不同，是一种双方都得到好处的博弈，是双赢的结果。

双赢必须建立在彼此信任基础上，是一种非对抗性博弈。双赢的博弈可以体现在各个方面，商场上双赢的合作博弈用得最充分。

商场上，今天的竞争对手说不定就是明天的合作伙伴。不要把弦绷得那么紧，销售员要学会留有余地，在很多情况下，我们都可将潜在的或是直接的竞争对手作为合作伙伴，求得双赢。

2003年12月，美国的Real Networks公司向美国联邦法院提起诉讼，指控微软滥用其在IT行业的垄断地位，限制PC厂商预装其他媒体播放软件，强迫Windows用户使用其绑定的媒体播放器软件。Real Networks要求获得10亿美元的赔偿。

然而，还未等官司结束，Real Networks公司的首席执行官却致电比尔·盖茨，希望得到微软的技术支持，使自己的音乐文件能够在网络和便携设备上播放。出人意料的是，比尔·盖茨通过微软发言人表示，如果对方真的想要整合软件的话，他将很有兴趣合作。

2005年10月，微软与Real Networks公司达成了一份价值7.61亿美元的法律和解协议。根据协议，微软同意把Real Networks公司的Rhapsody服务包括进其MSN搜索、MSN信息以及MSN音乐服务中，并且使之成为Windows Media Player10的一个可选服务。

这就是从竞争到共赢的完美跨越。

聪明的销售员懂得如何化对手为朋友。通过合作，我们与竞争者化解冲突，建立共同的利益关系，寻求到更大的合作空间，如苏泊尔与金龙鱼共同掀起的“好油好锅，引领健康食尚”的促销风暴。其实，竞争之处就必有合作之机。

另外，追求共赢的过程中，真诚合作与相互信任是达成共赢的首要前提。合作中的任何一方如果要小聪明，或是企图占小便宜，都不可能达成双赢。试想，在龟兔赛跑的第四回，如果缺乏互信，不以诚相待，陆地上兔子驮乌龟跑时，兔子要坏，一扭身，把乌龟摔伤了怎么办？乌龟驮着兔子过河时，乌龟要坏，往下一沉，岂不把兔子淹死了？缺乏诚信，是不可能达成合作的。

竞争对手也能为你送来顾客

经常光顾麦当劳或肯德基的人不难发现，麦当劳与肯德基经常在同一条街上选址，或在同一商场相邻门面，或在街道两侧相隔不到100米。不仅麦当劳与肯德基布局如此，许多商场、超市的布局也同样偏好比邻而居。

销售时，不是应当尽量避免与竞争对手正面冲突吗？集结在一起意味着更激烈的竞争，可能导致恶性压价或是相互诋毁。为什么麦当劳、肯德基要比邻而居呢？

许多聪明的商家就是喜欢聚合经营，在一个商圈中争夺市场。

因为聚集的同一商圈，能够聚集大量的消费者“人气”，吸引更多的顾客前来购买。分散经营使商家无法获得与其他商家的资源共享优势，市场风险明显增大，获利能力下降。

聚合选址当然存在竞争，如果要生存和发展，就必须提升自己的竞争力。虽然麦当劳和肯德基总是处在同一商圈中，但都有各自的品牌个性和核心竞争力，经营上各有特色。

我们在与竞争对手正面交手时也应当如此，要明确你所销售的产品的市场定位，深入研究目标消费者的需求，从产品、服务、促销等多方面进行改善，树立起区别于其他同类销售的品牌形象。我们就可以发挥互补优势，形成“磁铁”效果，不仅能够维持现有的消费群，而且能够不断吸引新的消费者。

在北京南桥镇聚集了永乐、苏宁、国美3家巨头连锁家电超市，聚合的市场使3家巨头家电销售商在激烈竞争的同时寻求着各自的特色的发展之路。

永乐电器推广CDMA手机，推出以退换保障、质量保障、价格保障和额外支出保障为基础的4大保障体系，以服务和价格的双重优势吸引顾客。

国美电器在其连锁店内开设了各类音像制品的销售柜台，拓展经营业务范围，同样也起到了招揽客户的作用。国美还推广“普惠制”，让各类电器的消费者都能够实实在在地得到经济上的优惠，而不是某一类家电的购买者。

苏宁电器倡导“天天促销”，让消费者能够每天都得到实惠，并根据刚迁入新居客户的实际住房条件和经济条件，量身订制家电配置方案，带来了销售额的直接增长。

我们在面对面的激烈竞争中，会更积极创新地制定个性化的服务和策略，抢滩消费市场。我们常常看到，超市中的酸奶、方便面专柜前，同类型品牌的销售员也积聚成一个“小商圈”，对前来选购酸奶、方便面的顾客极力招揽，这个喊“大降价”，那个喊“免费品尝”，有买有送、最后一天的叫卖声一个比一个大，甚至让原本没有这方面购买预算的消费者也会被吸引过来，进行选购。其实我们在销售中，无须害怕竞争，应当学会在竞争中提升自己。

第十二篇

销售精英要懂心理学

PART 01

深度解析不同客户的微妙心理：给他一个掏钱的理由

占便宜型客户心理：我能否得到实在的优惠

每到节假日或特殊的日子，商场、超市等各大卖场都会不约而同地打出打折促销的旗号，以吸引更多的客户前来消费，而往往折扣越低的商店中，人越多。很多人明明知道这是商家的一种促销手段，依然争先恐后、雀跃前往，以求买到比平时便宜的商品，这是为什么？

这就是占便宜心理。爱占便宜是人们比较常见的一种心理倾向，在日常生活中，物美价廉永远是大多数客户追求的目标，很少能听到有人说“我就是喜欢花更多的钱买同样多的东西”，用少量的钱买更多更好的商品才是大多数人的消费态度。

爱占便宜追求的是一种心理满足，无可厚非，且每个人都或多或少地具有这种倾向，唯一的区别就是占便宜心理的程度深浅。我们所说的爱占便宜的人，通常是指占便宜心理比较严重的那部分人。

销售过程中，这类客户不在少数，他们最大的购买动机就是是否占到了便宜。所

以，面对这类客户，销售员就是利用这种占便宜的心理，通过一些方式让客户感觉自己占到了很大的便宜，从而心甘情愿地掏钱购买。

在英国有一家服装店，店主是两兄弟。在店里，一件珍贵的貂皮大衣已经挂了很久，因为高昂的价格，顾客在看到价格后往往望而却步，所以，这件衣服一直卖不出去。两兄弟非常苦恼。后来，他们想到了一个办法，两人配合，一问一答确认大衣的价格，但弟弟假装耳朵不好使将价格听错，用低于卖价很多的价格出售给顾客，遇到爱占便宜的人，大衣一定能卖出去。两人商量好以后，第二天清早就开始张罗生意了。

弟弟在前面店铺打点，哥哥在后面的操作间整理账务。一个上午进来了两个人，这个方法并没有奏效。到下午的时候，店里来了一个妇人，在店里转了一圈后，她看到了那件卖不出去的貂皮大衣，于是问道："这件衣服多少钱？"作为伙计的弟弟再次假装没有听见，依然忙自己的。于是妇人加大嗓门又问了一遍，他才反应过来。

他抱歉地说："对不起，我是新来的，耳朵不太好使，这件衣服的价格我也不太清楚。您稍等，我问一下老板。"

说完他冲着后面大声问道："老板，那件大衣多少钱？"

老板回答："5000英镑！"

"多少钱？"伙计又问了一遍。

"5000英镑！"

声音如此大，妇人听得很真切，她心里觉得价格太贵，不准备买了。而这时，弟弟憨厚地对妇人说："老板说3000英镑。"

妇人一听，顿时非常欣喜，肯定是店员听错了，想到自己可以足足省下2000英镑，还能买到这么好的一件貂皮大衣，于是心花怒放，她害怕老板出来就不卖给她了，于是匆匆付钱买下就离开了。

就这样，一件很久都卖不出去的大衣，按照原价卖了出去。

以上的案例中，两兄弟就是利用了妇人爱占便宜的心理特点，成功地将大衣以原价销售了出去。对于爱占便宜型的顾客，可以善加利用其占便宜心理，使用价格的悬殊对比或者数量对比进行销售。占便宜型的客户心理其实非常简单，只要他认为自己占到了便宜，他就会选择成交。

利用价格的悬殊差距虽然能对销售结果起到很好的作用，但多少有一些欺骗客户的嫌疑，所以，在使用的过程中一定要牢记一点：销售的原则一定是能够帮助客户，满足客户对产品的需求，做到既要满足客户的心理，又要确保客户得到实实在在的实惠。只有这样，才能避免客户在知道真相后的气愤和受伤感，保持和客户长久的合作关系，实现双赢结果。

内向型客户心理：我能否真切体会到你的真诚

在我们的周围，总是有两类人，他们的做事风格完全相反。比如对于一个友好的帮助，一种人往往会很真诚、很高调地表达感谢，然后，抛在脑后；另一种人可能什么都不会说，但是，在接下来的时间里你就会发现，他在默默地对你好，并且，对你越来越好。为什么?

内向型的人往往更倾向于相信自己内心的感觉，他们会根据自己的判断做出选择。

心理学研究发现，相比性格开朗、易于沟通的外向型的人，性格封闭、不易接近的内向型的人感情及思维活动更加倾向于心灵内部，感情比较深沉。他们不善言辞，待人接物小心谨慎，一般情况下他们避免甚至害怕与陌生人接触。虽然内向性格的人比较爱思考，但他们的判断力常常因为过分担心而变弱，对于新环境或新事物的适应，他们往往需要很长的周期。

因为内向型客户对陌生人的态度比较冷漠，且情绪内敛，沉默少言，在消费过程中也会小心翼翼，甚至久久拿不定主意，使得销售员的销售工作很难有进展。在销售过程中，往往是销售员问一句，神情冷漠的内向型客户答一句，不问就不答，导致交谈的氛围沉闷，销售人员的心情也比较压抑，想要迅速促成交易往往是很困难的一件事情。

但是，销售人员切不要被内向型客户的外表神情蒙骗，从而打起退堂鼓。善于观察的销售员会发现，虽然内敛型的客户少言寡语，甚至表面看似反应迟钝，对销售员及其推销的商品都表现得满不在乎，不会发表任何意见，但他其实在认真地听，并已经对商品的好坏进行思考。内向型客户其实非常细心的，只是源于其性格中的对陌生人极强的防御和警惕，他们即使对销售员的观点表示赞同，也不会说太多的话。这时候销售人员应对客户一如既往地温柔对待。根据内向型客户嘴上不说，但是心中有数的特点，他们一旦开口，所提的问题大多很实在、尖锐并且会切中要害，销售员应想好对策，从容温和地回答，打消客户的质疑，这样就会很容易得到内向型客户的信赖。

王建是某手机超市的销售员。有一天，一位先生来店里看手机，很多当班的柜台销售员都主动跟他打招呼，热情地询问对方需要什么样的手机。每一次被询问，这位先生都只是说自己随便看看，到每个柜台前都是匆匆地浏

览一下就迅速离开了。面对这许多销售员的热情询问，这位先生显得有些窘迫，脸涨得通红，转了两圈，觉得没有适合自己的手机，就准备离开了。

这时王建根据经验，判断出该客户是一个比较内向腼腆的人，并且根据观察，王建断定客户心中肯定已经确定了某一品牌的手机，只是由于款式或者价格等原因，或者是由于被刚才那些销售员的轮番“轰炸”，有些不知所措而一时失去了主意。

于是，王建很友好地把客户请到自己的柜台前，他温和地说：“先生，您是不是看上某款手机，但觉得价格方面不是很合适，如果您喜欢，价格可以给您适当的优惠，先到这边来坐吧，这边比较安静，咱再聊聊！”客户果然很顺从，王建请他坐下，与他聊起天来。

王建开始并没有直接销售手机，而是用闲聊的方式说起自己曾经买手机，因为不善言辞而出丑的事。他说自己是个比较内向的人，做推销这几年变化挺大。与客户聊了一些这样的话题以后，客户显然对他产生了一定的信任，于是在不知不觉中客户主动向王建透露了自己的真实想法。

王建适时地给他推荐了一款适当的机型，并且在价格上也做出了一定的让步，给客户一定的实惠，同时王建还给客户留了自己的电话，保证手机没有质量问题。最后，客户终于放心地购买了自己想要的手机。

其实内向型客户并不是真的冷若冰霜、难以沟通，他们往往用冷漠来保护自己，却拥有一颗火热的心。只要他通过自己的判断觉得你比较诚恳，他一定也会表达出善意，而双方越熟悉，他就越会信任你，甚至依赖你。对于缺乏判断力的内向型客户来说，只要他信任你，他甚至会让你替他做决定。而且如果他对你的产品感到满意，他就会变成你的忠诚客户，一次次向你购买。因此，利用温柔攻势及切实地为客户着想，获取客户的信任是面对内向型客户的制胜法宝。

在销售中，与不善于表达自己的内向型客户交朋友吧，用心观察和分析他们的特点，用自己的真诚和温柔来打动客户，赢得内向型客户的依赖就不再是一个难题。

外向型客户心理：喜欢就买，求你不要啰唆

在一般情况下，相对于沉默内敛的内向型客户，大部分的销售人员更喜欢与开朗健谈的外向型客户打交道，但在成交的时候，却发现外向型客户也并不好“对付”，往往是销售人员还在介绍产品，客户就直接离开了。为什么会这样？

因为，外向型客户怕啰唆，正是你喋喋不休或滔滔不绝的介绍吓走了客户。

著名的心理学家荣格，以人的心态是指向主观内部世界还是客观外在世界为依据，将人分为内向型与外向型两种类型。一般内向型的人心理活动倾向于内部世界，他们对内部心理活动的体验深刻而持久；而外向型的人心理活动倾向于外部世界，他们最大的特点是经常对客观事物表现出超过常人的兴趣，他们不喜欢苦思冥想，因此常常要求别人帮助自己满足情感需要。

也正因为外向性格的人比较心直口快、活泼开朗，善于交际，待人也热情、诚恳，所以，他们会得到更多人的喜欢。销售员同样很喜欢和外向型的客户相处，因为这样的客户非常容易交流，且不会让人感觉压抑。当销售员在给这样的客户介绍商品的时候，他会很乐意地听销售员说明，并且会积极地参与进来，在谈判过程中也会创造出比较融洽的气氛。

虽然外向型的客户通常

比较有主见，能够迅速地做出判断，但其判断往往只限于善恶、正邪、敌我及有用无用等，比较极端化，不关注实务的具体情况及细节。所以，在销售过程中，如果他喜欢，他会很痛快地购买，不喜欢的话就会果断拒绝。

面对外向型客户的特点，销售员也应该以比较外向的方式来与之交往，做到说话要赶上客户的节奏，干脆利落，回答客户的问题要准确清晰，绝不拖泥带水，这样才会使客户产生志趣相投的感觉，从而拉近与客户的距离。

墨守成规型客户心理：我得弄明白到底有何用

在消费活动中，物美价廉是大部分客户追求的目标。如果将其拆分为“物美”和“价廉”两部分，很明显，“价廉”针对的是爱占便宜型客户，那“物美”最适合的是哪类客户？

墨守成规型客户永远追求商品的实用价值！

相对于追求新潮、时时求变的客户，墨守成规型客户显得思维比较保守，性格比较沉稳，不易接受新事物，比较守旧，做任何事情都遵守规律是他们的习惯，讲究条理，不随便改变。经研究分析发现，在生活中墨守成规的人总是循规蹈矩，喜欢用一些条条框框来约束自己的行为，他们做事往往表现得很细心、很沉

稳，善于倾听，更善于分析，眼光比较挑剔。在消费观念上，墨守成规的客户总是喜欢在同一家商店购买商品，而且往往认准一个牌子的东西就会一直用下去。他们非常容易被先入为主的观念影响，并且一旦形成固定的印象就很难改变。对于销售人员来说，墨守成规型客户的确很难被说服。

从另一方面来讲，墨守成规型客户选购商品时最注重安全和品质。他们会对商品做出理智的分析和判断，适合自己长期使用才会购买。值得一提的是，他们追求产品的优等质量，却限于实用的范畴内，太高档的产品是他们所不能够接受的，因为他们认为高档的、华而不实的消费是奢靡的，不值得提倡。

所以，了解墨守成规型客户的心理特点，向此类客户销售商品时，最重要的是耐心，不能着急，急于求成反而会让客户产生怀疑，顽固的心理会更加强烈，最终导致销售失败。在产品层面，面对这类客户时，优秀的销售员会将实用作为一个很好的突破口，销售员通过让客户在实际的对比中，发现所销售的产品有更好的性能，这样就会慢慢地改变客户的观念，让他接受商品，并做出购买决定。沉住气，按照客户的节奏，用产品能够给其带来的实实在在的好处来慢慢说服他们，这才最能打动客户的心。

小谢所任职的打字机公司店面生意不错，从早上开门到现在已经卖出去好几台了，当然小谢的功劳是很大的。此时又有一位顾客来询问打字机的性能。他介绍道："新投放市场的这类机型的打字机采用电动控制装置，操作时按键非常轻巧，自动换行跳位，打字效率比从前提高了15%。"

他说到这里略加停顿，静观顾客反应。当小谢发现顾客目光和表情已开始注视打字机时，他觉得进攻的途径已经找到，可以按上述路子继续谈下去，而此时的论说重点在于把打字机的好处与顾客的切身利益挂钩。

于是，他紧接着说："这种打字机不仅速度快，可以节约您的宝贵时间，而且售价比同类产品还略低一点！"

他再一次停下，专心注意对方的表情和反应。正在听讲的顾客显然受到这番介绍的触动，心里正在思量："既然价格便宜又可以提高工作效率，那它准是个好东西。"

就在这时，小谢又发起了新一轮攻势，此番他逼得更紧了，他用聊天拉家常的口吻对顾客讲道："先生看上去可是个大忙人吧，有了这台打字机就像找到了一位好帮手，工作起来您再也不用担心时间不够了，下班时间也可以比以前早，这下您就有时间跟太太常在一起了。"小谢一席话说得对方眉开眼笑，开心不已。

小谢一步步逼近顾客的切身利益，抓住对方关注的焦点问题，成功地敲开了顾客的心扉，一笔生意自然告成。

上面的例子清楚地向我们表明，墨守成规的客户虽然思想相对守旧，不容易接受新产品，也比较难以说服，但只要销售员能够耐心为他们详细讲解产品的好处，并让客户真实感受到，尤其对于商品的实用性的描述和对质量的保证，只要让客户觉得安全放心，打动这类客户的心也并非不可能。

随和型客户心理：不断加压我就走

想一想，在生活中，你最喜欢与什么样的人交往？作为销售人员，你最喜欢与什么类型的客户打交道？在这两个问题的回答中，"随和型"占了大多数。你真的了解随和型的人的特点吗？

对于销售员来说，客户主要有两大类：一类随和友好，他们通常会友好地接受销售员的销售行为甚至商品，销售过程中也比较和善，愿意听取销售员的建议，还有一个明显的特点是，他们即使对产品并不是很喜欢，也不会拒绝；另一类挑剔难缠，他们会有意无意地给销售员制造各种麻烦，不愿意听销售员的唠叨，不喜欢的东西就严词拒绝，甚至反驳销售员的说辞，给销售员难堪。无疑，销售员会很喜欢前者，友好随和的客户自然让人感到舒服轻松。

随和型的客户性格温和、态度友善，面对向他介绍或者推销产品的销售员时，他们往往会比较配合，不会让人难堪。即使产品他们并不需要或并不能达到他们的要求，他们也会容忍等待销售人员介绍完，因为他们喜欢规避冲突和不愉快。

在规避冲突的同时，随和型客户也回避着压力，他们不喜欢有被施加压力的感觉，对压力本能地排斥，甚至恐惧。随和型的客户最大的缺点就是做事缺乏主见，比较消极被动，在购买时总是犹豫不决，很难做出决定。而此时销售员如果能够适当给其施加压力，就会迫使他们做出选择。销售员若能够利用这一点，适当地给客户施加一点压力，就会很快促进交易的成功。当然一定要注意施加压力的方式和尺度，比如销售员可以以专业自信的言谈给客户积极诚恳的建议，并多多使用肯定性的语言加以鼓励，促使客户尽快做出决定。

PART 02

催眠他，你的业绩势不可挡

全面催眠包围客户感觉，让其现在购买

现实生活中，我们越来越多地听到“催眠”这个词，那么，什么是催眠？在心理学角度分析，催眠不是宗教、不是气功，更不是心灵感应等，它是一种能够使身心放松的方法。

在销售中，催眠式销售开始慢慢普及，受到越来越多业内人士的关注。试想，如果你能掌控别人来购买你的产品或服务；如果你能让你的产品介绍变得令人不可抗拒；如果你能让你的顾客主动购买你的产品，那么你的销售效果会如何？这就是催眠式销售的强大力量。

心理学研究发现，每个人都是与众不同的，但都会自我感觉良好，这是人的本性。作为销售人员，无论你见到什么客户，都要去发现客户心中传达出来的“你要让我感觉我很特别、我很重要”的信息。然后，销售员做出恰当的反应和表示，让客户感觉到你真的觉得他们很特别，并且懂得让客户自我感觉良好。

只有当你的客户感觉受到你的重视和舒适的时候，他们才会下定决心购买你的产品，甚至愿意放弃原来的选择，转而购买你的产品，进而达成你销售成交的目的。一个优秀的销售人员懂得如何改变客户的感觉，并将客户正面的情感变化引导至产品上。

催眠式销售就是通过各种语言、动作等方式引发客户潜意识中无法抗拒的

东西。

催眠客户的最常见的方法有以下3种：

1. 视觉联想

我们都能够感受到视觉广告的巨大影响力，它可以在不知不觉中影响我们的判断和选择，为什么？视觉广告之所以发挥出无限的功效，是因为视觉联想极为有效，客户的行为可能会因为视觉上的联想而得到加强。例如，电影院播放的广告中，每6秒钟便出现一次爆米花的画面，这时候观众便会不由自主地想吃爆米花，而影院便可以享受它独特的地理优势。

心理学研究发现，在对人的行为产生影响的因素中，视觉联想的力量远远超过听觉的联想。所以，在销售过程中，销售人员不妨为产品设计一些有助于视觉联想的物品，让客户立即就能将好的感觉与你的产品链接起来。

2. 命令式

命令式指令具有“圣旨”的作用，比如，有一个小孩不想吃蔬菜，甚至为这件事情与他妈妈争吵。这时候，如果妈妈说：“吃，你现在还小，在成长的过程中需要大量的维生素和矿物质，现在就吃蔬菜。”争执就会迎刃而解。“现在就吃”便是命令式指令。

作为销售人员，你要学会运用特定的字词来架构指令，“命令”客户采取行动。

3.声音

根据心理研究显示：低音可以对潜意识造成比较大的冲击。新闻播音员大多数都采用低沉的声音，而不是尖锐的高音。低音在潜意识层次较具有权威，并且容易辨识，进而被人们乐于接受。

所以，销售或谈判中，善于利用声音

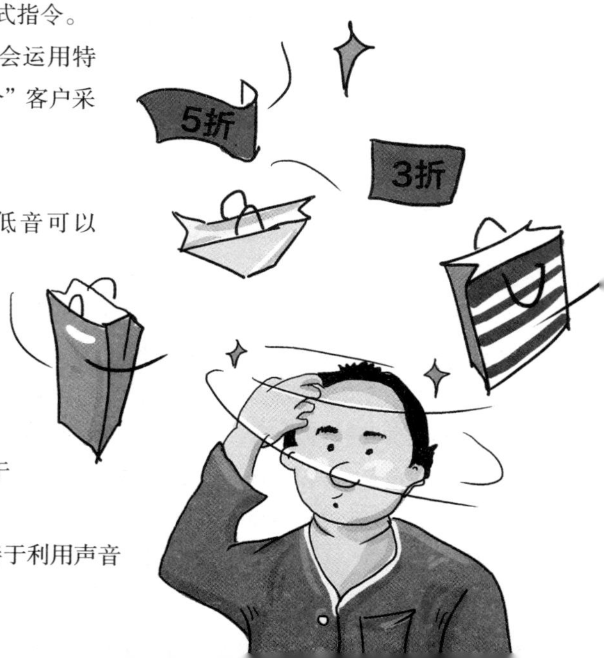

的优势，也会对客户起到极大的催眠作用。

对于销售员来说，客户“现在购买”是最理想的状态。要求客户“现在购买”，就要跟客户强调“这是客户现在需要买的东西”，能刺激客户的购买欲望。“现在”二字能对客户造成催眠的感觉，也就是在客户的潜意识中，有一个命令是他现在想买。当你对客户下达此指令的时候，他“想要”购买的欲望就会逐渐加强，马上采取行动的可能性也大大提高。

现在我们将联想式指令与命令式指令结合起来，并且设计出更加具有说服力的暗示。

以房地产销售为例：“你是否曾像现在这样，一走进一间房子就很想住进去？那间房子的优点不是和你现在要的一样吗？马上将它变为己有如何？”

“现在”、“很想”、“想要”、“马上”这些词语，都会对客户传达一种他现在就想买的感觉。接下来，在要求客户付款购买的时候，销售员要直接告诉客户他购买之后会得到的感觉：

“在这间房子里，你会感觉非常安全。一踏进这间房子，便让你感觉好像是回家了。”而不是说这间房子的防盗设备一流等没有说服力的话。

因为催眠销售语言传达给客户的潜意识指令已经给客户创造了一种直接联想，将踏进房子与回家的感觉链接起来。

运用视觉、命令与声音和语言的力量催眠客户，帮助客户做出现在购买的决定。

肢体语言催眠，动作更能左右他

“此时无声胜有声”已经不仅仅是一种交流的境界，在销售过程中，它更多地成为肢体语言发挥作用的写照。

在人们的沟通过程中，一般会用到3种方式传递信息：语言、声音及视觉。在完全的沟通状态下，这3种方式对信息传递所占百分比为：

语言的影响只占7%。也就是说，一个人在沟通中所说话语的内容仅仅有7%的影响力。就如同你一定有过在别人开口前就知道对方要说什么的经验。

声音的影响占33%。平和的语气、热情的声调往往会让交流更加顺畅。如果有餐厅的服务员询问你东西是否好吃的时候，你面无表情地回答："谢谢，很好。"对方可能也只是礼貌地点一下头；而如果你微笑地看着他："谢谢，好极了！"他一定会说："太好了，您请慢慢享用。"

而视觉的影响占了60%。在面对面沟通的时候，人们普遍认为说是最重要的，但真相是：强劲的影响力是靠肢体语言来完成的，此时无声胜有声。销售员如果运用振奋人心的肢体语言，让自己显得富有激情及强大的魅力，那么，你就会获得更大的成功。

对于肢体语言的暗示，很多人都有所了解，却不深入。其实在交流中，非语言暗示有4种最积极的肢体语言：

第一是眼睛。眼睛是心灵的窗口，当你运用眼睛去接触你交谈的对象时，就可以很容易地传达你所要表达的信息。

第二是身体的位置。站在哪儿、怎么坐都会影响着你信息的传达。比如后背坐直，身体前倾的坐姿，可以充分传达出销售员的热情、职业道德和你对客户的重视。

第三是面部表情。销售人员最常用到的表情就是微笑，微笑是用来创造正面形象的最有效的非语言表情之一。

第四是手及手臂。手与手臂就像是指挥家手中的指挥棒，容易解读，并且能够传达大量信息。

在催眠销售中，肢体语言的作用非常明显。有时候销售人员的一个动作暗示，不但能引导客户做出同样的动作，还会让客户根据动作产生相应的感觉。

借力使力，让客户不可抗拒

如果你自信满满地说出自己的观点，却遭到他人的反对，你会不会很不痛快？是的，因为没有人希望自己的观点不被认同。作为销售人员，面对客户提出的你并不认同的观点，如何进行反驳，如何做到巧妙表达自己的不同观点的同时也让他愿意接受呢？

催眠说服力中，借力使力的销售策略可以让你在表达不同意见的时候不引起别人的反感，甚至不引起对方的察觉。在销售中，这种借力使力的方式对于说服对方尤为有效。

什么是借力使力的销售策略？

假如客户对你说："这个手机太贵了。"作为销售员，你可以这样说："是的，我完全同意您的看法，1万元买一部手机确实有些贵，然而只要想想这部手机的性能，就会觉得一点也不贵了。"如果客户告诉你："我没觉得保险有什么必要买。"作为销售员，你可以这样说："如果我是您，我可能也会有同感，然而保险不仅仅是为自己买，更多的是为了家人，您说是吗？"

借力使力销售策略的基础是让对方有足够多的机会表达他的意见，销售员可以根据他所说的，因势利导进行变相的反驳。但前提是一定要让他感觉到你真的尊重或认同他的意见，同时再提出你的意见。这样就不会让客户感觉你在生硬地不留情面地反驳他。所以，在借力使力的销售沟通中，一定要避免使用"可是"、"但是"、"不过"等这些转折性很强的字眼，因为"可是"或"不过"等词语会将你之前讲过的话推翻，如果这样，你前面的认同在客户眼中就会变得虚伪。

很多时候，事实和数据也是我们可以借用的一些非常有力的"力"。

格林推销保险许多年了，一次，为了拿下一家广告设计公司的保险业务，他连续工作了很多天，终于有一天，该公司总裁决定与他见一面，以决定保险的事。这是桩大生意，竞争也非常激烈。除总裁之外，参加见面的还有他们公司的其他4个人。格林一落座，就预感到这桩生意可能有变。事实证明格林的预感没错。

总裁："格林先生，我没有什么好消息给你，我们经过仔细研究，决定把这笔保险业务给别人。"

格林："您能告诉我为什么吗？"

总裁："因为虽然他的计划和你的相差无几，可是价格却低得多。"

格林："我能看看具体的数据吗？"

总裁："那样对其他人就太不公平了。"

格林："是的，确实。那别人也看了我的计划书？"

总裁："嗯……不过我只是想让他在计划中给出具体数据。"

总裁把别人的计划递给格林，他一看立即就发现这份计划有问题，把投保人的收益夸大了，这完全是一种误导。他没有直接告诉总裁他受骗了。

格林："我能用您的电话吗？"

总裁："（略有些吃惊）请便。"

格林："您能不能在另一部分机上也听听，总裁先生。"

总裁："可以。"

很快格林就接通了提供不精确数据的保险推销员所属分公司的经理的电话。

格林："你好，我是弗兰克·格林，我想向您核实一些数据，您手边有《获得收益手册》吗？"

经理："我有，请问吧。"

格林："请查一下新修改的人寿险46岁投保人的收益。"

经理向格林提供了收益数据，格林把数据和手中的那份计划作了对比。46岁正好是总裁先生的年龄。

格林："第一阶段的收益是多少？"

经理把查到的准确数据告诉了他。

格林："请告诉我第一个20年的收益数据。"

经理："我没法向你提供，因为我们公司没有划定这一段的收益数据。"

格林："为什么？"

经理："这是一种新的人寿保险合同，保险公司不知道那些投保人以往的情况。"

格林："你们不能核算一下吗？"

经理："我们没法预测未来的情况，而且法律上也不允许对未来的收益作预测。"

但是，格林手中的那份计划书却核算出了未来20年的收益。

格林："谢谢，希望很快能在生意上与您合作。"

挂断电话后，总裁一言不发。格林平静地坐在那里看着他。他抬起头，看看格林，看看他的助手们，说："好啊，这就是事情的本来面目。"

毫无疑问，生意是格林的了。

格林并没有说一句对手的不好，也没有直接跟客户说他的观点错误，而是顺着客户的思路，采取了相应的行动，借用事实与数据让客户了解到他的选择是错误的。

以下是得到客户的认同，让客户对产品和服务满意的应用技巧：

第一，采取肯定回答的制约陈述。也就是找出客户谈话或观点中的合理成分，加以肯定。一般情况下，肯定对方有多种形式，标准例句如下："这真是个好天气，不是吗"、"您说得很有道理，我同意，同时……"、"这栋房子能够让你住得非常舒适不是吗"。

第二，利用反问的方式对话。自然的反问语气可以有效地掩藏你的真实意图，让客户不易觉察。反问式对话通常可以这样提问："今天的温度难道不是最适宜的吗"、"难道您不喜欢这辆车"？

第三，采取附和式谈判技巧。附和就是说，只要是客户说的对销售有利的，都表示肯定和赞同。假如客户说："这房子真不错。"你就可以附和说："可不是吗？"客户说："我觉得我应该能用到这个产品。"你可以附和说："是的，这真是个明智的选择。"

第四，采取沉默法。适当的沉默一方面可以防止客户对你产生"急功近利"的印象，另一方面，给客户足够的思考空间，他会考虑你的产品对他的好处。而且，沉默有时候也会给客户一种压力，让他尽快做出决定。

PART 03

步步为营的心理成交技巧

假定成交法

在客户还没有采取购买行为前，应该为客户创造一幅景象和画面：他已经买了你的产品，带来了什么样的好处和利益。

销售员："李先生，您平时参加过这样的培训吗？"

客户："参加过一个'生涯规划'的培训。"

销售员："我们提供的培训可以帮助、指导您未来30年的发展路线，您可以像看电脑的发展趋势一样看到您的收入、您的健康、您的人际关系等的发展趋势。假如您可以通过这个课程完全掌控自己的整个人生过程和细节，通过您自己对这个课程的认识和了解，帮助您实现重大的成长和跨越，您有没有兴趣想了解一下？"

客户："想。"

销售员："李先生，想象一下，假如今天您参加了这样一个课程，它可以帮助您建立更好的人际关系，帮助您更加清晰地明确一年的目标、5年的目标、10年的目标以及您今后要做的事情，帮助您的家庭和您的孩子变得更加舒适和安康，您觉得这样好不好？"

客户："非常好！"

销售员："所以，如果说您还没有尝试，您愿不愿花一点时间尝试一下呢？"

客户："愿意。"

销售员："如果当您尝试的时候，您发现它确实有用的话，您会不会坚持使用它呢？如果您坚持的话，会不会因为您的坚持而一天比一天更好呢？因为每天进步一点点是进步最快的方法，您说是不是？”

客户：“是的。”

销售员：“所以，假如今天您来参加这3天的课程，有可能对您和您的家人都有帮助，是吧？”

客户：“是的。这样吧，你把申请表格给我传真过来，我填一下。”

上述介绍正是用了一套假设成交的沟通方法。那么什么是“假设成交法”？

在通话时，如果是以下情况：

“××先生，我是××。”

“您好。”

“××先生您好，好久没有听到您的声音了，上次开课的时候，你每天都坐在我的对面，我看您很有精神。”（开始建立亲和力）

“最近过得怎么样？生活怎么样？有没有烦心的事情？”

“没有。”

“想想看，是不是有一两件事令你烦恼呢？想不想解除烦恼？”

“想解除烦恼。”

“假如想……”

于是就跟客户讲怎么追求快乐，怎么逃离痛苦，他开始被锁定注意力，最后就会参加培训课程。

这就是“假设成交”。假设成交就是先给客户一幅成交的画面，让他想象已经购买了某产品或服务，而此产品或服务给他带来多大好处。这就是假设成交真正的用处。假设成交的关键是你要为客户创造一幅景象和画面：他已经买了你的产品，带来了什么样的好处和利益。

从众心理成交法

当潜在客户有购买的意愿，但嫌价格贵时，要充分利用潜在客户的从众心理，通过其他有影响力的客户的认同来影响潜在客户，促使潜在客户做出购买决定。

销售员："是刘总啊，您好，您好！"

客户："小汪哪，我上回看中的那辆尼桑，还没有谁付下定金吧？"

销售员："哦，那个车，客户来了都要看上几眼，好车嘛。但一般人哪买得起，这不，它还等着刘总您呢。"

客户："我确实中意这辆车，你看价格上能否再优惠些，或者我是否有必要换一辆价位低一点的？"

（小汪知道，换车，只是刘总讨价还价的潜台词。）

销售员："价格是高了一点，但物有所值，它确实不同一般，刘总您可是做大生意的人，配得上！开上它，多做成两笔生意，不就有了嘛。"

客户："你们做销售的呀，嘴上都跟抹了蜜似的。"

销售员："刘总，您可是把我们夸得太离谱了呀。哦，对了，刘总，××贸易公司的林总裁您认识吗？半年前他也在这儿买了一辆跟您一模一样的车，真是英雄所见略同呀。"

客户："哦，林总，我们谁人不知啊，只是我这样的小辈还无缘和他打上交道。他买的真是这种车？"

销售员："是的。林总挑的是黑色的，刘总您看要哪种颜色？"

客户："就上回那辆红色吧，看上去很有活力，我下午去提车。"

"从众"指个人受到外界人群行为的影响，而在自己的知觉、判断、认识上表现出符合公众舆论或多数人的行为方式，是社会认可作用的一个表现。“从众”应用到销售中，是推销员影响潜在客户的又一个诀窍，利用人们的从众心理，往往可以起到事半功倍的作用。就像这个案例中的汽车推销员小汪，他就是使用了这个方法成功销售了一辆价格不菲的汽车。

当然小汪的前期准备工作也为他的成功销售起了一定的作用。这个前期工作是指小汪在公司销售记录中搜寻了一些有影响力的客户，把客户姓名和购买的车型都记录下来，并随身携带，以备查用。

当潜在客户刘总给小汪打来电话时，小汪通过分析，把握了客户的心理，并想好了对策。

先是赞美客户，获得客户的好感，为最后的成交奠定基础；然后，使出“撒手锏”：“对了，刘总，××贸易公司的林总裁您认识吗？半年前他也在这儿买了一辆跟您一模一样的车，真是英雄所见略同呀。”看似不经意的一句话，其实是充分利用了潜在客户的从众心理，通过他人认同影响潜在客户，促使潜在客户做出购买决定。

结果正如小汪预料的那样，刘总非常痛快地签了单。

可见，在销售中，遇到类似的客户时，推销员不妨采取类似的办法，相信比直接介绍产品的优越性能的效果要好得多。

哀兵策略成交法

在一般人眼里，优秀的推销员都是那些口若悬河、反应灵敏、精明干练的强者，其实并不尽然。有时，那些看起来“傻笨愚呆”、“口舌笨拙”、“一问三不知”的推销员，却屡屡在谈判桌上获胜。原来，他们采用了“装愚示傻”谋略，即故意摆出一副什么都不明白的愚者姿态，让强硬的对手“英雄无用武之地”。

谈判界津津乐道的一件日美商界谈判实例，就生动、形象地说明了这种方法。

一次，日本航空公司选派了3名代表同美国一家公司谈判。在谈判前，日方了解到美国这家公司的谈判代表不仅思维敏捷，语言善辩，而且还准备了充足的资料。显而易见，要硬对硬、强对强，取胜的把握不大，于是，他们决定使用“装愚示傻”法来向美国人谈判。

早8点，美日双方正式开始谈判。果然不出日本人所料，美方开局就控制了局面。他们利用屏幕向日本详细地介绍了本公司的产品，并信心十足地表示，他们开价合情合理，品质优良超群。这一演示，介绍过程整整持续了两个半小时。

在此期间，3位日本代表一直静静地坐在谈判桌旁，一言不发。

美方主谈以为日本人为他们的介绍所吸引，很是高兴，便打开房灯，充满自信地问日方代表说：“你们认为我们所谈的如何？”

谁知，一位日方代表礼貌地笑了笑，回答说：“我们不明白。”

这话不亚于晴空霹雳，美方主谈脸上顿时失去了笑容：“你不明白？这是什么意思？你们不明白什么？”

另一位日方代表也面带微笑回答：“所有的一切我们都不明白。”

美方主谈判觉得肝部隐隐作痛，但他还是强作镇定地问：“你们从什么时候开始不明白的？”

第三位日方代表慢条斯理地答道：“从你将会议室的灯关了之后开始的。”

美国人都傻眼了。主谈无奈而焦虑地问：“那你们希望我们怎么办？”

3位日方代表异口同声地回答：“希望你们再介绍一遍。”

美国人彻底泄气了，因为他们实在没有最初的热诚和信心，去重复一次两个半小时的推销性介绍。再说，即使他们硬着头皮这样做，谁又能保证日方不故伎重演呢？

结果，精明强干、准确充分的美国人败在了“什么都不懂”的日本人手下：要价被压倒了最低码。这真是“大智若愚”。

哀兵策略是对付强硬谈判对手的有效武器，试想，当你和一位根本听不懂你在说些什么的人交涉时，你即使有再广博的学问、再丰富的资料、再严谨的逻辑、再高深的理论、再精辟的见解、再锋利的辩词，又有什么作用呢？这好比一个人运足了气挥拳朝你打来，你不仅不还手，还后退走开，对方的尴尬可想而知，肯定比自己挨一巴掌还难受。

步步为营成交法

客户对行销人员提供的产品不太满意，提出自己的设想时，要牢牢掌握客户提出的设想，提供可行的方案来促使洽谈成功。

一个销售员打电话给一位客户销售汽车。

客户：“这部车颜色搭配不怎么样，我喜欢那种红黑比例配调的。”

销售员：“我能为您找到一辆红黑比例配调的，怎么样？”

客户：“我没有足够的现金，要是分期付款行吗？”

销售员：“如果您同意我们的分期付款条件，这件事由我来经办，您同意吗？”

客户：“哎呀，价格是不是太贵啦，我出不起那么多钱啊！”

销售员：“您别急，我可以找我的老板谈一谈，看一看最低要多少钱，如果降到您认为合适的程度，您看您买吗？”

这种方法的技巧就是牢牢掌握客户所说过的话，来促使洽谈成功。例如，一客户这么说：“我希望拥有一个风景优美的住处，有山有水。而这里好像不具备这种条件。”

销售人员可马上接着他的话说：“假如我推荐另外一处山清水秀的地方，并且以相同的价格提供给您，您买不买？”

这是一种将话就话的方式，这种谈话模式对电话销售有很大好处。就上面一段话，客户是否真的想拥有一个山清水秀的地方姑且不管，销售人员抓住他所说的话而大做文章，给他提供一个符合他条件的地方，这时，他事先说过的话就不好反悔了，否则就会感到十分难堪。这样的情况在电话销售过程中时常发生。

PART 04
销售员从平凡到卓越的心理成长技巧

为你的工作而骄傲，这个世界没有人离得开销售

想一想，小到一支几毛钱的铅笔，大到价值数百亿的交易，是不是都离不开商业销售？我们每个人，不论性别、年龄、职位……是不是没有谁能够离开销售活动？

很多人都觉得销售工作很平凡。其实不然，这个世界没人能离得开销售。正是数以千万计的销售大军，支撑着现代社会的商业体系。对销售界的从业人员来说，不管是高层的销售经理，还是底层的业务代表，其所从事的销售工作都是有价值的。

销售员在给客户带来方便的同时，也可以从中获得客户的认可和尊重。对于销售工作来讲，各种各样的挫折和打击，是在所难免的。你要从另一个角度看待这个问题，只有在克服困难的过程中，一个人才能获得最大的满足。

一分的努力，一分的收获。唯有努力工作，方有可能赢得尊重，实现内心的价值。即使自己的工作很平凡，也要学会在平凡的工作中寻找不平凡的地方。工作中无小事，并不是所有人都能把每一件简单的事都做好。

既然选择了销售这个职业，就应该全身心投入进去，用努力换取应有的回报。而不应该因为对当下的工作不满意，就消极地应付，浑浑噩噩地过日

子。走脚下的路的同时，也要把目光望向长远。

“不想当将军的士兵不是好士兵。”工作中每个人都拥有成为优秀员工的潜能，都拥有被委以重任的机会。但只有你努力工作，一心向上，机会才能轮到你头上。

一个人一定要明白自己工作的目的和价值，要知道工作不仅仅是为了获得升职和赚到更多的钱。人的需求是有不同层次的，最基本的是生存需要再到安全需要，然后是社会的需要、他人的需要，最后是自我实现的需要。解决温饱、获得安全、挣取收入是每个人都必需的，但人们还需要建立良好的人际关系，获得他人的认可和尊重，在社会中找到自己的位置。

销售员要为自己的工作感到骄傲和自豪，因为好多伟大的人都是从这一行起家的。我们熟知的世界上伟大的推销员，如原一平、博恩·崔西、克莱门特·斯通，他们都是从最底端做起。他们对自己的工作充满激情，为自己的工作感到骄傲，从而在自己能够胜任的岗位上，最大限度地发挥自己的能力，实现自己的价值，不断实现自我提升。只要你能够积极进取，就会从平凡的工作中脱颖而出。梦不是靠想出来的，是靠做出来的。因此做销售要树立正确的价值观，找到自己前进的方向，并为之努力奋斗。只有坚持不懈的人，才会最终成为那少数的成功者之一。

要培养积极的心态，因为积极心态是生命的灿烂阳光，能给人以温暖和力量。与之相对，消极的心态是生命的阴云，让人感到寒冷和无助。大量翻阅成功人士的故事和经历，我们就会发现他们有个共同的特点，就是不管环境如何，都能保持积极的心态，不敷衍了事。

直面阻碍销售成功的两个精神绊脚石

俗话说，万事开头难，做销售也不例外。对新手来讲，要顺利开展销售，有两个主要障碍需要克服。这两个障碍都是精神层面的，即“害怕失败”和“害怕拒绝”。

美国第32任总统富兰克林·罗斯福1933年就任总统时，当时世界正处在史无前例的经济危机中。他的就职演说中有一句名言：“我们唯一恐惧的就是恐惧本身，一种莫名其妙、丧失理智的、毫无根据的恐惧，它把人转退为进所需的种种努力化为泡影。”

如果一个人在儿童时期经常受到父母一方或双方的批评，他就会在早期生活中形成一种深层的“害怕失败”的潜意识恐惧。若父母的批评伴随着整个成长过程，那么在成年后，他仍然会时不时体验到这种对失败的恐惧，这种恐惧平时可能意识不到，但已经深深扎根在心底。害怕失败是导致成年人无所建树的罪魁祸首。套用罗斯福的话来讲，让你止步不前、平庸平凡的不是失败本身，而是对失败的恐惧。如果想要成功，你必须想办法克服这种恐惧。

小王是一名普通的推销员，他入职不久，只和熟人做过几单小生意。有一次，出于业务需要，他约了一家大公司的老板谈生意。这次

机会很难得，经过多次预约，这位老板才答应和他见面。如果生意谈成，他至少能拿到几十万的订单。

自己从来没有接触过这种级别的人物，一念及此小王就非常紧张，他生怕会出什么乱子。进到对方的办公室之后，他更是一下子被那装饰得豪华气派的办公室震慑住了，以至于见到这位老板之后，结结巴巴几乎说不出话来。经过很大努力，他终于结结巴巴地说出来几句话："先生……我早就……想见您……现在我来了……啊，却紧张得说不出话来。"王先生修养很好，一直微笑地看着他。

奇怪的是，他开口承认自己心中的恐惧之后，恐惧却一下子不复存在了，下面的谈话就顺利得多了。有过这次经历，他学到了一条很管用的小窍门：每次遇到紧张的情况，就自己主动承认，然后紧张就自动消除了。

承认害怕有助于消除害怕，初入行的销售人员可以借鉴这个窍门。尤其不要害怕与大人物见面，而要把它当成是一种机会。当你遇见一个让你害怕的大人物时，要直言不讳地承认你的恐惧，而不要害怕出丑而故意遮掩。

害怕拒绝，是另外一种恐惧心理。如果有人对优秀的销售人员说"不"，他们不会因此感到受伤或气馁。但是很多人尤其是新手，常常会害怕潜在客户说"不"，害怕目标客户可能会对销售人员无礼、反感或批评。

李贵是一名保险推销员。一开始做销售的时候，他很敏感。不单是害怕拒绝，哪怕客户的一句冰冷的话语或一个冷漠的眼神都会让他感觉如芒刺在背。有一次，他甚至和一个心急气躁的客户吵了起来。

由于长期沉浸在这种压抑状态中无法自拔，李贵的工作效率很低。虽然工作时间比别人长，也比别人努力，可是销售成绩却一直赶不上别人。

他偶然遇到了一位销售界的前辈高手，向对方倾诉自己的苦衷。对方听到他的事情，语重心长地跟他讲了一席话，让他茅塞顿开、获益匪浅：

"你的敏感其实是没有意义的。你想啊，如果一个客户拒绝了你，你以后就不会再见到这个人。在乎一个不存在的人的拒绝，岂不是很好笑？当然，一次拒绝并不代表就没有机会。如果你最终得到了这个客户，那么之前的拒绝就属于成功的过程，该值得骄傲才是。你以前之所以销售成绩不好，就是因为对失败和拒绝想不开，一直耿耿于怀。如果能够一笑而过，就既能让自己心情愉快，遗忘那些不开心的事，同时也容易获得客户的好感。何乐而不为呢？”

按照80：20定律，80%的销售拜访都会以被拒绝告终，原因可能是多方面的。但这并不一定就意味着销售人员自身或者他所销售的产品或服务有什么不好。人们说“不”只不过因为他们不需要、不想要、不能用、买不起或者别的原因。你必须认识到拒绝绝不是针对你的。

克服了这两道障碍，不再害怕失败，不再害怕拒绝，你就成功了一半。

5个力，成功销售员的5项修炼

你的成功永远不是别人决定，也不是环境使然，成功一定源于自我的意愿。

1.自信力是金，令你在销售中坚不可摧

自信是成功的前提，它绝对不是一个空洞的口号，而是一个渴望成功的人必须具备的素质，相信自己，是对自身价值的肯定。美国作家爱默生说过：“自信是成功的第一秘诀。”没有自信，就等于失去了成功的机会。

相信自己是一种力量，同时更是一种赢得别人尊重的人格魅力。尤其对于销售人员来说，只有充满信心，才不会轻易被困难吓倒，才不会放弃自我在销售领域的追求，也才会对自己的工作、对客户充满热情，对未来充满期待。拥有自信才会积极地面对一切，拥有积极主动的态度，就会离成功越来越近。

在销售行业，大家一定对世界著名销售大师雷德不陌生，尤其是他那句名言：“销售是世界上最伟大的职业，一个顶尖的销售人员必须拥有政治家的睿智头脑，艺术家的敏锐眼光，外交家的善辩口舌，邮递员永远不怕磨破的双脚……”相对于科研工作者的专业精深，销售员除却销售专业知识外，更应该是一个全才，个人的能力和才华往往是一个销售人员打开成功大门的最重要的金钥匙之一。而信心则是其能否成功而有效地使用自己的金钥匙的一个很重要的前提。

销售是一项艰难的工作，这是一个不可否认的现状，销售员会承受着巨大的压力，甚至会面对很多客户的拒绝与冷遇。但是，面对这样的挫折和打击，自信是一个坚固的盔甲，用自信武装自己，你会发现，成为优秀的销售员并不困难。

2.控制力是钢，压下愤怒，展现笑容

一个成功人士与一个平庸者的区别，在于对自我的控制能力。对情绪的控制力是一股强大的力量，能够让你的销售生涯更加成功。

我们都知道，在销售的过程中，销售员要面对各式各样的客户，也会遇到各种各样的冲突。有些客户脾气暴躁，凡事喜欢与人争论，即便他们所提出的话题没有任何意义，他们也希望能够在气势上压倒对方。如果遇到这种情况，销售员要怎么解决？

每个人都有一定的脾气，尤其是遇到不公平待遇时候，发泄是释放情绪的方式。然而作为销售员，与客户针锋相对、争论不休真的能够解决问题吗？想一想，即使最后你赢了，那又怎么样？想一想，你付出了什么代价？失去一个也许能够长期合作的客户！

而销售人员如果微笑面对，礼貌处理，那结果又会怎样？面对误解或委屈甚至屈辱，你依然微笑着服务客户，那你得到的一定是客户的愧疚感和好感，这样，你会收获一个客户，获得真正意义上的胜利的是你。

因为，心平气和的沟通让客户感觉自己受到了重视，而销售员也了解了客户真正的想法，这对销售极为有利。

3.幽默力是火，交流需要碰撞出心灵的火花

在日常生活中，我们总喜欢与幽默的人打交道，因为和他们的相处会让我们感觉轻松。客户也是同样，销售本就是一个沟通的过程，而销售人员的幽默能够成功地拉近与客户之间的距离，变陌生为熟悉，化冷漠为热情。

幽默是一种安全而又不带威胁的表达方式，能够有效地化解人们内心的冲突，并增强自身的亲和力。销售过程就是销售员打开客户心灵的过程，在这个过程中，幽默的力量虽然不可能使销售员长高或变瘦，不可能帮助销售员付清账单，也不会帮销售员干活，但它的确能帮助销售员解决人际关系问题，协调自己与客户之间的关系，克服心理障碍，赢得他人的喜欢和信任，对销售员的销售工作起到很大的帮助作用。

心理学家凯瑟琳曾说："如果你能使一个人对你有好感，那么，也就可能使你周围的每一个人，甚至是全世界的人，都对你有好感。只要你不是到处和人握手，而是以你的友善、机智、风趣去传播你的信息，那么空间距离就会消失。"

把握住幽默这股神奇的力量，让你的销售更上一层楼。

4.执行力是箭，一箭射落客户订单

很多人不能梦想成真，不是因为没有成功的潜质，而是因为自己的犹豫和拖沓而使自己一再错过机会，最终与成功失之交臂。光有想法而不付诸行动，那再好的想法也只能是空想。

可见，果断而有效的执行力，往往是我们走向成功时应该迈出的第一步。只要下定决心，就要马上付诸行动，绝不可优柔寡断。

果断而高效的执行力是销售员必备的一种重要能力，在竞争激励的销售业，销售员必须当机立断，行动有力，持之以恒，坚持到底。因为任何一次的犹豫，都可能会错过成交的机会，任何一次的退缩，都可能会使之前的努力全都白费。

5.拓展力是水，渠道挖到哪，水就流到哪

一个销售人员，一定要具备高度的敏感，尤其在拓展渠道时，只要用心，渠道无处不在。我们生活圈子的大小，不在于它本身是一个什么样的范围，而在于你是如何去经营和拓展它的。

销售是一项内涵丰富的工作，销售员不能总是受到固有思想和传统规范的限制，不能局限于一时一地，要善于利用一切机会拓展自己的销售渠道。

不仅仅是销售员自己的周围资源要用心关注，更重要的是庞大的客户群这个资源宝库。很多销售业界的人都知道，一个忠诚的老客户能给你带来超出想象的回报。因为，如果销售员获得客户的信赖，他会主动为你介绍更多的客户。

具备敏锐的洞察力、准确的判断力及不懈的毅力，用心经营老客户，努力挖掘潜在客户。杜绝懈怠的情绪，杜绝鼠目寸光，做好客户的发掘和维护，销售员才能够实现业绩的倍数增长。所以，不管什么时候，都要抓紧时间，积极地去赢得客户，不等待，不拖延，努力为自己创造更多的机会和价值。

心态决定一切，5个不同时期销售人员的心态剖析

第一阶段："初生牛犊不怕虎"（第1个月）

生活中，我们不难遇到这样的人，他们新鲜感很强，比如新买回的衣服，一定当天就穿上，绝不让其"过夜"，这就是心理学中的初心现象。

"初心现象"是指人们往往由于第一次接触一件事物，对其了解不多，无法预知其中隐藏的困难和危险，所以急于去了解和尝试，也就是俗语说的"初生牛犊不怕虎"。

初次接触销售工作的人亦是如此，兴奋及盲目勇敢是最常见的表现。

销售人员第一阶段心态剖析：

心态一：兴奋。

认为销售就是卖东西，并没有太高的"技术含量"，相信自己能够做好。

心态二：压力。

销售人员的压力来自5点：

（1）公司制定的业绩底线目标。

（2）担心试用期表现不好而被解雇。

（3）担心同时期进入公司的同事比自己先出业绩。

（4）害怕自己与客户沟通的水平不高，没有经验，从而导致客户流失。

（5）怕被客户拒绝。

对于初次从事销售工作的人来说，第一阶段的一个月都会非常努力，以期能取得好的业绩来证明自己的能力。但一定要了解一点：这个阶段不出业绩很正常，只要认真地对待每一个客户，为将来成为优秀的销售人员做准备。另一方面，不必为公司会不会解雇你而担忧，销售的工作性质就是这样，公司早已做好了心理准备，所以不会强烈要求新进入的销售人员第一个月必须出业绩，因为这有一定的难度。

如果你在第一个月就有了业绩，很大原因是因为你的幸运。经研究发现，很多第一个月出单的销售人员，往往结局并不好，因为成绩来得太快，很容易让人浮躁起来，从而以为自己非常优秀，不能给自己清晰准确的定位，从而慢慢走

向失败。

在第一阶段，不论是否出单，都要摆正心态，为接下来的职业发展做足准备。

第二阶段——恐惧期如何过（第2～3个月）

对于销售人员来说，第二阶段是一个煎熬的阶段，体会到了不出单的压力，体会到了这份工作的艰辛，很容易对这份工作产生怀疑。

销售人员第二阶段心态剖析：

心态一：恐惧。

（1）客户的拒绝增多。

（2）害怕失去客户。

（3）同事之间的竞争加剧。

（4）来自公司的压力加大。

心态二：沉默。

（1）没有业绩，只能暗下功夫，所以沉默。

（2）怕再次遭到客户的拒绝，所以沉默。

（3）害怕被公司辞退，所以沉默。

（4）开始怀疑自己的职业选择、自身能力甚至公司产品，所以沉默。

（5）准备放弃这份工作，在没有找到合适的机会前，保持沉默。

心态三：喜欢找借口。

心理学家说，“借口”是自我保护的一种有力工具。这个阶段销售人员的接口很多，一般如下：

（1）昨天晚上没有休息好，今天状态比较差。

（2）不是我不努力，是公司产品真的没有竞争力，客户没兴趣。

（3）客户都很忙，没时间跟我见面。

（4）今天心情不是很好，怕与客户约见，给客户不好的印象，影响销售。

总之，此阶段是极不稳定的阶段，很多人就是在第2～3个月选择了放弃。

所以，处于此阶段的销售人员，告诉自己，再坚持走一步，你就能触到成功。

度过第二阶段的解决方案如下：

（1）学会自我调整心态，不断告诉自己“没有失败，只有放弃”。

（2）学会不断总结，并思考遇到的问题，多问自己几个为什么。

（3）学会借力，合理利用优势资源。不断向优秀人士请教，学习他们的长处。

（4）遇到问题多进行汇报，让上级或公司帮助解决。

在销售这个行业，销售人员在第2、3个月所经历的就是“黎明前的黑暗”。越过这段黑暗，等待你的就是黎明。

第三阶段——黎明悄悄地来（第4～6个月）

销售人员的第4～6个月是一个开始收获的时期，也是一个不断提高、不断进步的阶段。

销售人员第三阶段心态剖析：

心态一：平和。

遭遇了很多的拒绝，也就能够心平气和地面对了，并且开始认真寻找自身的原因，总结经验。

心态二：积极。

业绩慢慢地增多，经验逐步丰富，自信心增强，所以，这个阶段的销售人员是最积极向上的。

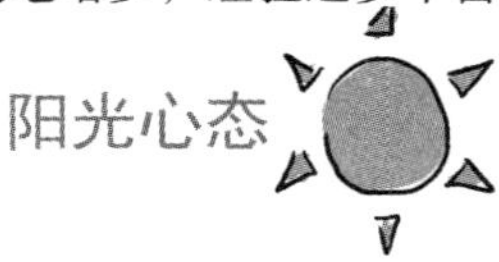

心态三：认真。

这时已经了解了工作的意义，思维也开始条理化、系统化，并积极学习与工作相关的其他知识，如客户档案管理、客户关系建立、客户异议处理等。

心态四：感恩。

学会感恩公司的平台，感恩上级的教导，感恩同事的帮助，感恩客户的信赖。

除了业绩能力，这个阶段销售最重要的是学习。例如，催收首期账款的问题、客户档案管理问题、自己的情绪和压力管理、时间管理、客户长久关系建立方法等方面都应接受专业的培训。知识的学习，为销售人员下一步成为领导或者顶尖销售人员奠定了坚实的基础。

第四阶段：“剩者为王”（第7~24个月）

经过前面长达半年时间的磨炼，到第7个月时终于迎来了真正收获的季节。从第7个月到第24个月，销售人员的业绩不断上升，能力进一步提高，有一种如鱼得水的感觉，而部分业绩突出且有管理能力的精英还会被提拔到管理者的职位。

销售人员第四阶段心态剖析：

心态一：兴奋。

（1）客户认可。通过半年的经验积累，了解了各类不同客户的喜好和应对方式，投客户所好，赢得客户认可。

（2）订单增多。业绩稳步发展，订单不断增多。

（3）收入增加。随着业绩的增加，订单的增多，销售人员的业绩提成成为收入中的绝大部分，有了稳固的不低的收入，甚至业绩好的月份月收入是平常的几倍。

心态二：个性化。

经过半年的实践，销售人员在这个阶段基本形成了自己独特的销售风格，开始将学习到的技巧与自己的个性相融合，个性魅力在这时得到了充分的展示。

每一个销售人员都会经历兴奋期——恐惧期——平稳期——再次兴奋期，这是一个曲折和艰辛的过程，用积极的心态面对每一个阶段的困难。记住，这是一个充满竞争的优胜劣汰的时代，胜利总是属于那些有坚强意志并能坚持到最后的勇敢者，这些人被称为“剩者为王”。

第五阶段：“七年之痒”（第3~5年）

我们都知道，结婚有一个阶段，叫作“七年之痒”。也就是说夫妻共同生活7年后，彼此之间已经很熟悉，生活也变得很平淡，缺少激情，从而导致婚姻出现危机的现象。而销售行业也有“七年之痒”，就是在从事销售工作3年以后。

经历“七年之痒”的销售人员开始变得没有激情，懒懒散散，不思进取。这是因为销售人员通过几年时间的努力，要么取得了一定的成绩，对于新的订单已经没有了当初的成就感；要么升到了一定的管理阶层，销售能力反而下降，无单的恐惧感又回到心中。

“七年之痒”的最好的治疗方法，还是在于销售员的内心，也就是心态的调整。保持一颗对待销售工作的“初心”，就会找到很多工作中的乐趣。每个人的工作如何，完全取决于自己，全身心地投入工作，保持激情，那么，你的成功将势不可挡。给自己努力的鼓励，而不是退缩的理由。